U0960042

高职高专工作过程导向“六位一体”创新型系列教材

会计初步与实训(修订版)

王家清　京依林　黎家秀　编　著

天津大学出版社
TIANJIN UNIVERSITY PRESS

内 容 简 介

本书在不改变“基础会计”课程性质的前提下，基于工作过程导向构建了8个教学模块，分别是原始凭证、借贷记账法、记账凭证、会计账簿、财产清查、会计报表、账务处理程序和综合能力训练。每个教学模块由若干个项目构成，项目名称就是一个具体的能力目标。每一个项目从设计一个训练内容开始，然后归纳完成该训练内容所需的知识。每个项目学完之后，都配有相关的训练内容，以便复习巩固。综合能力训练是设计一个贯穿项目，对前面所学内容进行全面检验。附录资料供读者参考使用。

图书在版编目(CIP)数据

会计初步与实训/王家清，京依林，黎家秀编著
. —修订本. —天津：天津大学出版社，2018.8(2022.7重印)
高职高专工作过程导向“六位一体”创新型系列教材
ISBN 978-7-5618-6213-1

Ⅰ.①会… Ⅱ.①王… ②京… ③黎… Ⅲ.①会计学
-高等职业教育-教材 Ⅳ.①F230

中国版本图书馆CIP数据核字(2018)第174198号

出版发行 天津大学出版社
地　　址 天津市卫津路92号天津大学内(邮编:300072)
电　　话 发行部:022-27403647
网　　址 www.tjupress.com.cn
印　　刷 廊坊市海涛印刷有限公司
经　　销 全国各地新华书店
开　　本 185mm×260mm
印　　张 19.5
字　　数 493千
版　　次 2018年8月第1版
印　　次 2022年7月第4次
定　　价 44.00元

高职高专工作过程导向“六位一体”创新型系列教材

编审委员会

总序

《教育部关于加强高职高专教育人才培养工作的意见》明确指出:高等职业教育要以培养高等技术应用性专门人才为根本任务,以适应社会需要为目标,以培养技术应用能力为主线设计学生的知识、能力、素质结构和培养方案;以“应用”为主旨和特征,构建课程和教学内容体系。为此,各高等职业院校都在大刀阔斧地进行教学改革,以适应社会的需要。

郴州职业技术学院率先在湖南进行课程教学改革,并形成了“六位一体”课程教学模式:课程教学以职业能力需求为导向,确定明确、具体、可检验的课程目标;根据课程目标构建教学模块,设计职业能力训练项目;以真实的职业活动实例作训练素材;以职业能力训练项目为驱动;根据职业能力形成和知识认知规律,“教、学、做”一体化安排,促使和指导学生进行职业能力训练,在训练中提高能力,认知知识;课程考核以平时项目完成情况和学习过程的考核为主。这种模式突出能力本位,完全摆脱了传统学科型课程教学的思维定式。

基于工作过程导向的“六位一体”创新型系列教材作为“六位一体”教学模式改革的一项重要成果,改变了传统教材以学科知识逻辑顺序来编写教材的模式,而是以一种全新的模块式、项目式结构来构架整个教材体系。

本系列教材较传统教材有以下创新之处。

(1)教材编写以职业活动过程(工作过程)为导向,以项目、任务为驱动,按照工作过程形成应用性教学体系。改变了传统教材篇、章、节式的编写体例,采用创新性的模块、项目式编写体例,以一个工作过程为一个模块,下设若干个任务项目,按真实的工作过程来编写教材。

(2)教材的编著有现场专家或者行业、企业专家参与,编著人员“双师”结合,即教师和行业、企业专家相结合,把行业、企业的新工艺、新设备、新技术、新标准引入教材内容当中,并根据行业、企业需要确定教材中各方面知识的比例结构,从而保证教材的内容质量。

(3)强调能力本位,理论知识以“必需、够用”为原则,符合国家职业教育精神和职业教育特点。

随着课程教学改革的不断深入和完善,我们还将推出适合机电、工商管理、旅游、财会等专业的一系列工作过程导向“六位一体”教学改革教材,从而推动和促进职业教育的进一步发展。

我们相信,职业教育的明天一定会更加灿烂!

郴州职业技术学院院长　文校衡

前言

随着高等职业技术教育的改革与发展,“能力本位”课程观对高等职业技术教育课程开发产生了重大影响。我们基于现代课程观关于高职课程改革的价值取向,即以职业岗位能力为核心构建课程体系,以职业岗位作业流程、工作任务、项目为导向构建课程模块,以会计专业职业岗位为背景,并兼顾相关经济管理类专业职业岗位的需要,设置了“会计初步与实训”课程。在不改变“基础会计”课程性质的前提下,以会计核算流程构建课程模块。在郴州职业技术学院推行“六位一体”课程教学改革之际,为满足教师教学和学生自学的需要,编写了本教材。该教材具有以下特色。

第一,教材的编写思路以会计核算流程为导向,遵循初学者的认知规律。本着理论够用原则,本书分成8个模块:原始凭证、借贷记账法、记账凭证、会计账簿、财产清查、会计报表、账务处理程序、综合能力训练。这种教材结构充分体现了会计核算从识别填制原始凭证开始,到采用借贷记账法编制记账凭证,到根据记账凭证登记会计账簿,再到根据会计账簿编制会计报表的全过程。这种思路有利于初学者对会计核算全过程有一个整体认识。

第二,教材内容充分体现职业能力及素质需求分析、课程目标、能力及素质训练项目、职业活动素材、教学做一体化安排、注重项目和过程考核六要素紧密结合的“六位一体”课程教学改革精神。

本教材在职业能力及素质需求分析的基础上,建立了相应的课程目标,课程目标又分为能力目标和知识目标。

该教材的总体目标定位为:通过该教材的学习,使学生能运用教材的基本原理和基本方法,处理较简单的经济业务,具备会计基本上岗的能力。

具体能力目标描述为:

(1)能运用原始凭证的知识根据各种不同类型和格式的原始凭证判断出相应的经济业务;

(2)能运用原始凭证的填制要求和会计核算书写规范的知识准确规范地填制原始凭证;

(3)能运用原始凭证相关知识审核已填制或取得的原始凭证;

(4)能对经济业务按会计要素进行分类,判断经济业务对会计要素的影响;

(5)能对经济业务进一步按会计科目分类,能识别会计科目的类型;

(6)能运用借贷记账法编制会计分录;

(7)能对制造业主要经济业务进行核算;

(8)能正确规范地填制通用记账凭证并进行审核;

(9)能正确规范地填制收、付、转记账凭证并进行审核;

(10)能正确规范地登记库存现金日记账和银行存款日记账;
(11)能正确规范地登记总分类账和明细分类账;
(12)能对已登记的账簿进行对账和结账;
(13)能编制试算平衡表;
(14)能查找错账和进行错账更正;
(15)能采取正确的方法对库存现金、银行存款、实物资产、往来款项等财产进行清查并会处理财产清查的结果;
(16)能编制资产负债表;
(17)能编制利润表;
(18)能正确运用记账凭证账务处理程序;
(19)能正确运用科目汇总表账务处理程序。

具体知识目标包括:
(1)掌握原始凭证的概念和分类,熟悉原始凭证的基本内容;
(2)掌握会计核算书写规范和原始凭证的填制要求;
(3)熟悉原始凭证审核的主要内容;
(4)掌握资产、负债、所有者权益、收入、费用和利润六大会计要素的概念、特点及分类,理解会计要素之间的关系,即会计恒等式,掌握经济业务的类型及其对会计等式的影响;
(5)掌握会计科目的概念,了解会计科目的作用和设置原则,掌握会计科目表和会计科目的分类,掌握账户的设置及账户结构;
(6)掌握借贷记账法的概念和记账要点,即记账符号、账户的结构、记账规则、会计分录;
(7)掌握制造业主要经济业务核算所需设置的账户及其结构;
(8)了解记账凭证的意义,熟悉记账凭证的基本内容和填制要求,掌握通用记账凭证的填制方法;
(9)掌握收款、付款、转账凭证的概念和收付转记账凭证的填制方法;
(10)掌握记账凭证的装订和会计凭证的保管;
(11)了解会计账簿的种类、格式和内容,掌握会计账簿的登记基本要求,掌握日记账的设置和登记方法;
(12)掌握总分类账和明细分类账的设置、平行登记和总分类账与明细分类账的关系;
(13)了解对账和结账的意义,掌握对账的内容和结账的方法;
(14)掌握试算平衡的意义、作用和试算平衡表的编制方法;
(15)掌握错账查找方法和错账更正方法;
(16)了解财产清查的意义和分类,熟悉财产清查的步骤,理解永续盘存制和实地盘存制两种盘存制度,掌握库存现金、银行存款、实物资产和往来款项的清查方法及其清查结果的账务处理。掌握银行存款余额调节表的编制方法;
(17)了解会计报表的意义、种类和编制要求,理解资产负债表的概念与作用,编制的理论依据,掌握资产负债表的基本结构和内容,掌握资产负债表的编制方法;
(18)理解利润表的概念与作用,编制的理论依据,掌握利润表的基本结构和内容,掌握利润表的编制方法；

(19)初步了解现金流量表；

(20)了解账务处理程序的概念及其意义，理解记账凭证账务处理程序的特点、优缺点及适用范围，掌握记账凭证账务处理程序的核算要求；

(21)理解科目汇总表账务处理程序的特点、优缺点及适用范围，掌握科目汇总表账务处理程序的核算要求；

(22)了解会计的产生与发展、会计的特点和目标，理解会计的职能、会计核算的基本前提和核算方法，了解会计工作组织。

在本教材体系上，每一个模块安排若干个项目，项目名称就是一个具体的能力目标。而每一个项目从设计一个训练内容开始，然后归纳完成该训练内容所需的知识，最后还配有课后的训练内容，以便进行复习巩固。每个项目开始设计的训练内容又贯穿了整个能力训练，形成一个一环扣一环，层层递进的能力链。

本书适合作为高等职业技术院校、高等专科院校会计专业的必修课教材，也可以作为相关经济管理类专业的选修课教材，还可以作为中等职业技术学校和技校会计专业基础课教材。

由于编者的社会实践和知识水平有限，加上编写时间仓促，书中缺陷和错误在所难免，诚请读者提出宝贵意见，以便今后修改和补充。

作　者

2018年5月

学习引导

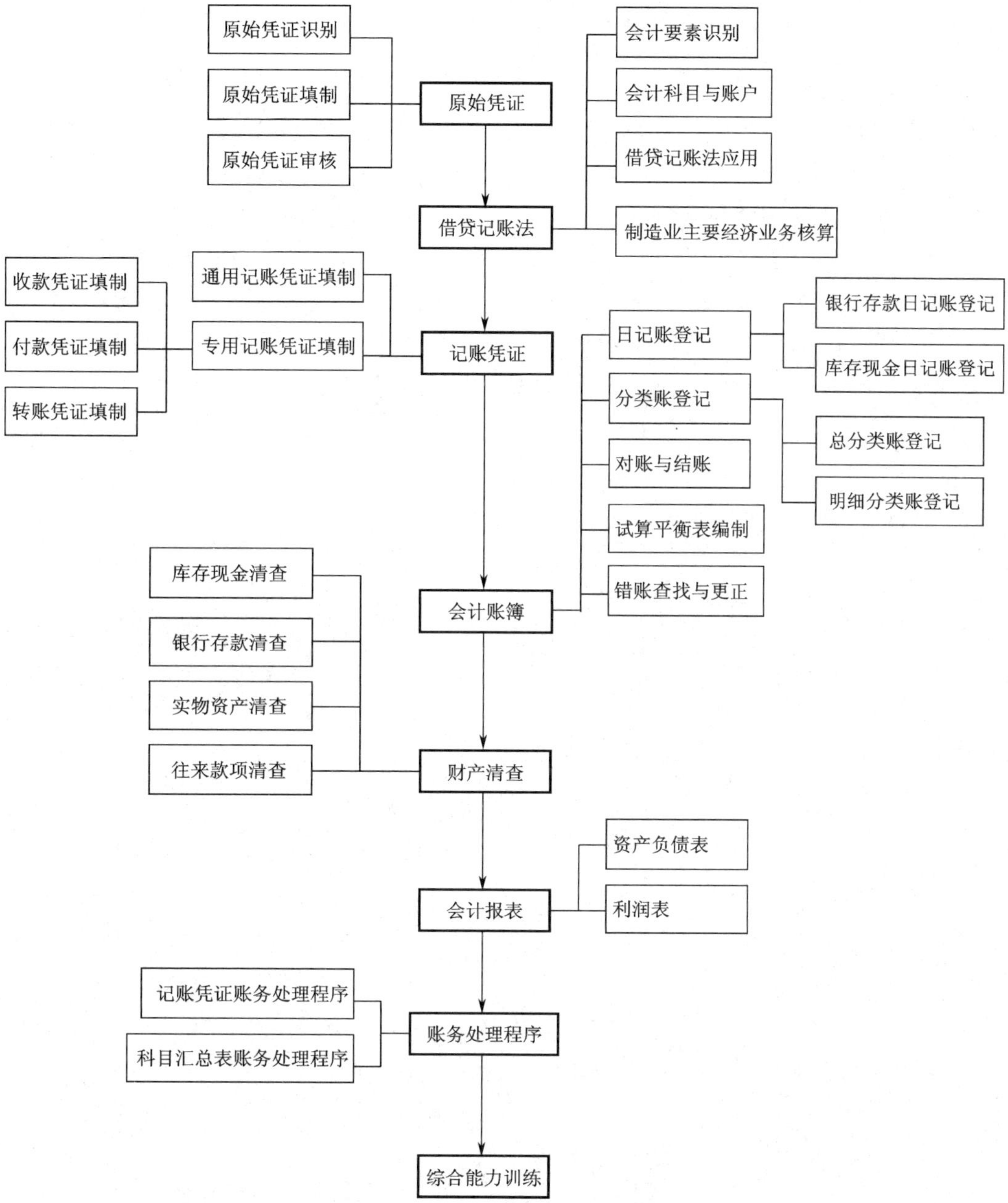
原始凭证识别
原始凭证填制
原始凭证审核
原始凭证
会计要素识别
会计科目与账户
借贷记账法应用
借贷记账法
制造业主要经济业务核算
收款凭证填制
付款凭证填制
转账凭证填制
通用记账凭证填制
专用记账凭证填制
记账凭证
日记账登记
银行存款日记账登记
库存现金日记账登记
分类账登记
总分类账登记
明细分类账登记
对账与结账
试算平衡表编制
错账查找与更正
会计账簿
库存现金清查
银行存款清查
实物资产清查
往来款项清查
财产清查
资产负债表
利润表
会计报表
记账凭证账务处理程序
科目汇总表账务处理程序
账务处理程序
综合能力训练

目　录

模块6　会计报表

模块7　账务处理程序

模块8　综合能力训练

会计基础知识大盘点

附录

引言

走进会计

在普通人的眼中,会计可能是一串干瘪的数字,一叠乏味的凭证,一些枯燥的分录,一摞厚厚的账本,几张单调的报表……

而在会计人的眼中,一串串数字是一个个跳动的音符,一张张凭证是一份份历史的见证,一笔笔分录是一件件艺术的作品,一本本账簿承载着企业的发展,一张张报表交流着无声的语言……

让我们扬起智慧的风帆,畅游知识的海洋,走进会计的殿堂!

会计工作

在准备学习会计之前,先来看一段关于会计含义的对话:

甲、乙、丙、丁是四个好伙伴,有一次在一起聚会,一通天南海北之后,聊起了什么是会计这一话题,四人各执一词,谁也说服不了谁:

甲:什么是会计?这还不简单,会计就是指一个人,比如,我们公司的刘会计,是我们公司的会计人员,这里会计不是人是什么?

乙:不对,会计不是指人,会计是指一项工作,比如我们常常这样问一个人,你在公司做什么?他说,我在公司当会计,这里会计当然是指会计工作了。

丙:会计不是指一项工作,也不是指一个人,而是指一个部门,一个机构,即会计机构,你们看,每个公司都有一个会计部,或者会计处什么的,这里会计就是指会计部门,显然是一个机构。

丁:你们都错了,会计既不是一个人,也不是一项工作,更不是指一个机构,而是指一门学科,我弟弟就是在湖南大学学会计的,他当然是去学一门学科或科学。

结果,他们谁也说服不了谁。亲爱的朋友,如果让你来谈谈什么是会计的问题,你会怎么说呢?

(来自 http://www.hnds.gov.cn/jypx/jckj/jxnr/1/KJHY01.HTM)

在日常生活中,会计确实有多种含义。甲、乙、丙、丁四个人的看法都说明了会计含义的一部分,但又都不全面。通常,会计主要是指会计工作和会计学。

会计作为一项经济管理工作,一项为生产经营活动服务的社会实践活动,从这个意义上讲,会计是指会计工作。同时,既然有会计工作的实践,就势必有实践经验的总结和概括,就有会计的理论,就有会计工作赖以进行的指导思想。会计是解释和指导会计实践的知识体系,是一门学科,从这个意义上讲,会计是指会计学。可见,会计既指会计学,也指会计工作。也就是说,会计既包括会计理论,也包括会计实践。

认识会计,当然可以先认识会计工作。会计作为会计工作,已经发展成为一门职业。

随着社会的发展,社会分工越来越细,社会被划分为各行各业,根据中国劳动保障部公布的数据,目前我国的职业数量约为 1481 种(2015 年统计的数据)。比方说:教师、工人、农民、医生、护士、法官、律师、警察、保安、教练、运动员、厨师、秘书、军人……会计专业人员("会"字读 kuai 不读 hui)。根据《中华人民共和国职业分类大典》,会计专业人员是属于专业技术人员(大类),是属于经济和金融业务人员(中类),职业名称为会计专业人员。

选择学会计,就是学技术。掌握了会计这门技术,才有能力在单位的会计机构中从事会计工作，将得到名副其实的称呼。

《中华人民共和国职业分类大典》将我国职业归为8个大类，75个中类，434个小类，1481个职业，2670个工种。8个大类分别是：

第一大类：党的机关、国家机关、群众团体和社会组织、企事业单位负责人，其中包括6个中类，15个小类，23个细类；

第二大类：专业技术人员，其中包括11个中类，120个小类，451个细类；

第三大类：办事人员和有关人员，其中包括3个中类，9个小类，25个细类；

第四大类：社会生产服务和生活服务人员，其中包括15个中类，93个小类，278个细类；

第五大类：农、林、牧、渔业生产及辅助人员，其中包括6个中类，24个小类，52个细类；

第六大类：生产制造及有关人员，其中包括32个中类，171个小类，650个细类；

第七大类：军人，其中包括1个中类，1个小类，1个细类；

第八大类：不便分类的其他从业人员，其中包括1个中类，1个小类，1个细类。

（来自《中华人民共和国职业分类大典》2015年版）

我国从事会计的人员数量多，分布广，有统计数据显示，全国约有4000万会计从业人员，从城市到农村、从企业到机关、从国有单位到私营单位、从内资企业到外资企业，无论什么组织形式的单位都有会计人员的身影，且处在不断上升的趋势。有研究表明，GDP每增长1个百分点，会计人员人数要增加0.81个百分点。

2017年，我国取消了会计从业资格证考试。但我们知道，我国持有会计从业资格证的人数大约2000万，而4000万的会计从业人员当中持证上岗的约1400万。为了不断提高会计专业技术人员素质，2018年5月，我国出台了《会计专业技术人员继续教育规定》，明确从业会计工作人员无论是否具有会计专业技术资格，用人单位应当保障本单位会计专业技术人员参加继续教育的权利，即会计专业技术人员享有参加继续教育的权利和接受继续教育的义务。会计专业技术人员参加继续教育实行学分制管理，每年参加继续教育取得的学分不少于90学分。

会计专业技术资格分初级会计师、中级会计师和高级会计师三个级别，由财政部、人事部共同组织全国统一考试。初级会计师考试报考的硬性条件是必须具备教育部门认可的高中毕业以上学历，考试科目为“经济法基础”和“初级会计实务”两科。中级会计师考试报考的硬性条件中有一条是如果是大专专科学历的，从事会计工作需要满五年。考试科目为“中级会计实务”“经济法”和“财务管理”三科。

会计工作组织

1. 设置会计机构

所谓会计机构，是指各企业、事业单位内部直接从事和组织领导会计工作的职能部门。《中华人民共和国会计法》第三十六条规定：“各单位应当根据会计业务的需要，设置会计机构，或者在有关机构中设置会计人员并指定会计主管人员；不具备设置条件的，应当委托经批准设立从事会计代理记账业务的中介机构代理记账。国有的和国有资产占控股地位或者主导地位的大、中型企业必须设置总会计师。总会计师的任职资格、任免程序、职责权限由国务院规定。”

2. 配备会计人员

《中华人民共和国会计法》第三十八条规定:“会计人员应当具备从事会计工作所需要的专业能力。担任单位会计机构负责人(会计主管人员)的,应当具备会计师以上专业技术职务资格或者从事会计工作三年以上经历。”第三十九条规定:“会计人员应当遵守职业道德,提高业务素质。对会计人员的教育和培训工作应当加强。”第四十条规定:“因有提供虚假财务会计报告,做假账,隐匿或者故意销毁会计凭证、会计账簿、财务会计报告,贪污,挪用公款,职务侵占等与会计职务的有关违法行为被依法追究刑事责任的人员,不得再从事会计工作。”

根据财政部发布《会计专业技术人员继续教育规定》规定:①有会计专业资格证书和从事会计工作的,两类人都必须参加继续教育。②会计专业技术人员参加继续教育实行学分制管理,每年参加继续教育取得的学分不少于 90 学分。③继续教育管理部门将考核、评价结果作为参加会计专业技术资格考试或评审、先进会计工作者评选、高端会计人才选拔等的依据之一,并纳入其信用信息档案。

3. 制定会计制度

会计制度是指政府管理部门对处理会计事务所做出的规章、准则、办法等规范性文件的总称,包括对会计工作管理、会计核算、会计监督、会计人员、会计档案等方面的规范性文件。社会主义市场经济条件下,国家对经济工作需要进行必要的宏观调控,实行统一的会计制度,也是我国对经济工作进行统一管理的措施之一。我国现行有关会计的法规体系分三个层次:第一层次是会计法,如现行的于 2017 年 11 月 4 日第十二届全国人民代表大会常务委员会第三十次会议修订通过的《中华人民共和国会计法》(见附录 1);第二层次是会计准则,如现行的由 1 项基本准则(见附录 2)和 41 项具体准则组成的会计准则体系,是 2006 年 2 月 15 日发布、于 2007 年 1 月 1 日施行、2014 年 7 月 23 日修订的《企业会计准则》;第三层次是会计制度,国家统一的会计制度主要包括会计核算制度、会计工作管理制度、会计人员管理制度、会计监督制度等。

4. 保管会计档案

会计档案是记录和反映经济业务事项的重要历史资料和证据,包括会计凭证、各种账簿和各种财务报告、实现会计电算化的磁盘以及其他有关财务会计工作应当集中保管的文件,如重要的经济合同等。会计档案对于总结经济工作,指导生产经营管理和事业管理,查验经济财务问题,防止贪污受贿等具有重要的作用。会计档案每年终结时应整理归档,装订成册,科学管理,妥善保管,存放有序,查找方便。

会计工作对象

会计是以货币为主要计量单位,以会计凭证为依据,采用专门的技术方法,对会计主体的经济活动进行连续、系统、综合核算与监督的一项经济管理活动。会计的这一概念明确了会计工作的内容,它表现为记账、算账、报账、分析、预测、决策和控制等一系列活动。而会计所要核算、监督、分析、预测、控制的内容可以进一步明确为会计的对象。会计的对象就是会计主体发生的能够用货币表现的经济活动,具体表现为资金运动。这一表述是会计对象的一般描述,比较抽象。下面选择最具有代表性的制造企业为例来分析会计的具体工作对象。

比如一个服装生产企业,首先要用货币购买布匹作为原材料,然后由布料车间对原材料进行裁剪、加工成半成品，再由成衣车间对半成品进一步加工成服装，最后销售服装收回货币。一个制造企业基本经营流程如图0.1所示。

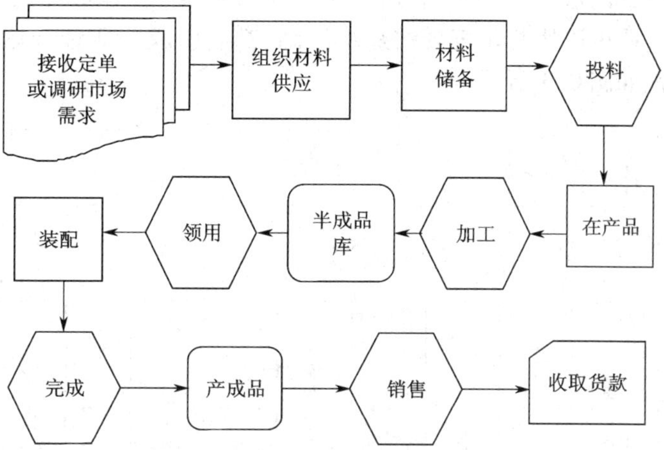

图0.1　制造企业基本经营流程图

制造企业的经营活动主要分为供应、生产和销售三个过程。供应过程是生产的准备过程，企业用货币购买原材料，这里货币是资金的一种形态，原材料也是资金的一种形态，前者叫货币资金，后者叫储备资金，因此在供应过程中货币资金转化为储备资金。生产过程是将原材料投入生产并加工成产品的过程，正在生产车间加工未完工的半成品叫生产资金，完工验收入库的产品叫成品资金，因此生产过程是储备资金转化为生产资金，再由生产资金转化为成品资金。销售过程是产品价值的实现过程，通过销售产品收回货款，成品资金又转回到货币资金。货币资金又重新购买原材料，继续周转。企业资金通过上述三个过程，按照一定的规律依次转化，不断地运动，称为资金周转与循环。制造企业资金周转与循环如图0.2所示。

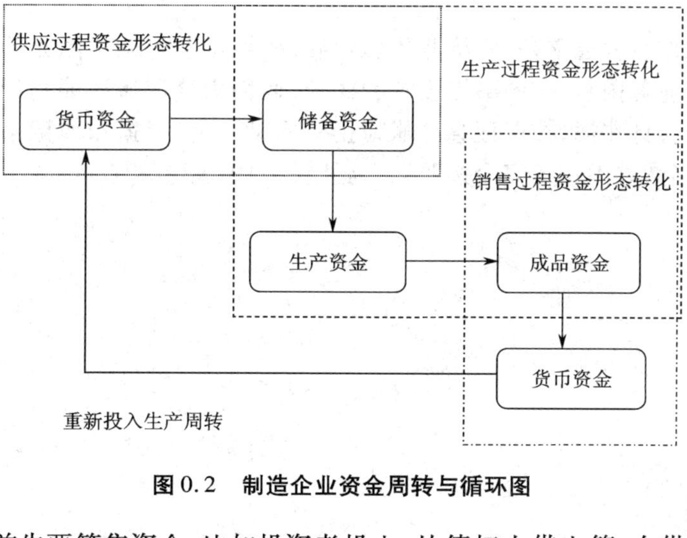

图0.2　制造企业资金周转与循环图

此外，企业首先要筹集资金，比如投资者投入、从债权人借入等；在供应过程中，需要支付采购费用，比如材料运输费、装卸费、保险费等；在生产过程中，需要支付生产费用，比如水费、电费、生产工人工资等;材料和产成品在储存过程中,需要支付仓储费用,比如照明费、通风设施费等;在销售过程中,需要支付销售费用,比如广告费、展览费等;企业的纯收入一部分要以税金的形式上交给国家;企业的利润一部分要以红利的形式分配给股东;等等。这些都是企业可以用货币表现的经济活动,都会引起企业资金运动。制造企业主要经济业务及流程如图 0.3 所示。

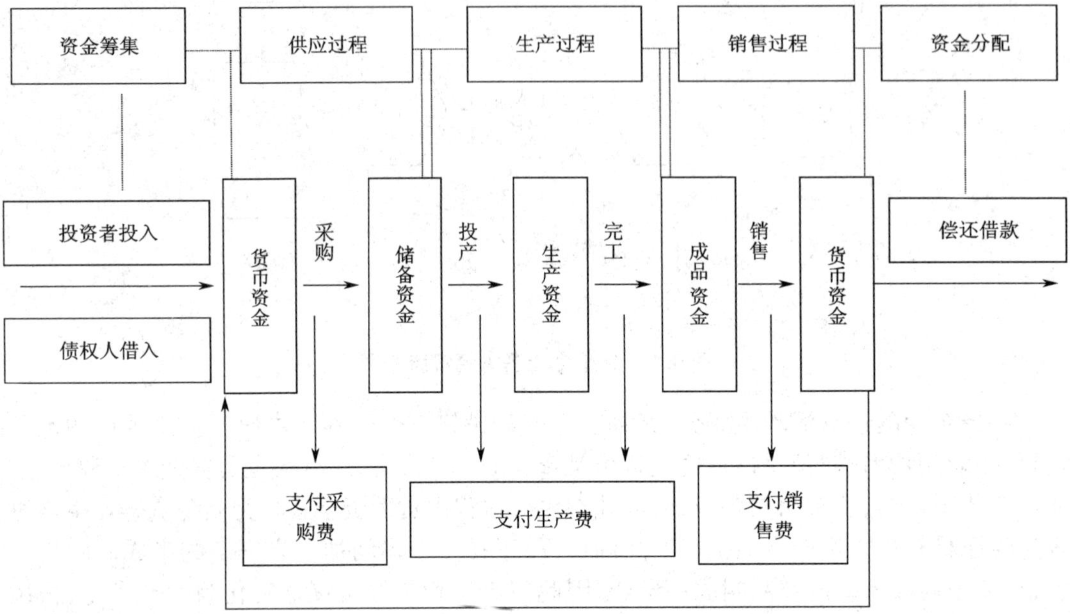

图 0.3 制造企业主要经济业务及流程图

会计核算工作流程

会计核算工作流程通常是:经济业务发生后,按规定取得或填制原始凭证;根据原始凭证反映的经济业务内容,按照事先设置的账户,运用借贷记账法编制记账凭证;根据记账凭证登记各种会计账簿;在保证会计账簿正确的基础上,根据账簿记录编制会计报表。在实际工作中,当然并不一定完全按照以上固定的顺序进行。

模块
1

原始凭证

——会计事项之初始载体

模块能力目标

通过该模块的学习,能运用原始凭证的知识根据各种不同类型和格式的原始凭证判断出相应的经济业务,能运用原始凭证的填制要求和会计核算书写规范的知识准确规范的填制原始凭证,能运用原始凭证相关知识审核已填制或取得的原始凭证。

模块知识目标

通过该模块的学习,掌握原始凭证的概念和分类,熟悉原始凭证的基本内容,掌握会计核算书写规范和原始凭证的填制要求,掌握原始凭证审核的主要内容。

项目 1.1 原始凭证的识别

1.1.1 训练

1. 训练资料

1)企业概况

企业名称:湘诚服装有限责任公司

法人代表:张天才　　地址:青年大道 88 号

电话:0735 – 2322018　　开户银行:工商银行北湖支行

银行账号:900560058940035　　纳税人员识别号:430875214563002(一般纳税人)

财务主管:周庆功　　会计:王青

出纳:陈小山

2)2018 年 5 月份发生以下经济业务并取得或填制相应的原始凭证

【业务 1.1.1】

1-1

中国工商银行进账单(收账通知)　　01321456

填制日期 2018 年 05 月 01 日

付款人	全　称	红山公司	收款人	全　称	湘诚服装有限责任公司
	账　号	91005456993745		账　号	900560058940035
	开户银行	工商行河口营业部		开户银行	工商银行北湖支行

人民币(大写)		千	百	十	万	千	百	十	元	角	分
	壹拾万元整		¥	1	0	0	0	0	0	0	0

票据种类	转账支票	工商银行 北湖支行 2018.05.01 转讫
票据张数	一份	收款人开户行盖章
款项来源	投资款	
单位主管　会计　复核　记账		

此联是收款人开户银行给收款人的收款通知

1-2

本支票付款期十天

中国工商银行转账支票　(湘)　Ⅶ 09485655

出票日期(大写)贰零壹捌年零伍月零壹日

付款行名称:工商行河口营业部

收款人:湘诚服装有限责任公司

人民币(大写)		千	百	十	万	千	百	十	元	角	分
	壹拾万元整		¥	1	0	0	0	0	0	0	0

上列款项请从

我账户内支付

出票人签章

单位主管

红山公司 财务专用章

红李 印小

1-3

投资合同复印件（略）

【业务 1. 1. 2】

2-1

工商企业借款借据（收账通知）

借款企业名称：湘诚服装有限责任公司　2018 年 05 月 02 日

<table>
<tr><td>贷款种类</td><td>短期借款</td><td>贷款账号</td><td>131</td><td>账号</td><td colspan="11">900560058940035</td></tr>
<tr><td rowspan="2">贷款金额</td><td rowspan="2" colspan="5">人民币（大写）：伍万元整</td><td>千</td><td>百</td><td>十</td><td>万</td><td>千</td><td>百</td><td>十</td><td>元</td><td>角</td><td>分</td></tr>
<tr><td></td><td></td><td>¥</td><td>5</td><td>0</td><td>0</td><td>0</td><td>0</td><td>0</td><td>0</td></tr>
<tr><td colspan="4">贷款用途：流动资金借款</td><td>年利率</td><td colspan="11">5‰</td></tr>
<tr><td>约　定
还款期</td><td colspan="15">期限 8 个月　　　于 2018 年 12 月 31 日到期</td></tr>
<tr><td colspan="3">上列借款已批准发放，转入你单位存款账户。
此致
中国工商银行北湖支行
2018.05.02
银行签章
业务章
单位</td><td colspan="13">单位分录：
（借）
（贷）
主管　　会计　　复核　　记账
2018 年 05 月 02 日</td></tr>
</table>

2-2

借款合同复印件（略）

【业务 1. 1. 3】

3-1

中国工商银行现金支票存根

支票号码 094878754

科　　目__________

对方科目__________

出票日期 2018 年 05 月 03 日

收款人：湘诚服装有限责任公司
金额：¥2000.00
用途：备用
备注

单位主管：周庆功　会计：王青

复核：　　　　记账：

【业务 1.1.4】

4-1

湖南省增值税专用发票

全国统一发票监制章 国家税务总局监制

发票联

430700206454　　　　NO000131875

开票日期:2018 年 05 月 04 日

购货单位	名称:湘诚服装有限责任公司 纳税人员识别号:430875214563002 地址、电话:青年大道 88 号 开户及账号:工商行北湖支行 900560058940035			密码区	2471 - 1 <8 - 7 - 65784 加密版本:01 8 <032/52 >9/5664 - 64676 6421 <8 - 7532 >89367 - 235975239 - 47 - 6 <7 >2 * - / > * >6/000013177		
货物或应税劳务名称	规格型号	单位	数量	单价	金额	税率	税额
蓝布		米	1000	32.00	32000.00	16%	5120.00
合　计					¥32000.00		¥5120.00
价税合计(大写)	人民币叁万柒仟壹佰贰拾元整						(小写)¥37120.00
销货单位	名称:华宁布业有限责任公司 纳税人员识别号:43094967234980043 地址、电话:长沙芙蓉大道 100 号 开户及账号:工商行长沙支行 90056005300852			备注			

华宁布业有限责任公司 43094967234980043 发票专用章

收款人:　　　　复核:　　　　开票人:李曙　　　　销货单位(章)

第二联:抵扣联 购货方记账凭证

4-2

委托收款凭证(付款通知)　　　　委收号码:465465

委邮

委托日期:2018 年 05 月 04 日　　　　4 付款日期 2018 年 05 月 04 日

付款人	全称	湘诚服装有限责任公司	收款人	全称	华宁布业有限责任公司									
	账号或地址	900560058940035		账号或地址	90056005300852									
	开户银行	工商行北湖支行		开户银行	工商行长沙支行									
委收金额	人民币(大写)	叁万柒仟壹佰贰拾元整			千	百	十	万	千	百	十	元	角	分
							¥	3	7	1	2	0	0	0
款项内容	货款和税款	委托收款凭据名称			附寄单证张数									
					付款人注意: 1. 应于见票当日通知开户银行划款。 2. 如需拒付,应在规定期限内,将拒付理由书并附债务证明交退开户银行。									

中国工商银行北湖支行 18.05.04 业务章

单位主管　　会计　　复核　　记账　　付款人员开户银行盖章　　年　月　日

此联是付款人开户银行给付款人按期付款的通知

4-3

材料入库单

供应单位：华宁布业有限责任公司　　　　编号:0035

发票号码：NO000131875　　　　仓库:材料仓库

2018 年 05 月 04 日

材料类别	材料名称	规格型号	单位	数量		单价	金额								
				应收	实收		百	十	万	千	百	十	元	角	分
主要材料	蓝布		米	1000	1000	32.00		¥	3	2	0	0	0	0	0
备注					合计			¥	3	2	0	0	0	0	0

第二联：会计部门

收料人（签章）：张全

【业务 1.1.5】

5-1

借 款 单

2018 年 05 月 05 日

借款部门	采购部		借款人	张烨	
借款金额	人民币（大写）贰仟元整			2000.00	
借款事由	去长沙出差		现金付讫		
领导审批	同意　张天才	会计主管	周庆功	借款人签章	张烨

【业务 1.1.6】

6-1

湖南省增值税专用发票

430700206454　　全国统一发票监制章 发票联 国家税务总局监制　　NO000131645

开票日期:2018 年 05 月 06 日

购货单位	名称:长沙中天天信公司 纳税人员识别号:73020313227110 地址、电话:南京路东 34 号 开户及账号:工商行长沙支行 900560058540045				密码区	2471 -1 <8 -7 -6354 加密版本:01 8 <032/52 >9/5664 -64676 6421 <8 -7532 >8367 -235975239 -47 -6 <7 >2* -/ >* >6/0000131777	
货物或应税劳务名称	规格型号	单位	数量	单价	金额	税率	税额
西装		套	200	298.00	59600.00	16%	9536.00
合计					¥59600.00		¥9536.00
价税合计（大写）	人民币 陆万玖仟壹佰叁拾陆元整					（小写）¥69136.00	
销货单位	名称:湘诚服装有限责任公司 纳税人员识别号:430875214563002 地址、电话:青年大道 88 号 开户及账号:工商行北湖支行 900560058940035				备注	湘诚服装有限责任公司 430875214563002 发票专用章	

第三联：记账联 销货方记账凭证

收款人：　　复核：　　开票人：王海平　　销货单位（章）

6-2

委托收款凭证(回单)

委收号码:46546004

委邮

委托日期:2018 年 05 月 06 日 **1**

<table>
<tr><td rowspan="3">付款人</td><td>全称</td><td colspan="2">长沙中天天信公司</td><td rowspan="3">收款人</td><td>全称</td><td colspan="10">湘诚服装有限责任公司</td></tr>
<tr><td>账号或地址</td><td colspan="2">900560058540045</td><td>账号或地址</td><td colspan="10">900560058940035</td></tr>
<tr><td>开户银行</td><td colspan="2">工商行长沙支行</td><td>开户银行</td><td colspan="10">工商行北湖支行</td></tr>
<tr><td rowspan="2">委收金额</td><td rowspan="2">人民币（大写）</td><td colspan="4" rowspan="2">陆万玖仟壹佰叁拾陆元整</td><td>千</td><td>百</td><td>十</td><td>万</td><td>千</td><td>百</td><td>十</td><td>元</td><td>角</td><td>分</td></tr>
<tr><td></td><td></td><td>¥</td><td>6</td><td>9</td><td>1</td><td>3</td><td>6</td><td>0</td><td>0</td></tr>
<tr><td>款项内容</td><td>货款和税款</td><td>委托收款凭据名称</td><td></td><td colspan="2">附寄单证张数</td><td colspan="10"></td></tr>
<tr><td colspan="5"></td><td colspan="11">付款人注意:
1. 应于见票当日通知开户银行划款。
2. 如需拒付,应在规定期限内,将拒付理由书并附责务证明交退开户银行。</td></tr>
</table>

此联是收款人开户银行给收款人的回单

单位主管　会计　复核　记账　付款人员开户银行盖章(略)　年　月　日

【业务 1.1.7】

7-1

差旅费报销单

部门名称:行政部　填报日期　2018　年　05 月　07 日　单位:元

<table>
<tr><td colspan="2" rowspan="2">姓名</td><td>王明</td><td>职级</td><td colspan="2">技术厂长</td><td colspan="2">出差事由</td><td>开会</td><td>出差时间</td><td colspan="2">计划　10 天</td></tr>
<tr><td></td><td></td><td colspan="2"></td><td colspan="2"></td><td></td><td></td><td colspan="2">实际　10 天</td></tr>
<tr><td colspan="2">日期</td><td colspan="2">起止地点</td><td colspan="2">飞机、车、船票</td><td colspan="6">其他费用</td></tr>
<tr><td>月</td><td>日</td><td>起</td><td>止</td><td>类别</td><td>金额</td><td colspan="3">项　目</td><td>标准</td><td>计算天数</td><td>核报金额</td></tr>
<tr><td>04</td><td>25</td><td>郴州</td><td>长沙</td><td>客车</td><td>100.00</td><td rowspan="2">住宿费</td><td colspan="2">包干报销</td><td>120.00</td><td>10</td><td>1200.00</td></tr>
<tr><td>05</td><td>4</td><td>长沙</td><td>郴州</td><td>客车</td><td>100.00</td><td colspan="2">限额报销</td><td></td><td></td><td></td></tr>
<tr><td></td><td></td><td></td><td></td><td></td><td></td><td colspan="3">伙食补助费</td><td>35.00</td><td>10</td><td>350.00</td></tr>
<tr><td></td><td></td><td></td><td></td><td></td><td></td><td colspan="3">会务费</td><td>3000.00</td><td></td><td>3000.00</td></tr>
<tr><td></td><td></td><td></td><td></td><td></td><td></td><td colspan="3">其他杂支</td><td>50.00</td><td></td><td>50.00</td></tr>
<tr><td colspan="5">小　计</td><td>200.00</td><td colspan="5">小　计</td><td>4600.00</td></tr>
<tr><td colspan="2">总计金额</td><td colspan="5">人民币:肆仟捌佰元整</td><td colspan="5">预借5000.00 核销 4800.00 退补 200.00</td></tr>
</table>

主管:周庆功　部门:　审核:王青　填报人:王明

7-2

收　　据

2018 年 05 月 07 日　　　　第 12 号

今收到 王明									
人民币(大写)贰佰元整	十	万	千	百	十	元	角	分	第二联：记账联
			¥	2	0	0	0	0	
事由:交来借支差旅费余款　现金收讫	现金								
	支票　　号								

收款单位:湘诚服装有限责任公司　　会计主管:周庆功　　收款人:陈小山

【业务 1.1.8】

8-1

湖南省增值税专用发票

全国统一发票监制章　发票联　国家税务总局监制

430700206358　　　　NO000131956

开票日期:2018 年 05 月 08 日

购货单位	名称:湘诚服装有限责任公司 纳税人员识别号:430875214563002 地址、电话:青年大道 88 号 开户及账号:工商行北湖支行 900560058940035				密码区	2471 -1 <8 -7 -65754 加密版本: 018 <032/52 >9/5664 -64676 6421 <8 -7532 >8967 -235975239 -47 -6 <7 >2* -/ >* >6/000013177		
货物或应税劳务名称		规格型号	单位	数量	单价	金额	税率	税额
青布			米	2000	30.00	60000.00	16%	9600.00
合　计						¥60000.00		¥9600.00
价税合计(大写)		人民币 陆万玖仟陆佰元整					(小写)¥69600.00	
销货单位	名称:华宁布业有限责任公司 纳税人员识别号:43094967234980043 地址、电话:长沙芙蓉大道 100 号 开户及账号:工商行长沙支行 90056005300852				备注			

第二联：抵扣联　购货方记账凭证

收款人:　　复核:　　开票人:李曙　　销货单位(章)

华宁布业有限责任公司　43094967234980043　发票专用章

8-2

委托收款凭证(付款通知)

委收号码:465496

委邮

委托日期:2018 年 05 月 08 日　　4 付款日期 2018 年 05 月 08 日

付款人	全称	湘诚服装有限责任公司	收款人	全称	华宁布业有限责任公司
	账号或地址	900560058940035		账号或地址	90056005300852
	开户银行	工商行北湖支行		开户银行	工商行长沙支行

委收金额	人民币(大写)	柒万壹仟捌佰元整	千	百	十	万	千	百	十	元	角	分
					¥	7	1	8	0	0	0	0

款项内容	货款和税款	委托收款凭据名称		附寄单证张数	

付款人注意:
1. 应于见票当日通知开户银行划款。
2. 如需拒付,应在规定期限内,将拒付理由书并附债务证明交退开户银行。

(印章:中国工商银行北湖支行 18.05.02 业务章)

单位主管　　会计　　复核　　记账　　付款人员开户银行盖章　　年　月　日

此联是付款人开户银行给付款人按期付款的通知

8-3

湖南省增值税专用发票

(印章:全国统一发票监制章 国家税务总局监制)

发票联

430700206358　　NO000131956

开票日期:2018 年 05 月 08 日

购货单位	名称:湘诚服装有限责任公司 纳税人员识别号:430875214563002 地址、电话:青年大道 88 号 开户及账号:工商行北湖支行 900560058940035	密码区	2471 -1 <8 -7 -65754 加密版本:01 8 <072/52 >9/58964 -646874 6421 <8 -7522 >846374 -235975572 -47 -6 <7 >2* -/ >* >6/00007347

货物或应税劳务名称	规格型号	单位	数量	单价	金额	税率	税额
运费		公里	400	5.00	2000.00	10%	200.00
合　计					¥2000.00		¥200.00
价税合计(大写)	人民币 贰仟贰佰元整					(小写)	¥2200.00

销货单位	名称:德运物流有限责任公司 纳税人员识别号:43094967235147824 地址、电话:长沙大道 178 号 开户及账号:工商行长沙支行 9005600312247	备注	(印章:德运物流有限责任公司 43094967235147824 发票专用章)

收款人:　　复核:　　开票人:李曙　　销货单位(章)

第二联:抵扣联　购货方记账凭证

8-4

材料入库单

供应单位：华宁布业有限责任公司　　　　编号:0036

发票号码：NO000131956　　　　仓库:材料仓库

2007 年 12 月 08 日

材料类别	材料名称	规格型号	单位	数量		单价	金额								
				应收	实收		百	十	万	千	百	十	元	角	分
主要材料	青布		米	2000	2000	31.00		¥	6	2	0	0	0	0	0
备注					合计			¥	6	2	0	0	0	0	0

第二联：会计部门

收料人(签章):张全

【业务 1.1.9】

9-1

委托收款凭证(收款通知)

委收号码:46546004

委邮

委托日期:2018 年 05 月 06 日　　**1**　付款日期 2018 年 05 月 09 日

<table>
<tr><td rowspan="3">付款人</td><td>全称</td><td>长沙中天天信公司</td><td rowspan="3">收款人</td><td>全称</td><td colspan="10">湘诚服装有限责任公司</td></tr>
<tr><td>账号或地址</td><td>900560058540045</td><td>账号或地址</td><td colspan="10">900560058940035</td></tr>
<tr><td>开户银行</td><td>工商行长沙支行</td><td>开户银行</td><td colspan="10">工商行北湖支行</td></tr>
<tr><td rowspan="2">委收金额</td><td rowspan="2">人民币（大写）</td><td rowspan="2" colspan="3">陆万玖仟壹佰叁拾陆元整</td><td>千</td><td>百</td><td>十</td><td>万</td><td>千</td><td>百</td><td>十</td><td>元</td><td>角</td><td>分</td></tr>
<tr><td></td><td></td><td>¥</td><td>6</td><td>9</td><td>1</td><td>3</td><td>6</td><td>0</td><td>0</td></tr>
<tr><td>款项内容</td><td>货款和税款</td><td>委托收款凭据名称</td><td></td><td colspan="5">附寄单证张数</td><td colspan="6"></td></tr>
<tr><td colspan="3">注:收回应收账款</td><td colspan="12">付款人注意:
1.应于见票当日通知开户银行划款。
2.如需拒付,应在规定期限内,将拒付理由书并附责务证明交退开户银行。</td></tr>
</table>

此联是收款人开户银行给收款人的按期收款通知

单位主管　　会计　　复核　　记账　　付款人员开户银行盖章(略)　　年　月　日

【业务 1.1.10】

10-1

材料领用单

领料单位:布料车间　　　　　　　　　　　　编　　号:00055

用　　途:生产西装　　　　　　　　　　　　发料仓库:材料仓库

2018 年 05 月 10 日

材料类别	材料名称	规格型号	单位	数量		单价	金额								
				请领	实领		百	十	万	千	百	十	元	角	分
主要材料	蓝布		米	500	500	32		¥	1	6	0	0	0	0	0
主要材料	青布		米	1000	1000	30		¥	3	0	0	0	0	0	0
备注					合计			¥	4	6	0	0	0	0	0

第二联:会计部门

仓库主管:　　　　发料人:张全　　　　领料部门主管:　　　　领料人:李明

10-2

材料领用单

领料单位:布料车间　　　　　　　　　　　　编　　号:00056

用　　途:生产唐装　　　　　　　　　　　　发料仓库:材料仓库

2018 年 05 月 10 日

材料类别	材料名称	规格型号	单位	数量		单价	金额								
				请领	实领		百	十	万	千	百	十	元	角	分
主要材料	蓝布		米	1000	1000	32		¥	3	2	0	0	0	0	0
主要材料	青布		米	1000	1000	30		¥	3	0	0	0	0	0	0
备注					合计			¥	6	2	0	0	0	0	0

第二联:会计部门

仓库主管:　　　　发料人:张全　　　　领料部门主管:　　　　领料人:

【业务 1.1.11】

11-1

中国工商银行现金支票存根

支票号码 094878755

科　　目__________

对方科目__________

出票日期:2018 年 05 月 11 日

收款人:湘诚服装有限责任公司
金额:¥63560.00
用途:发放上月职工工资
备注

单位主管:周庆功　会计:王青

复核:　　　　　记账:

【业务 1.1.12】

12-1

中华人民共和国　　　　国税

隶属关系:　　　　　　**税收缴款书**　　　　国 NO0000053165

经济类型:有限责任公司　　　填发日期:2018 年 05 月 12 日　　　收入机关:北湖国税局

缴款单位(人)	代码	4308714563002	预算科目	编码	400001
	全称	湘诚服装有限责任公司		名称	企业所得税
	开户银行	工商银行北湖支行		级次	市级
	账号	900560058940035	收款国库		市国库
税款所属时期:2018 年 4 月 1 日 –30 日			税款限缴日期:2018 年 5 月 15 日		

品目名称	课税数量	计税金额或销售收入	税率或单位税额	已缴或扣除额	实缴税额 仟	佰	拾	万	仟	佰	拾	元	角	分
企业所得税		42400.00	25%					1	0	6	0	0	0	0
金额合计	(大写)壹万零陆佰元整						¥	1	0	6	0	0	0	0

缴款单位(人)(盖章)经办人(章)	税务机关(盖章)(略)填票人(盖章)	上列款项已收妥并划转收款单位账户 国库(银行)盖章　2018 年 05 月 12 日	备注:预交企业所得锐

国家税务局北湖分局 业务章

中国工商银行北湖支行 18.05.12 业务章

第一联(收据)国库(银行)收款盖章后退缴单位(人)作完税凭证

12-2

中华人民共和国　　　　国税 国

隶属关系：　　　　**税收缴款书**　　　　NO0000053165

经济类型：有限责任公司　　填发日期：2018 年 05 月 12 日　　收入机关：北湖国税局

<table>
<tr><td rowspan="4">缴款单位(人)</td><td>代码</td><td>4308714563002</td><td rowspan="3">预算科目</td><td>编码</td><td colspan="10">400001</td></tr>
<tr><td>全称</td><td>湘诚服装有限责任公司</td><td>名称</td><td colspan="10">增值税</td></tr>
<tr><td>开户银行</td><td>工商银行北湖支行</td><td>级次</td><td colspan="10">市级</td></tr>
<tr><td>账号</td><td>900560058940035</td><td colspan="2">收款国库</td><td colspan="10">市国库</td></tr>
<tr><td colspan="3">税款所属时期：2018 年 5 月 1 日－10 日</td><td colspan="12">税款限缴日期：2018 年 5 月 15 日</td></tr>
<tr><td rowspan="2">品目名称</td><td rowspan="2">课税数量</td><td rowspan="2">计税金额或销售收入</td><td rowspan="2">税率或单位税额</td><td rowspan="2">已缴或扣除额</td><td colspan="10">实缴税额</td></tr>
<tr><td>仟</td><td>佰</td><td>拾</td><td>万</td><td>仟</td><td>佰</td><td>拾</td><td>元</td><td>角</td><td>分</td></tr>
<tr><td>增值税</td><td></td><td></td><td>16%</td><td></td><td></td><td></td><td></td><td>2</td><td>6</td><td>0</td><td>7</td><td>5</td><td>8</td><td>9</td></tr>
<tr><td></td><td></td><td></td><td></td><td></td><td></td><td></td><td></td><td></td><td></td><td></td><td></td><td></td><td></td><td></td></tr>
<tr><td>金额合计</td><td colspan="4">(大写)贰万陆仟零柒拾伍元捌角玖分</td><td></td><td></td><td>¥</td><td>2</td><td>6</td><td>0</td><td>7</td><td>5</td><td>8</td><td>9</td></tr>
<tr><td>缴款单位(人)(盖章)经办人(章)</td><td>税务机关(盖章)(略)填票人(盖章)</td><td colspan="5">上列款项已收妥并划转收款单位账户
国库(银行)盖章　　2018 年 05 月 15 日</td><td colspan="8">备注：预交本月应交增值税</td></tr>
</table>

第一联(收据)国库(银行)收款盖章后退缴单位(人)作完税凭证

【业务 1.1.13】

13-1

中国工商银行转账支票存根

支票号码 094878734

科　　目__________

对方科目__________

出票日期 2018 年 05 月 13 日

收款人：星光传媒有限公司
金额：¥10600.00
用途：产品销售广告费
备注

单位主管：周庆功　会计：王青

复核：　　　　记账：

13-2

湖南省增值税专用发票

4307002062358 发票联 NO000131956

开票日期:2018 年 05 月 13 日

购货单位	名称:湘诚服装有限责任公司 纳税人员识别号:430875214563002 地址、电话:青年大道 88 号 开户及账号:工商行北湖支行 900560058540035				密码区	2471 -1 <8 -7 -65254 加密版本:01 8 <032/52 >9/5664 -64676 6421 <8 -7532 >8967 -235975239 -47 -6 <7 >2 * -/ > * >6/000013177		
货物或应税劳务名称	规格型号	单位	数量	单价	金额		税率	税额
电视广告		秒	5	2000	10000. 00		6%	600. 00
合计					¥10000. 00			¥600. 00
价税合计(大写)	人民币 壹万零陆佰元整						(小写)¥10600. 00	
销货单位	名称:星光传媒有限责任公司 纳税人员识别号:43094487235143214 地址、电话:郴光大道 107 号 开户及账号:工商行长沙支行 8005654312276				备注	星光传媒有限责任公司 43094487 235143214 发票专用章		

收款人: 复核: 开票人:王海平 销货单位(章)

第三联:记账联 销货方记账凭证

【业务 1. 1. 14】

14-1

湖南省增值税专用发票

4307002062354 发票联 NO000131646

开票日期:2018 年 05 月 14 日

购货单位	名称:郴州通信公司 纳税人员识别号:730497673003 地址、电话:人民路东 34 号 开户及账号:工商行北湖支行 900560058540067				密码区	2471 -1 <8 -7 -65254 加密版本:01 8 <032/52 >9/5664 -64676 6421 <8 -7532 >8967 -235975239 -47 -6 <7 >2 * -/ > * >6/000013177		
货物或应税劳务名称	规格型号	单位	数量	单价	金额		税率	税额
西装		套	300	280. 00	84000. 00		16%	13440. 00
合计					¥84000. 00			¥13440. 00
价税合计(大写)	人民币 玖万柒仟肆佰肆拾元整						(小写)¥97440. 00	
销货单位	名称:湘诚服装有限责任公司 纳税人员识别号:430875214563002 地址、电话:青年大道 88 号 开户及账号:工商行北湖支行 900560058940035				备注	湘诚服装有限责任公司 4308752 14563002 发票专用章		

收款人: 复核: 开票人:王海平 销货单位(章)

第三联:记账联 销货方记账凭证

14-2

本支票付款期十天

中国工商银行转账支票 (湘) Ⅶ 09465804

出票日期(大写)贰零壹捌年零伍月壹拾肆日

付款行名称:工商银行北湖支行

收款人:湘诚服装有限责任公司

人民币（大写）	玖万柒仟肆佰肆拾元整	千	百	十	万	千	百	十	元	角	分
				¥	9	7	4	4	0	0	0

上列款项请从
我账户内支付
出票人签章
单位主管

郴州通讯公司财务专用章

伟李印学

14-3

中国工商银行进账单(收账通知) 01321457

填制日期 2018 年 05 月 14 日

付款人	全称	郴州通讯公司	收款人	全称	湘诚服装有限责任公司
	账号	900560058540067		账号	900560058940035
	开户银行	工商行北湖支行		开户银行	工商银行北湖支行

人民币（大写）	玖万柒仟肆佰肆拾元整	千	百	十	万	千	百	十	元	角	分
			¥	9	7	4	4	0	0	0	0

票据种类	转账支票	2018.05.1 转讫
票据张数	一份	
款项来源	货款	
单位主管 会计 复核 记账		收款人开户行盖章

此联是收款人开户银行给收款人的收款通知

【业务 1.1.15】

15-1

水电费分配表

2018 年 05 月 31 日　　单位:元

部门	用电量(度)	分配金额	用水量(吨)	分配金额	合计
行政部门	1 600	800	10	10	810
布料车间	2 000	1 000	200	200	1 200
成衣车间	8 000	4 000	400	400	4 400
合计	11 600	5 800	610	610	6 410

会计主管:周庆功　　会计:王青　　复核:　　记账:　　制单:陈红

15-2

中国工商银行转账支票存根

支票号码 094878737

科　　目____________

对方科目____________

出票日期2018年05月31日

收款人:自来水公司
金额:￥610.00
用途:支付水费
备注

单位主管:周庆功　会计:王青

复核:　　记账:

15-3

中国工商银行转账支票存根

支票号码　094878736

科　　目____________

对方科目____________

出票日期2018年05月31日

收款人:电业局
金额:￥5 800.00
用途:支付电费
备注

单位主管:周庆功　会计:王青

复核:　　记账:

15-4

湖南省增值税专用发票

全国统一发票监制章 发票联 国家税务总局监制

4307002062358　　　　NO000131956

开票日期:2018年05月31日

购货单位	名称:湘诚服装有限责任公司	密码区	2471 -1 <8 -7 -65254 加密版本:01
	纳税人员识别号:430875214563002		8 <032/52 >9/5664 -64676
	地址、电话:青年大道88号		6421 <8 -7532 >8967 -235975239
	开户及账号:工商行北湖支行900560058540035		-47 -6 <7 >2* -/ >* >6/000013177

货物或应税劳务名称	规格型号	单位	数量	单价	金额	税率	税额
水费		吨	610	1	610.00	11%	67.10
合计					￥610.00		￥67.10
价税合计(大写)	人民币 陆佰柒拾柒元壹角整						(小写)￥677.10

销货单位	名称:美净自来水公司	备注	美净自来水公司 7502316551533217 发票专用章
	纳税人员识别号:7502316551533217		
	地址、电话:略		
	开户及账号:略		

收款人:　　复核:　　开票人:王海平　　销货单位(章)

第三联:记账联　销货方记账凭证

15-5

湖南省增值税专用发票

全国统一发票监制章 发票联 国家税务总局监制

4307002062358　　　　NO000131956

开票日期:2018 年 05 月 13 日

<table>
<tr><td rowspan="4">购货单位</td><td colspan="4">名称:湘诚服装有限责任公司</td><td rowspan="4">密码区</td><td colspan="3">2471 -1 <8 -7 -65254 加密版本:01</td></tr>
<tr><td colspan="4">纳税人员识别号:430875214563002</td><td colspan="3">8 <032/52 >9/5664 -64676</td></tr>
<tr><td colspan="4">地址、电话:青年大道 88 号</td><td colspan="3">6421 <8 -7532 >8967 -235975239</td></tr>
<tr><td colspan="4">开户及账号:工商行北湖支行 900560058540035</td><td colspan="3">-47 -6 <7 >2* -/ >* >6/000013177</td></tr>
<tr><td colspan="2">货物或应税劳务名称</td><td>规格型号</td><td>单位</td><td>数量</td><td>单价</td><td>金额</td><td>税率</td><td>税额</td></tr>
<tr><td colspan="2">电费</td><td></td><td>千瓦时</td><td>11600</td><td>0.5</td><td>5800.00</td><td>16%</td><td>928.00</td></tr>
<tr><td colspan="2">合计</td><td></td><td></td><td></td><td></td><td>¥5800.00</td><td></td><td>¥928.00</td></tr>
<tr><td colspan="2">价税合计(大写)</td><td colspan="7">人民币 陆仟柒佰贰拾捌元整　　　　(小写)¥6728.00</td></tr>
<tr><td rowspan="4">销货单位</td><td colspan="4">名称:国网供电有限公司</td><td rowspan="4">备注</td><td colspan="3" rowspan="4">国网供电有限公司 215639745514842 发票专用章</td></tr>
<tr><td colspan="4">纳税人员识别号:215639745514842</td></tr>
<tr><td colspan="4">地址、电话:略</td></tr>
<tr><td colspan="4">开户及账号:略</td></tr>
</table>

收款人:　　　复核:　　　开票人:王海平　　　销货单位(章)

第三联:记账联　销货方记账凭证

【**业务** 1.1.16】

16-1

工资分配汇总表

2018 年 05 月 31 日　　　　单位:元

项目	应付工资
生产工人工资:	
西装	24 320
唐装	30 000
车间管理人员工资:	
布料车间	4 000
成衣车间	6 000
行政管理人员工资	20 000
合　计	84 320

【**业务** 1.1.17】

17-1

制造费用分配表

2018 年 05 月 31 日　　　　单位:元

产品名称	分配标准(生产工时)	分配率	分配金额
西装	7 000	1	7 000
唐装	8 600	1	8 600
合计	15 600		15 600

【业务 1.1.18】

18-1

完工产品成本计算单

2018 年 05 月 31 日　　　　单位:元

成本项目	西装(产量 1000 套)	
	总成本	单位成本
直接材料	60 000	60
直接人工	80 000	80
制造费用	20 000	20
合计	160 000	160

18-2

产品入库单

交货单位:成衣车间　　2018 年 05 月 31 日　　仓库:成品仓库

产品名称	单位	数量	单位成本	金额							
				十	万	仟	佰	十	元	角	分
西装	套	1 000	160	1	6	0	0	0	0	0	0
金额(大写)	人民币 壹拾陆万元整										

送检人:　　检验员:　　记账员:　　保管员:刘一平

【业务 1.1.19】

19-1

已销产品成本计算表

2018 年 05 月 31 日　　　　单位:元

产品名称	计量单位	月初结存		本月入库		本月销售		期末结存		
		数量	总成本	数量	总成本	数量	总成本	数量	单价	总成本
西装	套	300	57 000	1 000	16 0000	500	83 480	800	166.9	133 520
合计		300	57 000	1 000	160 000	500	83 480	800	166.9	133 520

会计主管:周庆功　　会计:王青　　复核:　　记账:　　制单:王华

2. 训练要求

识别原始凭证,判断原始凭证所反映的经济业务内容。

1.1.2 原始凭证的概念

说到原始凭证,其实我们并不陌生,比如学费收据、购货发票、火车票等等。而企业的经济业务种类繁多,不同企业的经济业务也各有不同,为此企业的原始凭证多种多样。例如,企业购进材料时要取得销货方开具的“增值税专用发票”;材料验收入库时要填制“材料入库单”;采购员出差回来报账时要填制“差旅费报销单”;生产产品领用材料时要填制“材料领用单”;销售产品时要开具“增值税专用发票”;货款结算时要使用“支票”、“委托收款凭证”、“信汇凭证”等等;此外还有“银行进账单”、“借款单”、“工资计算单”、“制造费用分配表”等等。如表 1.1、表 1.2、表 1.3、表 1.4、表 1.5、表 1.6、表 1.7、表 1.8 所示。

原始凭证(也称单据),是指在经济业务发生或完成时取得或填制的,用以记录和证明经济业务的具体内容和完成情况,明确业务经办人员责任的书面证明。企业在日常经营活动中发生的一切经济业务,都必须填制或取得原始凭证,原始凭证是重要的会计核算资料,是会计核算的数据起点。反之,凡不能证明经济业务发生或完成情况的各种单据凭证都不能作为原始凭证,如购销合同、材料请购单等。

表 1.1 增值税专用发票

湖南省增值税专用发票

430700206454　　　　NO000131875

开票日期：　年　月　日

<table>
<tr><td>购货单位</td><td colspan="4">名称：
纳税人员识别号：
地址、电话：
开户及账号：</td><td>密码区</td><td colspan="3"></td></tr>
<tr><td colspan="2">货物或应税劳务名称</td><td>规格型号</td><td>单位</td><td>数量</td><td>单价</td><td>金额</td><td>税率</td><td>税额</td></tr>
<tr><td colspan="2"></td><td></td><td></td><td></td><td></td><td></td><td></td><td></td></tr>
<tr><td colspan="2"></td><td></td><td></td><td></td><td></td><td></td><td></td><td></td></tr>
<tr><td colspan="2"></td><td></td><td></td><td></td><td></td><td></td><td></td><td></td></tr>
<tr><td colspan="2"></td><td></td><td></td><td></td><td></td><td></td><td></td><td></td></tr>
<tr><td colspan="2">合计</td><td></td><td></td><td></td><td></td><td></td><td></td><td></td></tr>
<tr><td colspan="2">价税合计(大写)</td><td colspan="7">(小写)</td></tr>
<tr><td>销货单位</td><td colspan="4">名称：
纳税人员识别号：
地址、电话：
开户及账号：</td><td>备注</td><td colspan="3"></td></tr>
</table>

第二联：抵扣联 购货方记账凭证

收款人：　　复核：　　开票人：　　销货单位(章)

表1.2　材料入库单

材料入库单

供应单位：　　　　　　　　　　　　　　　　　　　　　　编号：

发票号码：　　　　　　　　　　　　　　　　　　　　　　仓库：

年　　月　　日

材料类别	材料名称	规格型号	单位	数量		单价	金额								
				应收	实收		百	十	万	千	百	十	元	角	分
备注					合计										

第二联：会计部门

收料人（签章）

表1.3　差旅费报销单

差旅费报销单

部门名称：　　　　　　　　填报日期　　年　月　日　　　　　　　　编号：

姓名						出差事由					出差日期				
起止时间及地点						车船费		出差补助费			住宿费			其他	
月	日	起	月	日	止	类别	金额	日数	标准	金额	日数	标准	金额	摘要	金额
小计															
总计金额（大写）										预支：　　核销：　　退补：					

主管：　　　　　　　　部门：　　　　审核：　　　　　　填报人：

表1.4　材料领用单

材料领用单

领料单位：　　　　　　　　　　　　　　　　　　　　　　编　号：

用　途：　　　　　　　　　　　　　　　　　　　　　　　发料仓库：

年　月　日

材料类别	材料名称	规格型号	单位	数量		单价	金额								
				应领	实领		百	十	万	千	百	十	元	角	分
备注					合计										

第二联：会计部门

仓库主管：　　　　发料人：　　　　领料部门主管：　　　　领料人：

表 1.5 借款单

借 款 单

年 月 日 编号：

借款部门			借款人		
借款金额					
借款事由					
领导审批		会计主管		借款人签章	

表 1.6 支票

中国工商银行转账支票存根
支票号码 029787545

出票日期 年 月 日

收款人：
金额：
用途：
备注

复核： 记账：

本支票付款期十天

中国工商银行转账支票 （湘） Ⅶ 09485655
出票日期(大写)
付款行名称：
收款人：

		千	百	十	万	千	百	十	元	角	分
人民币（大写）											

上列款项请从
我账户内支付
出票人签章
单位主管

表 1.7 委托收款凭证

委托收款凭证

委托日期： 年 月 日

付款人	全称		收款人	全称										
	账号或地址			账号或地址										
	开户银行			开户银行										
委收金额	人民币（大写）			千	百	十	万	千	百	十	元	角	分	
款项内容		委托收款凭据名称		附寄单证张数										
				付款人注意： 1. 应于见票当日通知开户银行划款。 2. 如需拒付，应在规定期限内，将拒付理由书并附责务证明交退开户银行。										

此联是付款人开户银行给付款人按期付款的通知

单位主管： 会计： 复核： 记账： 付款人员开户银行盖章 年 月 日

表 1.8 银行进账单

中国工商银行进账单(收账通知) 01321450

填制日期 年 月 日

<table>
<tr><td rowspan="3">付款人</td><td>全称</td><td colspan="2"></td><td rowspan="3">收款人</td><td>全称</td><td colspan="10"></td></tr>
<tr><td>账号或地址</td><td colspan="2"></td><td>账号或地址</td><td colspan="10"></td></tr>
<tr><td>开户银行</td><td colspan="2"></td><td>开户银行</td><td colspan="10"></td></tr>
<tr><td rowspan="2">金额</td><td rowspan="2">人民币
(大写)</td><td colspan="4" rowspan="2"></td><td>千</td><td>百</td><td>十</td><td>万</td><td>千</td><td>百</td><td>十</td><td>元</td><td>角</td><td>分</td></tr>
<tr><td></td><td></td><td></td><td></td><td></td><td></td><td></td><td></td><td></td><td></td></tr>
<tr><td colspan="2">票据种类</td><td></td><td colspan="13" rowspan="3">收款人开户行盖章</td></tr>
<tr><td colspan="2">票据张数</td><td></td></tr>
<tr><td colspan="3">单位主管 会计 复核 记账</td></tr>
</table>

此联是收款人开户银行给收款人的收款通知

1.1.3 原始凭证的基本内容

尽管原始凭证的格式多种多样,凭证名称和具体的内容不完全一致,但要作为经济业务的原始证据,都应具备一些共同的基本内容,也称为原始凭证的构成要素,主要包括以下几部分。

(1)原始凭证的名称。任何原始凭证都应有名称,如增值税专用发票、差旅费报销单、材料入库单、借款单等。通过名称可以了解该凭证的基本用途。

(2)填制原始凭证的日期。通过填制日期来表明经济业务发生或完成的时间。

(3)原始凭证的编号。表明凭证的顺序号。需要说明的是有些凭证已经有印刷好的号码,有些凭证则是在填制时编写号码。

(4)填制原始凭证的单位名称或填制人姓名。表明发生经济业务的经办单位或个人。

(5)接受原始凭证的单位名称。表明发生经济业务的往来单位。

(6)经济业务基本内容。表明经济业务的数量、单价和金额等。

(7)填制原始凭证的单位(或个人)和经办人员的签章。为明确经济责任,加盖公章及经手人盖章。

1.1.4 原始凭证的分类

由于原始凭证的类型多种多样,通过分类可以加深对原始凭证的认识,通常原始凭证从以下几个不同的标志来分类。

1. 按来源分类

原始凭证按其来源不同可分为自制原始凭证和外来原始凭证。

1)自制原始凭证

自制原始凭证是由本单位经办部门和人员,根据有关经济业务的执行和完成情况填制的原始凭证。如材料入库单、材料领用单、借款单、差旅费报销单、工资计算分配表、完工产品成本计算单、产品入库单、已销产品成本计算表等都属于自制原始凭证。

2)外来原始凭证

外来原始凭证是在经济业务发生或完成时,从外单位取得的原始凭证。如企业购货时由供应单位开具的增值税专用发票,购货时收到银行传来的付款通知单,公路、内河货物运输业统一发票,税收缴款书等都属于外来原始凭证。

2. 按填制手续分类

原始凭证按填制手续不同可分一次原始凭证、累计原始凭证和汇总原始凭证。

1)一次原始凭证

一次原始凭证是指填制手续一次完成,只记载一项或同时记载若干项同类经济业务的原始凭证。外来原始凭证都为一次原始凭证,自制原始凭证中大部分是一次原始凭证,如材料入库单、借款单、销售发票等。

2)累计原始凭证

累计原始凭证是指在一定时期内,连续记载同类重复发生的经济业务,填制手续在一张凭证中多次进行才能完成的原始凭证。累计原始凭证直到期末求出总数后才能够完成原始凭证的填制手续。对于经常的、大量重复发生的经济业务,可以运用累计原始凭证,如限额领料单(见表1.9)。

限额领料单上注明了某种材料在规定期限内的领用额度,用料单位的每次领料及退料数,由经手人逐笔记录、签单。限额领料单可以随时计算出发生额累计数和余额,便于同计划或定额比较,既起到了事前控制的作用,又减少了凭证数量,简化了会计核算手续。

表1.9 限额领料单

限额领料单

领料部门:布料车间　　　　编　　号:0021

用　　途:生产西装　　　　2018年05月01日　　　　发料仓库:原材料仓库

材料类别	材料名称	计量单位	计划投产量	单位耗用定额	领用限额	全月实际领用		
						数量	单价	金额
原材料	蓝布	米	10 000	1.2	12 000	12 000	32	384 000

领用日期	请领		实发			退回			
	数量	领料单位负责人签章	数量	发料人签章	领料人签章	数量	收料人签章	退料人签章	限额结余
05.02	3 000	胡青	3 000	李强	钟华				9 000
05.05	3 000	胡青	3 000	李强	钟华				6 000
05.10	3 000	胡青	3 000	李强	钟华				3 000
05.20	3 000	胡青	3 000	李强	钟华				0
合计	12 000		12 000						

生产计划部门:张敏　　　　供应部门:何成　　　　仓库:李华

3)汇总原始凭证

汇总原始凭证,即原始凭证汇总表,是对于一些经常、重复发生的经济业务,根据同类原始凭证编制的汇总凭证。如领料汇总表(见表1.10)就是月末根据月份内所有领料单汇总编制得到的。

表1.10 领料汇总表

领料汇总表

2007年12月

单位:元

领料部门及用途		蓝布		青布		其他材料			
		数量	金额	数量	金额	数量	金额	数量	金额
基本生产车间	西装	10	32 000	5	15 000				
	唐装	5	16 000	5	15 000				
基本车间一般耗用							5 000		
辅助车间							10 000		
企业管理部门							1 000		
合计									

3. 按格式分类

原始凭证按其格式不同可分为通用原始凭证和专用原始凭证。

1)通用原始凭证

通用原始凭证是指由有关部门统一印制、在一定范围内使用的、具有统一格式和使用方法的原始凭证。通用原始凭证的使用范围,因制作部门的不同而有所不同,可以是某一地区、某一行业,也可以是全国通用。如某市印制的发货票、收据等,在该市通用;由中国人民银行印制的银行转账结算凭证,在全国通用。

2)专用原始凭证

专用原始凭证是指由单位自行印制、仅在本单位内部使用的原始凭证,如领料单、差旅费报销单等。

4. 按反映经济业务的类别分类

原始凭证按其反映经济业务的类别不同可分为款项收付业务原始凭证、出入库业务原始凭证、成本费用原始凭证、购销业务原始凭证、转账业务原始凭证等。

1)款项收付业务原始凭证

款项收付业务原始凭证是指记录库存现金和银行存款收付等业务的原始凭证。这类原始凭证既有外来的,也有自制的,但多为一次原始凭证,如借款单、领款单、车船机票、银行支票等。

2)出入库业务原始凭证

出入库业务原始凭证是指记录原材料、产成品出入库等情况的原始凭证。这类凭证可以是一次原始凭证,也可以是累计原始凭证,如入库单、领料单、提货单等。

3)成本费用原始凭证

成本费用原始凭证是指记录产品生产费用的发生和分配情况的原始凭证。这类凭证大部分都是内部自制原始凭证,如工资单、工资费用汇总表、制造费用分配表、产品成本计算单等。

4)购销业务原始凭证

购销业务原始凭证是指记录材料物品采购或劳务供应、产成品或劳务销售情况的原始凭证,前者为外来的原始凭证,后者为自制的原始凭证,如普通发票、增值税专用发票、运费单据等。

5)转账业务原始凭证

转账业务原始凭证是指会计期间终了,为了结平收入和支出等账户,计算并结转收入、成本、利润等,由会计人员根据会计账簿记录、整理、制作的原始凭证,这类凭证一般无固定格式,但需要注明制证人员并由会计主管签章。

1.1.5 原始凭证识别

原始凭证识别是指会计人员进行会计核算时根据相关原始凭证及其所反映的内容判断经济业务的类型。在实际工作中,有时一张原始凭证反映一笔经济业务,有时几张原始凭证才反映一笔经济业务。下面对【业务 1.1.1】至【业务 1.1.7】进行举例分析。

【业务 1.1.1】

根据原始凭证 1-1、1-2、1-3(投资合同不是原始凭证,但在实际工作中,也往往将重要合同复印一份作为记账的附件)可以判断这是一笔筹资业务,收到红山公司投资款 100 000 元存入银行。

【业务 1.1.2】

根据原始凭证 2-1、2-2 可以判断这是一笔筹资业务,向开户银行取得一笔偿还期限为 8 个月的流动资金借款 50 000 元存入银行。

【业务 1.1.3】

根据原始凭证 3-1 可以判断这是一笔提现业务,5 月 3 日签发现金支票一张从开户银行提取现金 2 000 元以备用。

【业务 1.1.4】

根据原始凭证 4-1、4-2、4-3 可以判断这是一笔采购业务,5 月 4 日从华宁布业有限责任公司购入蓝布 1 000 米,每米 32 元,增值税专用发票注明价款 32 000 元,增值税 5 120 元。货款和税款通过银行存款支付,同时材料已验收入库。

【业务 1.1.5】

根据原始凭证 5-1 可以判断此业务是单位采购员张烨因出差预借差旅费 2000 元,现金付讫。

【业务 1.1.6】

根据原始凭证 6-1、6-2 可以判断这是一笔销售业务,6 日销售给长沙中天天信公司西装 200 套,每套售价 298 元,货款 59 600 元,税款 9 536 元,产品已经发出,并办妥了委托收款手续,款项尚未收到。

【业务 1.1.7】

根据原始凭证 7-1、7-2 可以判断这笔业务是 7 日技术厂长王明出差归来,报销差旅费 4 800 元,结清预借款 5 000 元,退回现金 200 元。

项目 1.2 原始凭证的填制与审核

1.2.1 训练

1. 训练资料

湘诚服装有限责任公司 2018 年 6 月份发生的部分经济业务如下。

【**业务** 1.2.1】 4 日,业务科李帅因外出联系业务要求预借现金 1 000 元,需填制借款单一张。

借 款 单

年 月 日

借款部门			借款人		
借款金额					
借款事由					
领导审批		会计主管		借款人签章	

【**业务** 1.2.2】 5 日,因零星开支需要,从银行提取 800 元现金备用。需填制现金支票一张。

中国工商银行现金支票存根

支票号码 029787545

出票日期 年 月 日

收款人:
金额:
用途:
备注

复核: 记账:

本支票付款期十天

中国工商银行现金支票 (湘) Ⅶ 09485655

出票日期(大写)

付款行名称:

收款人:

人民币(大写)		千	百	十	万	千	百	十	元	角	分

上列款项请从

我账户内支付

出票人签章

单位主管

【**业务** 1.2.3】 8 日,总务科从市百货大楼购进办公用电镀椅 5 把,单价 42 元;稿纸 20 本,单价 1.50 元。已由总务科保管员刘军验收无误。市百货大楼开户银行:云城办事处;账号:2054658980034 。需填制转账支票及办公用品验收单各一张。

中国工商银行转账支票存根

支票号码　029787545

出票日期　年　月　日

收款人:	
金额:	
用途:	
备注	

复核:　　记账:

本支票付款期十天

中国工商银行转账支票　（湘）　Ⅶ 09485655

出票日期(大写)

付款行名称:

收款人:

人民币（大写）		千	百	十	万	千	百	十	元	角	分

上列款项请从

我账户内支付

出票人签章

单位主管

用品用具验收单

验收部门:　　年　月　日

品名	规格型号	单位	数量		单价	金额								
			应收	实收		百	十	万	千	百	十	元	角	分
备注			合计											

第二联：会计部门

保管员(签章)

【业务 1.2.4】　10 日,以信汇方式归还欠华安布业有限责任公司款 20 000 元。华安布业有限责任公司开户银行:长沙市工行中心路办事处;账号 95—214 。需填制信汇凭证一张。

中国工商银行信汇凭证(回单)　　1

委托日期　年　月　日　　　　第　　号

付款人	全称		收款人	全称											
	账号或地址			账号或地址											
	开户银行			开户银行											
金额	人民币（大写）					千	百	十	万	千	百	十	元	角	分
汇款用途						汇出行盖章　年　月　日									

单位主管　　会计　　复核　　汇账

【业务 1.2.5】　14 日,材料仓库保管员张全收到华宁布业有限责任公司送来的青布

2 000 米，单价 30 元/米。该发票号码 564821 。

材料入库单

供应单位：　　　　　　　　　　　　　　　　　　　　　　编号：

发票号码：　　　　　　　　年　月　日　　　　　　　　　仓库：

材料类别	材料名称	规格型号	单位	数量		单价	金额								
				应收	实收		百	十	万	千	百	十	元	角	分
备注				合计											

第二联：会计部门

仓库主管：　　　　　发料人：　　　　　领料部门主管：　　　　　领料人：

【业务 1.2.6】 18 日，根据生产通知单 95001 号，材料仓库保管员张全，如数发放给成衣车间包装产成品用包装箱 45 个，单价 75 元/个。领料人李东。需填制领料单一张。

材料领用单

领料单位：　　　　　　　　　　　　　　　　　　　　　　编　　号：

用　　途：　　　　　　　　年　月　日　　　　　　　　　发料仓库：

材料类别	材料名称	规格型号	单位	数量		单价	金额								
				请领	实领		百	十	万	千	百	十	元	角	分
备注				合计											

第二联：会计部门

仓库主管：　　　　　发料人：　　　　　领料部门主管：　　　　　领料人：

【业务 1.2.7】 20 日，采购员王大有根据生产需要持银行汇票到陕西标准股份有限公司购买缝纫机，计划用款 25 000 元。陕西标准股份有限公司账号：6926766456315；兑付地点：西安市；兑付行：工商行河东办事处；行号：69—211。需填制银行汇票委托书和银行汇票各一张。

中国工商银行汇票委托书（存根）

委托日期　　年　　月　　日　　　　　　　　第　　号

收款人			汇款人									
账号或住址			账号或住址									
兑付地点	省　市　县	兑付行		汇款用途								
汇款金额	人民币（大写）		千	百	十	万	千	百	十	元	角	分

会计主管　　　　　　　　复核　　　　　　　　经办

付款期 壹个月

中国工商银行

银行汇票(卡片)

签发日期 贰零零 年 月 日 (大写) 兑换地点: 兑换行: 行号:										
收款人: 账号或地址:										
汇款金额 人民币 (大写)										
实际结算金额 人民币 (大写)	千	百	十	万	千	百	十	元	角	分
汇款人: 账号或地址:										
签发行: 行号: 汇款用途:										

会计主管 复核 记账 经办

【业务 1.2.8】 22 日,李帅到长沙出差归来。交通费、住宿费及补助情况如下:6 月 5 日 8 时于郴州市启程;5 日 12 时到达长沙市,火车硬座车票一张,计 50 元;6 月 20 日 18 时长沙市启程,20 日 22 时返回郴州市,火车硬座车票一张,计 52 元;长沙市公共汽车票 5 张,计 14.5 元;住宿单据一张,共 15 天,计 570 元;另外,根据规定付伙食补助 190 元。余款已如数退回现金,结清了本月 4 日预借款。需填制旅费报销单和收据各一张。

差旅费报销单

部门名称: 填报日期 年 月 日 单位:元

姓名			职级			出差事由			出差时间	计划 天 实际 天	备注
日期		起止地点		飞机、车、船票		其他费用					
月	日	起	止	类别	金额	项目		标准	计算天数	核报金额	
						住宿费	包干报销				
							限额报销				
						伙食补助费					
						会务费					
						其他杂支					
小计						小计					
总计金额	人民币					预借______核销______退补______					

主管: 部门: 审核: 填报人:

收　据

年　月　日　　　　第　号

今收到								
人民币(大写)	十	万	千	百	十	元	角	分
事由：	现金							
	支票　号							

第三联 记账联

收款单位：　　　　会计主管：　　　　收款人：

【业务 1.2.9】 25 日，将零星销售材料款现金 1 000 元，存入银行。其中面额 100 元的 8 张，50 元的 2 张，10 元的 5 张，5 元的 10 张。需填制现金进账单一张。

中国工商银行现金进账单(回单或收账通知) 1

年　月　日　　　　第　号

收款人	全称		开户银行	
	账号		款项来源	

人民币(大写)	千	百	十	万	千	百	十	元	角	分

票面	张数	金额	票面	张数	金额	
壹佰元			壹元			
伍拾元			伍角			
拾元			贰角			
伍元			壹角			收款银行盖章
贰元						收款员　复核员

【业务 1.2.10】 29 日，销售给广州百货商场西装 500 套，单价 240 元，增值税税率 16%，唐装 200 件，单价 180 元，增值税税率 16%。广州百货商场开户银行：广州市工行胜华路办事处；账号：88349001277；纳税人员识别号：37024397526。需填制增值税专用发票及委托银行收款结算凭证各一张。

湖南省增值税专用发票

430700206454 NO000131875

开票日期：　年　月　日

购货单位	名称： 纳税人员识别号： 地址、电话： 开户及账号：				密码区	2471 -1 <8 -7 -65254 加密版本：01 8 <032/52 >9/56664676 6421 <8 -7532 >8967 -235975239 -47 -6 <7 >2 * -/ > * >6/000013177		
货物或应税劳务名称	规格型号	单位	数量	单价	金额		税率	税额
合计								
价税合计(大写)				（小写）				
销货单位	名称： 纳税人员识别号： 地址、电话： 开户及账号：				备注			

收款人：　复核：　开票：　销货单位(章)

第三联：记账联 销货方记账凭证

委邮

委 托 收 款 凭证(付款通知) **4** 委收号码：465465

委托日期：　年　月　日

付款人	全称		收款人	全称	
	账号或地址			账号或地址	
	开户银行			开户银行	

委收金额	人民币(大写)		千	百	十	万	千	百	十	元	角	分

款项内容	货款和税款	委托收款凭据名称		附寄单证张数	
			付款人注意： 1. 应于见票当日通知开户银行划款。 2. 如需拒付，应在规定期限内，将拒付理由书并附责务证明交退开户银行。		

单位主管　会计　复核　记账　付款人员开户银行盖章　年　月　日

此联是付款人开户银行给付款人按期付款的通知

2. 训练要求

根据以上经济业务规范填制相应的原始凭证并进行审核。

1.2.2 原始凭证的填制要求

原始凭证是经济业务的初始载体，是具有法律效力的证明文件，是记账的原始依据。因此，原始凭证的填制是记账的起点，是会计核算的基础。原始凭证填制正确与否，与整个核算工作的质量有着密切的联系。因此，在填制原始凭证时，必须符合下列要求。

1. 填制原始凭证内容要真实

原始凭证上填列的日期、业务内容和数字必须反映经济业务的真实内容，不能弄虚作假，也不能估计或匡算。

2. 填制原始凭证要素要齐全

原始凭证中规定的项目，必须逐笔填写，做到内容完整、齐全，不得遗漏或简略。

3. 填制原始凭证要及时

一切原始凭证都应在经济业务发生或完成时及时填制，不得随意拖延。

4. 填制原始凭证书写要清楚规范

填写原始凭证必须文字简要、字迹工整、易于辨认，凭证不得随意涂改、刮擦、挖补。原始凭证填写错误时，应当重开或更正，更正处应当加盖经手人印章或单位印章。原始凭证金额有错误的，应当重开，不得在原始凭证上更正。但提交银行的各种结算凭证上的数字大小写一律不得更改，如果填写错误，应加盖"作废"戳记，重新填写。根据《会计基础工作规范》的要求，原始凭证要用蓝黑墨水书写，一式几联的原始凭证用圆珠笔和双面复写纸套写。有关数字和汉字的书写要求见"1.2.3　会计核算书写规范"。

5. 填制原始凭证要连续编号

若凭证已预先印定编号，在填错需要作废时，应当加盖"作废"戳记，并连同存根和其他各联全部保存，不得擅自撕毁。

6. 填制原始凭证责任要明确

有关经办单位或经办人员都要在原始凭证上签字或盖章，以示负责。外来原始凭证必须加盖单位公章。

1.2.3　会计核算书写规范

1. 大写数字

大写数字主要用于填制需要防止涂改的信用凭证，如收据、发票、支票以及经济合同等书面凭证。

大写数字是由数码和数位组成的，表示位的文字前必须有数字。数码是：**零、壹、贰、叁、肆、伍、陆、柒、捌、玖**。数位是：**个、拾、佰、仟、万、拾万、佰万、仟万、亿**等。

大写数字书写规则如下。

(1)大写金额数字前未印有货币名称的，应当加填货币名称，金额数字与货币名称之间不得留有空白，以防篡改。

(2)大写金额满"拾"时，必须在"拾"字前写个"壹"字。如19.00元大写为：人民币壹拾玖元整。

(3)阿拉伯金额数字中间有"0"时，汉字大写金额要写"零"字；阿拉伯金额数字中间连续有几个"0"时，汉字大写金额中可以只写一个"零"字；阿拉伯金额数字元位是"0"时，汉字大写可以不写"零"字。如：60 006.50元大写为"人民币陆万零陆元伍角整"。再如：340.80元大写为"人民币叁佰肆拾元捌角整"。

(4)大写金额数字到元或者角为止的，在"元"或者"角"字之后应当写"整"字或"正"字；但大写金额数字有分的，分字后面不写"整"字或"正"字。如：60 006.50元大写为"人民币陆万零陆元伍角整"。再如：340.85元大写为"人民币叁佰肆拾元捌角伍分"。

(5)书写要工整，填写凭证时如果写错或遗漏，不能涂改，要重新填写。

(6)在会计核算中,票据的出票日期必须使用中文大写。在填写月、日时,月、日为1至9的,应在其前加“零”;日为10至19的,应在其前面加“壹”。如1月2日应写为“零壹月零贰日”;12月15日应写为“壹拾贰月壹拾伍日”。

2. 阿拉伯数字

阿拉伯数字总体书写规则如下。

(1)先上后下,先左后右,沿横格底线向右下倾斜,约成60°角,高度占格高的二分之一左右。不能潦草,不能似是而非,要一个一个地写,不能连笔。除4和5外,其他数字均要一笔写成,有圆的必须封口。

(2)阿拉伯金额数字前面应当书写货币币种符号或者货币名称简写和币种符号。金额货币符号与阿拉伯金额数字之间不得留有空白。阿拉伯金额数字前写有币种符号的,阿拉伯金额数字后面不再写货币单位。

(3)一组数字书写时,字形要一致,字距要等同,左右位置居中,除7和9可伸入下格的四分之一外,其余数字均要落笔于底线上。

(4)所有以元为单位的阿拉伯金额数字,除表示单价等情况外,一律填写到角分;无角无分的,角位和分位可写“00”,或者符号“—”;有角无分的,分位应当写“0”,不得用符号“—”代替。

(5)为了方便看数,整数部分从个位起向左每隔三位用一分节符“,”分开。

(6)写错数字需要改正时,要用红笔将整个数字从中划一单红线,以示注销,再用蓝笔在数字正上方写上正确的数字,并在旁边加盖经办人私章,以明确责任。

各个数字书写的基本规则为:

“0”字不要写小了,并要闭合,以免改做9,连续写几个0时,不要写连接线;

“1”字不能写得比其他数字短,以免被篡改;

“2”字不能写成“Z”以免改做3;

“3”字要使起笔处至转弯处距离稍长,不应太短,且转弯处要光滑,使其不易误为5;

“4”字的转角要死折,使其不易改作6;

“5”字的短横与“秤钩”必须明显,切不可拖泥带水,以防与8混淆;

“6”字起笔要伸至上半格四分之一处,下圈要明显,使其不易改作4与8;

“7”字上端一横既要明显,又要平直,折划不得圆滑,以与1和9明显区别开来;

“8”字注意上下两圈明显可见,且上圈稍小;

“9”字的小圈不要留间隙,下伸至下格四分之一处,以免与4混淆。

1.2.4 原始凭证的审核

不管是外来原始凭证还是自制原始凭证,取得或填制后,必须及时送交会计部门,会计部门在据以记账之前,必须对其进行严格审查和核对,只有经过审核无误的原始凭证,方可作为记账的依据。

1. 原始凭证审核的主要内容

1)合法性

原始凭证合法性的审核,包括内容的合法性和形式的合法性两个方面。审核原始凭证内容的合法性,主要审查原始凭证所反映的经济业务内容是否符合国家的方针、政策、法律、法规及财政、财务、会计制度的规定;审核原始凭证形式上的合法性,主要审查原始凭证的形式是否符合《全国发票管理办法》的规定。根据《全国发票管理办法》的规定，除某些专业票据如车船票等以外，其他一切发票和收款收据都必须印有税务机关的全国统一发票监制章。

2）真实性

原始凭证真实性的审核，即审查原始凭证所反映的经济业务的本来面貌，有无掩盖、伪造、歪曲和颠倒。

对于自制的原始凭证，如收料单、领料单、工资结算单等，应审查收料单所列材料是否确已验收入库；领料单所列领料用途是否虚构，是否将与生产无关的领料作为生产领用材料；工资结算单中姓名、出勤天数、加班天数是否真实等。

对于外来原始凭证，如发票、运费单、银行结算凭证等，真实性的审查应当包括以下三个方面内容：

（1）经济业务的单位名称和经办人必须是真实的；

（2）经济业务发生的时间、地点和填制原始凭证的日期必须是真实的；

（3）经济业务的内容必须是真实的，包括数量、单价和金额等。

3）合理性

以国家的有关方针、政策、法规和相关计划、合同等为依据，审核原始凭证所记录经济业务是否符合企业生产经营活动的需要，是否符合有关的计划和预算，有无超支等。

4）正确性

主要审核原始凭证的填制方法和数字的计算是否正确。例如，原始凭证中的数量乘上单价是否等于金额，分项金额之和是否等于合计金额；差旅费报销时有关补贴的计算是否正确；工资结算单中工资计算是否正确，等等。

5）完整性

主要审核原始凭证的内容（构成要素）是否完整，手续是否完备。具体来说，要注意以下几点。

（1）原始凭证的内容（构成要素）必须齐备，如凭证的名称、填制凭证的日期、填制和接受凭证的单位或个人、经济业务的内容和有关人员的签章等都应齐备。

（2）从外单位取得的原始凭证，必须有填制单位的公章；从个人取得的原始凭证，必须有填制人员的签名或盖章。自制原始凭证必须有经办单位负责人或其指定人员的签名或盖章；对外开出的原始凭证，必须加盖本单位公章。

（3）凡填有大写和小写金额的原始凭证，大小写金额必须相符。购买实物的原始凭证，必须有数量、单价和金额。金额的计算应当正确，并且有验收证明。支付款项的原始凭证，必须有收款单位和收款人的收款证明。

（4）一式几联的原始凭证，应当注明各联的用途，各联要一次复写而成，保证内容要相同，且只有一联为报销凭证。

（5）发生销货退回时，除填退货发票外，退款时，应取得对方的收款收据，不得以退货发票代替收据（因退货发票是自制凭证）。

（6）职工因公出差开具的借款收据，报销时不得退还原借据，若是收回借款或余款时，应另开收据。

（7）经过上级批准的经济业务，应将批准文件作为原始凭证。如果批准文件需要单独归档的，应在原始凭证上注明批文机关、日期、文件字号。

2. 原始凭证审核后的有关处理

按照《会计法》的要求,会计机构、会计人员必须按照国家统一的会计制度的规定对原始凭证进行审核,对不真实、不合法的原始凭证有权不予接受,并向单位负责人报告;对记载不准确、不完整的原始凭证予以退回,并要求按照国家统一的会计制度规定更正、补充。

原始凭证记载的各项内容均不得涂改;原始凭证有错误的,应当由出具单位重开或者更正,更正处应当加盖出具单位印章。原始凭证金额有错误的,应当由出具单位重开,不得在原始凭证上更正。

本模块练习题

一、单选题

1. 原始凭证按照填制手续及内容不同,分为(　　)。

A. 收款凭证、付款凭证和转账凭证　B. 一次凭证、累计凭证和汇总凭证

C. 外来凭证和自制凭证　D. 通用凭证和专用凭证

2. 下列原始凭证中,属于累计原始凭证的是(　　)。

A. 收料单　B. 领料单　C. 发货票　D. 限额领料单

3. 下列会计凭证中,属于汇总原始凭证的是(　　)。

A. 差旅费报销单　B. 限额领料单　C. 增值税专用发票　D. 工资结算单

4. 下列原始凭证中,既可能是外来原始凭证,也可能是自制原始凭证的是(　　)。

A. 增值税专用发票　B. 商品入库单　C. 收料单　D. 工资汇总表

5. 关于原始凭证的填制,下列说法中不正确的是(　　)。

A. 不得以虚假的交易、事项或资金往来为依据填制原始凭证

B. 从外单位取得的原始凭证,必须盖有填制单位的公章

C. 一式多联的原始凭证,只能以一联用作报销凭证

D. 收回职工借款时,可将原借款借据正联退还,不必另开收据

6. 下列各项中,不属于原始凭证审核内容的是(　　)。

A. 原始凭证的真实性　B. 原始凭证的合法性

C. 会计分录的正确性　D. 原始凭证的完整性和准确性

7. 下列各项中,属于原始凭证的是(　　)。

A. 银行对账单　B. 购销合同书

C. 银行存款余额调节表　D. 账存实存对比表

二、多选题

1. 下列会计凭证中,属于自制原始凭证的有(　　)。

A. 工资结算单　B. 限额领料单

C. 发料凭证汇总表　D. 销售货物时开出的增值税专用发票

2. 原始凭证按其填制手续及内容的不同,可以分为(　　)。

A. 转账凭证　B. 一次凭证　C. 累计凭证　D. 汇总凭证

3. 下列各项中,属于原始凭证必须具备的内容的有(　　)。

A. 记账符号　B. 经办人员的签名或者盖章

C. 交易或事项的内容、数量、单价和金额　D. 接受凭证单位的名称

4. 关于原始凭证的填制,下列说法中正确的有(　　)。

A. 原始凭证上填制的经济业务内容和数字必须真实可靠

B. 原始凭证应在经济业务发生或完成时立即填制

C. 外来原始凭证,必须盖有填制单位的公章

D. 加盖了“作废”戳记的原始凭证,应连同其存根一起保管,不得撕毁

5. 下列各项中,属于原始凭证审核内容的有(　　)。

A. 原始凭证的真实性　　B. 原始凭证的合法性

C. 原始凭证的完整性　　D. 原始凭证的合理性

6. 原始凭证的合法性包括(　　)。

A. 符合国家法律、法规和政策　　B. 符合计划、预算与合同

C. 符合审批权限和手续　　D. 有董事长的核准签章

7. 下列各项中,属于原始凭证的有(　　)。

A. 普通发票　　B. 产品出库单

C. 领用材料汇总表　　D. 产品成本计算单

三、判断题

1. 企业每项交易或事项的发生都必须从外部取得原始凭证。(　　)

2. 只要是真实的原始凭证,就可以作为收付财物和记账的依据。(　　)

3. 自制原始凭证必须由单位会计人员自行填制。(　　)

4. 原始凭证金额出现错误的,应采用画线更正法进行更正。(　　)

四、思考题

1. 简述原始凭证的基本内容。

2. 简述原始凭证审核的主内容及原始凭证审核后的处理。

模块 2 借贷记账法

——一种科学、完善、通用的记账方法

模块能力目标

通过该模块的学习,能对经济业务按会计要素进行分类,判断经济业务对会计要素的影响;能对经济业务进一步按会计科目分类,能识别会计科目的类型;能运用借贷记账法编制会计分录,能对制造业主要经济业务进行核算。

模块知识目标

通过该模块的学习,掌握资产、负债、所有者权益、收入、费用和利润六大会计要素的概念、特点及分类,理解会计要素之间的关系,即会计恒等式,掌握经济业务的类型及其对会计恒等式的影响;掌握会计科目的概念,了解会计科目的作用和设置原则,掌握会计科目表和会计科目的分类,掌握账户的设置及账户结构;掌握借贷记账法的概念和记账要点,即记账符号、账户的结构、记账规则、会计分录,掌握制造业主要经济业务核算所需设置的账户及其结构。

项目2.1 会计要素的识别

2.1.1 训练

1. 训练资料

根据项目1.1提供的原始凭证，湘诚服装有限责任公司2018年5月份发生的经济业务全部描述如下。

【业务2.1.1】 5月1日收到红山公司投资款100 000元存入银行。

【业务2.1.2】 5月2日向开户银行取得一笔偿还期限为9个月的流动资金借款50 000元存入银行。

【业务2.1.3】 5月3日签发现金支票一张从开户银行提取现金2 000元以备用。

【业务2.1.4】 5月4日从华宁布业有限责任公司购入蓝布1 000米，每米32元，增值税专用发票注明税率16%，增值税5 120元。货款和税款通过银行存款支付，同时材料已验收入库。

【业务2.1.5】 5月5日采购员张烨因出差预借差旅费2 000元，现金付讫。

【业务2.1.6】 5月6日销售给长沙中天天信公司西装200套，每套售价298元，货款59 600元，税款9 536元，产品已经发出，并办妥了委托收款手续，款项尚未收到。

【业务2.1.7】 5月7日技术厂长王明出差归来，报销差旅费4 800元，结清预借款5 000元，退回现金200元。

【业务2.1.8】 5月8日从华宁布业有限责任公司购入青布2000米，每米30元，货款60 000元，增值税专用发票注明税率16%，增值税9 600元，发生运费2 000元，增值税200元。货款和税款通过银行存款支付。材料已验收入库。

【业务2.1.9】 5月9日收到5月6日销售给长沙中天天信公司的200套西装的货款和税款。

【业务2.1.10】 5月10日布料车间为生产西装领用蓝布500米，领用青布1000米。为生产唐装领用蓝布1000米，领用青布1000米，蓝布每米成本为32元，青布每米成本为30元。

【业务2.1.11】 5月11日开出现金支票提取现金63 560元发放上月职工工资。

【业务2.1.12】 5月12日通过银行预交企业所得税10 600元，预交增值税26 075.89元。

【业务2.1.13】 5月13日开出转账支票支付产品销售电视广告费10 600元，增值税发票注明价款10 000元，增值税600元。

【业务2.1.14】 5月14日销售给郴州通信公司西装300套，每套280元，货款84 000元，税款13 440元，产品已经发出，收到货款和税款。

【业务2.1.15】 5月31日开出转账支票支付本月水费610元，增值税67.1元，电费5 800元，增值税928元。其中行政部门水电费为810元，布料车间水电费为1200元，成衣车间水电费为4400元。

【业务2.1.16】 计算分配本月应付职工工资84320元，其中生产西装工人工资为24 320元，生产唐装工人工资30 000元，车间管理人员工资为10 000元，行政管理人员工资为 20 000 元。

【业务 2.1.17】 将本月发生的制造费用 15 600 元在西装和唐装两种产品之间按照生产工时比例进行分配:西装生产工时 7000 小时,唐装生产工时 8600 小时,西装负担制造费用 7000 元,唐装负担制造费用 8600 元。

【业务 2.1.18】 本月生产完工西装 1000 套验收入库,产品生产成本为 160 000 元。

【业务 2.1.19】 月末结转本月已销商品成本,已销商品成本为 83 480 元。

2. 训练要求

分析以上经济业务引起会计要素发生的增减变化及其对会计恒等式的影响。

2.1.2 会计要素

为了给企业外部的信息使用者和企业内部的管理者提供有用的经济信息,需要对经济业务进行分门别类的核算。会计要素就是经济业务的初次分类。企业应当按照交易或者事项的经济特征确定会计要素。根据我国《企业会计准则》规定,会计要素有资产、负债、所有者权益、收入、费用和利润六大类。

1. 资产

资产是指企业过去的交易或者事项形成的、由企业拥有或者控制的、预期会给企业带来经济利益的资源。一个企业从事生产经营活动,必须具备一定的物质资源,或者说物质条件。在市场经济条件下,这些必要的物质条件表现为货币资金、厂房场地、机器设备、原材料等,称为资产,它们是企业从事生产经营活动的物质基础。除以上的货币资金以及具有物质形态的资产以外,资产还包括那些不具备物质形态,但有助于生产经营活动的专利权、专有技术、商标权等无形资产,还包括对其他单位的投资和债权。

1)资产的特点

(1)资产是由于过去的交易或事项所形成的。

资产必须是现实的资产,是企业过去的交易或事项所形成的结果。过去的交易或者事项包括购买、生产、建造行为或其他交易或者事项。对于预期将在未来发生的交易或事项可能产生的结果,不属于企业现实的资产,不得作为资产确认。

(2)资产必须为企业拥有或者控制。

企业拥有资源,即享有该资源的所有权,从而就能够排他性地从资源中获得经济利益;或者虽然不享有该资源的所有权,但该资源能被企业控制,同样能够排他性地从资产的使用中获得经济利益。例如融资注入的固定资产,企业虽不拥有所有权,但可以在相当长的时间内支配该项资产,并从中获益,因此也属于企业的资产。

(3)资产能给企业带来经济利益。

给企业带来经济利益,是指直接或者间接导致现金和现金等价物流入企业的潜力。企业可以用货币资金购买所需要的机器设备、原材料等,而机器设备、原材料等可以用于生产经营过程,制造出产成品,企业再通过销售商品或提供劳务收回货款,货款即为企业所获得的经济利益。

(4)资产必须可以用货币进行计量。

货币计量是会计核算的前提,只有可以用货币计量的经济资源,才会在会计实务中具有意义。

2)资产的分类

为了正确认识资产这一会计要素,我们对资产进行分类。

首先按其流动性可以分为流动资产和非流动资产。

流动资产是指将在1年或超过1年的一个营业周期内能够随时变现的资产,如库存现金、银行存款、应收账款、存货等。有些企业经营活动比较特殊,其经营周期可能长于1年,如造船、大型机械制造,从购料到销售商品直到收回货款,周期比较长,往往超过1年,在这种情况下,就不把1年内能够随时变现作为划分流动资产的标志,而是将经营周期作为划分流动资产的标志。

非流动资产是指变现周期在1年以上或超过1年的一个营业周期以上的各种资产,包括长期投资、固定资产、无形资产和其他资产。

长期投资是指投资期在1年以上的各种投资,包括持有至到期投资、长期股权投资、长期应收款等。

固定资产是指企业为生产产品、提供劳务、出租或者经营管理而持有的,使用时间超过12个月的非货币性资产,包括房屋、建筑物、机器、机械、运输工具以及其他与生产经营活动有关的设备、器具、工具等。

无形资产是指企业为生产商品、提供劳务、出租给他人,或为管理目的而持有的、没有实物形态的非货币性长期资产,如专利权、非专利技术、商标权、著作权、土地使用权等。

其他资产是指除了流动资产、长期投资、无形资产以外的其他资产,如长期待摊费用等。

其次,按有无实物形态分为有形资产和无形资产。有形资产是指具有实物形态的资产,如存货、固定资产等。无形资产不具备实物形态,如专利权、商标权等。

2. 负债

负债是指企业过去的交易或者事项形成的、预期会导致经济利益流出企业的现时义务。未来发生的交易或者事项形成的义务,不属于现时义务,不应当确认为负债。

1)负债的特点

(1)负债是由于过去的交易、事项形成的,由企业当前所承担的现时义务。这种义务通常是企业为取得所需的资产、货物或接受劳务而引起的,或源于法律上的强制执行的责任形成的,如纳税义务。

(2)负债需要由企业在未来某个时日加以清偿。负债一般都有确切的债权人和到期日,或债权人和到期日可以合理估计确定。负债的到期金额应能以货币确切地计量或合理估计。

(3)为了清偿债务,企业往往需要在将来转移资产,或提供劳务,或同时转移资产和提供劳务。也就是说,负债的清偿会导致经济利益流出企业。例如企业以货币资金偿还应付账款,使负债减少,同时资产减少。

2)负债的分类

负债按偿还期的长短分为流动负债和非流动负债两类。

流动负债是指将在1年或超过1年的一个营业周期内需要偿还的债务,包括短期借款、应付票据、应付账款、应付职工薪酬、预收账款、应交税费、应付股利、其他应付款、应付利息等。

非流动负债是指偿还期在1年或者超过1年的一个营业周期以上的债务,包括长期借款、应付债券、长期应付款、专项应付款等。

3. 所有者权益

所有者权益是指企业资产扣除负债后由所有者享有的剩余权益。公司的所有者权益又称为股东权益。所有者权益的来源包括所有者投入的资本、直接计入所有者权益的利得和损失、留存收益等。直接计入所有者权益的利得和损失,是指不应计入当期损益、会导致所有者权益发生增减变动的、与所有者投入资本或者分配利润无关、但会引起所有者权益发生增减变动的利得或者损失。利得是指由企业非日常活动形成的、会引起所有者权益增加、与所有者投入资本无关的经济利益的流入。损失是指由企业非日常活动发生的、会引起所有者权益减少的、与向所有者利润分配无关的经济利益的流出。

1)所有者权益的特点

所有者权益相对于负债而言,具有以下特征。

(1)除非发生减资、清算,所有者权益一般不需要偿还。所有者权益作为一种权益资本,无到期日,在企业的生产经营期间内,可以归企业长久使用,无须偿还。

(2)企业清算时,债权人拥有优先清偿权。只有在清偿所有负债后,剩余财产才返还给投资者。

(3)投资人能够分享利润,而债权人只能按约定的条件获取利息,不能参与企业利润的分配。

2)所有者权益的组成

所有者权益在性质上体现为所有者对企业资产的剩余利益;在数量上体现为资产减去负债后的余额,包括实收资本、资本公积、盈余公积、未分配利润四个项目。

实收资本是指投资人作为资本投入到企业中的各种资产的价值,在一般情况下无须偿还,可以长期周转使用。

资本公积是指由投资者投入但不能构成实收资本,或从其他来源取得,由所有投资者共同享有的资金。资本公积可以用于转增实收资本。

盈余公积是指企业按照规定从净利润中提取的各种积累资金。盈余公积主要用于发展生产和企业职工福利设施的支出。

未分配利润是企业留待以后年度分配或待分配的利润。

盈余公积和未分配利润统称为留存收益。

4. 收入

收入是指企业在日常活动中形成的、会导致所有者权益增加的、与所有者投入资本无关的经济利益的总流入。它包括主营业务收入、其他业务收入、投资收益等。

主营业务收入也称基本业务收入,它是指企业主要经营活动所取得的收入。制造业中的产品销售收入就是主营业务收入。主要经营活动可根据企业营业执照上规定的主要业务范围来确定。

其他业务收入也称非主营业务收入,它是指企业主要经营活动以外的业务带来的收入。如制造业的材料销售收入、无形资产和技术转让收入、固定资产出租收入、包装物出租收入等。

投资收益是指企业对外投资所取得的收益。

收入有以下特点:

(1)收入是从企业的日常经济活动中产生的;

(2)收入可能表现为企业资产的增加,也可能表现为企业负债的减少,也可能同时引起资产的增加和负债的减少；

(3)收入必须用货币计量；

(4)收入最终会导致企业所有者权益的增加。

5. 费用

费用是指企业在日常活动中发生的、会导致所有者权益减少的、与向所有者分配利润无关的经济利益的总流出。

企业直接为生产商品和提供劳务等发生的直接人工、直接材料和其他直接费用，先计入产品生产成本和劳务成本；企业为生产商品和提供劳务发生的间接费用，应按一定的标准分配计入产品生产成本和劳务成本。然后确认产品销售收入、劳务收入时，才将已销售产品、已提供劳务的成本等计入当期损益。

企业行政管理部门为组织和管理生产经营活动而发生的管理费用，为筹集资金而发生的财务费用，为采购、销售商品和提供劳务而发生的采购、销售等销售费用，应当作为期间费用直接计入当期损益。

1)费用的分类

费用按其经济用途分为生产费用与期间费用。其中生产费用包括直接费用和间接费用。直接费用包括直接人工、直接材料及其他直接费用。间接费用即制造费用。期间费用包括管理费用、销售费用和财务费用。

2)费用的特点

(1)费用是企业在销售商品、提供劳务等日常活动中所发生的经济利益的流出。

(2)费用可能表现为企业资产的减少，也可能表现为企业负债的增加，也可能同时引起资产的减少和负债的增加。

(3)费用应当能以货币计量。

(4)费用最终会导致企业所有者权益的减少。

6. 利润

利润是指企业在一定会计期间的经营成果。利润包括收入减去费用后的净额、直接计入当期利润的利得和损失等。直接计入当期利润的利得和损失，是指应当计入当期损益、会导致所有者权益发生增减变动的、与所有者投入资本或者向所有者分配利润无关的利得或者损失。利润是反映企业经营成果的最终要素。

2.1.3 会计恒等式

1. 会计基本恒等式

反映资产、负债和所有者权益三要素之间关系的恒等式称为会计基本恒等式，即

资产 = 负债 + 所有者权益

这一等式之所以成立，是基于资产与权益的平衡原理建立的。

为了独立地进行生产经营活动，每个企业都必须拥有一定数量的经营资金，这些资金都是从一定的来源渠道取得的。资产的构成表明企业所拥有的资金实际占用形态，如库存现金、银行存款、原材料、固定资产、无形资产。权益(负债和所有者权益)则表示企业资产取得的渠道。所以资产与权益是资金这个同一体的两个不同的侧面，一方面是资金的表现形态，另一方面是对这些资金所拥有的权利。从数量上看，有一定数额的资产，就必然有一定数额的权益；反之，有一定数额的权益，必然有一定数额的资产，两者数额必然

相等,因此可以这样来理解:资金占用 = 资金来源。

权益按与其相对应的资产的来源不同,包括债权人提供的资产所形成的债权人权益和投资人投入的资产所形成的投资人权益。债权人权益形成企业的负债,而投资人权益就形成企业的所有者权益。所以,资产 = 负债 + 所有者权益。

会计基本恒等式反映了资产、负债及所有者权益三要素之间的内在联系和基本数量关系。这种数量关系表明了企业在某一时点上的财务状况,因此又称静态会计等式。这一等式是以后设置会计账户、进行复式记账和编制资产负债表的理论基础。

【例 2.1】 湘诚服装有限责任公司月初拥有资产总额 1 000 000 元,包括银行存款 300 000 元,其中 100 000 是从开户银行取得的短期借款,200 000 元是由投资人提供;仓库有原材料 150 000 元,是从华宁布业有限责任公司赊购取得的,缝纫机 50 台,总计价值 550 000 元,是由投资人提供。可见,该企业总资产 1 000 000 来自于负债和所有者权益两个方面,即负债总额 250 000 元(短期借款 100 000 元,应付账款 150 000 元)和所有者权益总额 750 000 元,它们分别表示债权人和投资人享有的对企业资产的要求权。因此,会计等式“资产 = 负债 + 所有者权益”可以表示为

$$1\ 000\ 000 = 250\ 000 + 750\ 000$$

2. 会计恒等式的扩展式

会计恒等式的扩展式有

$$资产 = 负债 + 所有者权益 + 收入 \quad (2.1)$$

$$资产 = 负债 + 所有者权益 + 收入 - 费用 \quad (2.2)$$

$$资产 = 负债 + 所有者权益 + 利润 \quad (2.3)$$

企业的目标是从生产经营活动中获取收入,而收入的实现表现为资产增加或负债减少,因此(2.1)式成立。企业取得收入的同时,必然会发生相应的费用,而费用的发生表现为资产减少或负债增加,因此(2.2)式成立。由于“收入 - 费用 = 利润”,因此(2.3)式成立。

【例 2.2】 假定上例中该企业本月出售一批产品,收到货款 100 000 元存入银行,转出该批产品成本 80 000 元,得到利润 20 000 元,期末总资产由 1 000 000 元增加到 1 020 000 元,会计等式的扩展式可以表述为

$$1\ 020\ 000 = 250\ 000 + 750\ 000 + (100\ 000 - 80\ 000)$$

以上公式表明,利润或亏损是企业所有者权益增减的一个重要因素。会计期间终了,通过计算利润(或亏损),归入“所有者权益”项目。这样在会计期间终了结账后,会计恒等式又恢复为:资产 = 负债 + 所有者权益。

2.1.4 经济业务的类型及其对会计恒等式的影响

企业在生产经营过程中发生的各种经济活动在会计上称为经济业务,亦称会计事项。随着经济活动的不断进行和经济业务的不断发生,必然会引起有关会计要素发生增减变动。但是无论企业的经济业务引起会计要素的数额如何变化,都不会破坏会计恒等式的数量平衡关系。以湘诚服装有限责任公司为例说明如下。

【业务 2.1.1】 5 月 1 日收到红山公司投资款 100 000 元存入开户银行。

这笔业务的发生对企业的影响是:企业拥有了一笔银行存款 100 000 元,同时,红山公司作为投资者,拥有对这笔银行存款索取权,也是 100 000 元。企业拥有的“银行存款”

属于“资产”，投资者拥有的“索取权”属于“所有者权益”，因此该笔业务是一项资产增加，一项所有者权益增加，等式两边同增，不会破坏会计恒等式。

【业务2.1.2】　5月2日向银行取得一笔偿还期限为8个月的流动资金借款50 000元存入开户银行。

这笔业务的发生对企业的影响是：企业的银行存款增加了50 000元，同时，增加了一项偿还义务，即银行借款50 000元。银行借款属于“负债”。因此该笔业务是一项资产增加，一项负债增加，等式两边同增，不会破坏会计恒等式。

【业务2.1.3】　5月3日签发现金支票一张从银行提取现金2 000元以备用。

这笔业务的发生对企业的影响是：企业减少银行存款5 000元，但同时企业又拥有5 000元的库存现金。即一方面资产（银行存款）减少了5 000元，另一方面资产（库存现金）又增加了5 000元，资产内部一增一减，由一种形态转变成另一种形态，不会破坏会计恒等式。

【业务2.1.4】　5月4日从华宁布业有限责任公司购入蓝布1 000米，每米32元，增值税专用发票注明价款32 000元，增值税5 120元。价税合计37 120元，货款和税款通过银行存款支付，同时材料已验收入库。

这笔业务的发生对企业的影响是：企业减少银行存款37 120元，但同时企业又拥有材料32 000元，发生可抵扣应交增值税5 120元。即一方面资产（银行存款）减少37 120元，另一方面资产（原材料）增加32 000元，可抵扣应交增值税5 120元视同负债减少。综合起来这笔业务引起资产减少5 120元，同时负债也减少5 120元，等式两边同减，不会破坏会计恒等式。

承上例，假如购入的材料货款和税款尚未支付，则这笔业务使企业材料增加32 000元，发生可抵扣应交增值税5 120元，同时应付账款增加37 120元。即一方面资产（原材料）增加32 000元，可抵扣应交增值税5 120元视同负债减少，另一方面负债（应付账款）增加37 120元。综合起来这笔业务引起资产增加32 000元，同时负债增加32 000元，等式两边同增，不会破坏会计恒等式。

【业务2.1.5】　5月5日单位采购员张烨因出差预借差旅费2 000元，现金付讫。

这笔业务的发生对企业的影响是：企业库存现金减少2 000元，但同时企业对张烨拥有一项收款的权利（债权）也是2 000元。即一方面资产（库存现金）减少2 000元，另一方面资产（其他应收款）增加2 000元。因此该业务是资产内部一增一减，不会破坏会计恒等式。

【业务2.1.6】　5月6日销售给长沙中天天信公司西装200套，每套售价298元，货款59 600元，增值税9 536元，产品已经发出，并办妥了委托收款手续，托收金额为69 136元，款项尚未收到。

这笔业务的发生对企业的影响是：企业拥有一项债权（应收账款）69 136元，但同时使企业取得了一笔收入59 600元，发生应交增值税9 536元。即一方面资产（应收账款）增加69 136元，另一方面收入（主营业务收入）增加59 600元，负债（应交税费）增加9 536元。等式两边同增，不会破坏会计恒等式。

【业务2.1.7】　5月7日技术厂长王明出差归来，报销差旅费4 800元，结清预借款5 000元，退回现金200元。

这笔业务的发生对企业的影响是：企业发生一笔费用（管理费用）4 800元，退回现金使资产增加200元,结清预借款使资产(其他应收款)减少5 000元。综合起来是费用增加4 800元,资产减少4 800元。由于费用在会计等式的右边为减项,因此该业务不会破坏会计恒等式。

以上举例可以说明,任何一项经济业务的发生,不论会计要素怎样增减变动,都不会破坏会计恒等式的平衡关系。其他业务请同学们自行分析。

企业在生产经营过程中发生的经济业务错综复杂,但从其对"资产 = 负债 + 所有者权益"这一等式中各项会计要素引起变化来讲,归纳起来不外乎以下四种类型。

(1)资产、负债、所有者权益各要素内部有增有减,增减金额相等,且总额不变。如从银行提取现金5 000元以备用,是一项资产增加,另一项资产减少,增减金额相等。再如从银行取得借款50 000元偿还应付账款,是一项负债增加,另一项负债减少,增减金额相等。

(2)负债与所有者权益之间有增有减,增减金额相等,且总额不变。如经债权人同意将对企业的长期借款200 000元转为投资,是一项负债减少,一项所有者权益增加,增减金额相等。

(3)资产与负债之间同增或同减,金额相等,总额变动。如购买机器设备一台,价值15万元,款暂欠,是一项资产增加,同时负债也增加,金额相等,且企业资产总额增加15万元。再如用银行存款50 000元偿还借款,是一项资产减少,同时负债也减少,金额相等,且企业资产总额减少50 000元。

(4)资产与所有者权益之间同增或同减,金额相等,总额变动。如收到红山公司投资款10万元存入银行,是一项资产增加,同时所有者权益也增加,金额相等,且企业资产总额增加10万元。

项目2.2 会计科目和账户

2.2.1 训练

1. 训练资料

同项目2.1训练资料。

2. 训练要求

在项目2.1分析的基础上(即经济业务对会计要素的影响),进一步指出每一项业务所涉及的会计科目。

2.2.2 会计科目

1. 会计科目的概念与意义

经济业务按会计要素分为资产、负债、所有者权益、收入、费用、利润六项,但企业所进行的经济活动纷繁复杂,经济业务所引起的会计要素的内涵及其增减变化各不相同。为了正确反映会计事项的相关信息,就需要对会计要素进一步进行科学的分类,每一类给它一个标准的名称,这个标准名称就是会计科目。所以会计科目就是对会计对象的具体内容进行分类核算所规定的项目。

通过不同的会计科目来反映不同会计事项的特点。例如制造企业的厂房、机器设备、运输车辆等劳动资料,其实物形态是固定不变的,将在很长时间内为企业所使用,为反映这一类资产,设置“固定资产”科目;而库存的各种原料、辅助材料、燃料是企业生产的劳动对象,通过生产改变了它们原有的实物形态、性能、用途等,为反映这一类资产,设置“原材料”科目。例如从银行取得的借款有偿还期限在一年以内的借款和偿还期限在一年以上的借款,为了反映两种不同风险的负债,分别设置“短期借款”和“长期借款”科目。

通过设置会计科目,能够使企业各不相同的经济业务,按照既定的标准进行科学的分类,将各自独立的经济事项转化为规范的具有可比性的经济信息。例如,造纸厂有库存针叶木浆20 000公斤,每公斤单价20元;服装厂有库存花布40 000米,每米单价15元。针叶木浆与花布之间无任何的可比性,但是对于企业而言,它们都属于企业生产经营的主要材料,如果把它们归入一类,即各企业都归入同一个会计科目“原材料”,通过计算造纸厂有原材料400 000元,服装厂有原材料600 000元,这样两个不同的企业会计信息就可以比较了。

2. 会计科目表

为了使不同企业的会计信息具有可比性,财政部依据《企业会计准则》制定了一个标准的会计科目表。并规定企业在不违反会计准则中确认、计量和报告规定的前提下,可以根据本单位的实际情况自行增设、分拆、合并会计科目。企业不存在的交易或者事项,可不设置相关会计科目。现行企业会计科目如表2.1所示。

表2.1 会计科目表

顺序号	编号	会计科目名称	顺序号	编号	会计科目名称
		一、资产类			二、负债类
1	1001	库存现金	70	2001	短期借款
2	1002	银行存款	77	2101	交易性金融负债
5	1012	其他货币资金	79	2201	应付票据
8	1101	交易性金融资产	80	2202	应付账款
10	1121	应收票据	81	2203	预收账款
11	1122	应收账款	82	2211	应付职工薪酬
12	1123	预付账款	83	2221	应交税费
13	1131	应收股利	84	2231	应付利息
14	1132	应收利息	85	2232	应付股利
18	1221	其他应收款	86	2241	其他应付款
19	1231	坏账准备	92	2314	代理业务负债
21	1302	拆出资金	93	2401	递延收益
25	1321	代理业务资产	94	2501	长期借款
26	1401	材料采购	95	2502	应付债券
27	1402	在途物资	100	2701	长期应付款
28	1403	原材料	101	2702	未确认融资费用
29	1404	材料成本差异	102	2711	专项应付款

续表

顺序号	编号	会计科目名称	顺序号	编号	会计科目名称
30	1405	库存商品	103	2801	预计负债
31	1406	发出商品	104	2901	递延所得税负债
32	1407	商品进销差价			三、共同类
33	1408	委托加工物资	107	3101	衍生工具
34	1411	周转材料	108	3201	套期工具
40	1471	存货跌价准备	109	3202	被套期项目
41	1501	持有至到期投资			四、所有者权益类
42	1502	持有至到期投资减值准备	110	4001	实收资本
43	1503	可供出售金融资产	111	4002	资本公积
44	1511	长期股权投资	112	4101	盈余公积
45	1512	长期股权投资减值准备	114	4103	本年利润
46	1521	投资性房地产	115	4104	利润分配
47	1531	长期应收款	116	4201	库存股
48	1532	未实现融资收益			五、成本类
50	1601	固定资产	117	5001	生产成本
51	1602	累计折旧	118	5101	制造费用
52	1603	固定资产减值准备	119	5201	劳务成本
53	1604	在建工程	120	5301	研发支出
54	1605	工程物资			六、损益类
55	1606	固定资产清理	124	6001	主营业务收入
62	1701	无形资产	129	6051	其他业务收入
63	1702	累计摊销	131	6101	公允价值变动损益
64	1703	无形资产减值准备	132	6111	投资收益
65	1711	商誉	136	6301	营业外收入
66	1801	长期待摊费用	137	6401	主营业务成本
67	1811	递延所得税资产	138	6402	其他业务成本
69	1901	待处理财产损益	139	6403	税金及附加
			149	6601	销售费用
			151	6602	管理费用
			157	6603	财务费用
			152	6604	勘探费用
			153	6701	资产减值损失
			154	6711	营业外支出
			155	6801	所得税费用
			156	6901	以前年度损益调整

3. 会计科目的分类

各会计科目并非彼此独立，而是相互联系，并组成一个科学、系统、完整的会计科目体系。为了准确把握和使用会计科目，可以将会计科目按不同的标准进行分类。

1）按反映的经济内容分类

所谓会计科目的经济内容，就是会计科目核算和监督的经济业务的具体内容，也就是会计要素的具体项目。换句话说，就是会计科目所指的特定内涵。会计要素包括资产、负债、所有者权益、收入、费用、利润六个要素，会计科目按其反映的经济内容分类，可以按六个会计要素来划分。但是，由于企业所获得的利润将使所有者权益增加，因此，反映企业本年度实现的净利润的会计科目“本年利润”以及反映企业净利润分配的会计科目“利润分配”，可以并入所有者权益类。企业收入减去费用等于利润，收入类和费用类科目都是用来计算损益的，可以合并称为损益类科目。而生产性企业中有一部分费用构成生产成本，不能一次全部计入当期损益。因此企业的会计科目一般分为五类，即资产类、负债类、所有者权益类、成本类和损益类。此外，新会计科目表还增加了一个共同类。

2）按所反映信息的详略程度分类

会计科目按所提供信息的详略程度不同，可分为总分类科目和明细分类科目。

总分类科目亦称一级科目或总账科目，它是对会计核算的具体内容进行总括分类核算而设置的科目。总分类科目的名称、编号和核算内容由统一会计制度规定。表2.1所示会计科目都是总分类科目。设置总分类科目，可以对具有不同特点的各类经济业务进行总体上的核算与监督，直接对某一类会计要素的具体项目进行管理。

明细分类科目也称为明细科目，是对总分类科目所属经济内容进行进一步分类的类别名称。它是详细反映会计要素具体核算内容的项目。如在“原材料”下面可以按材料的具体名称设“蓝布”“青布”“纽扣”等明细科目。当总分类科目下设置的明细科目较多时，可以在总分类科目与明细科目之间增设二级科目（也称子目），二级科目所提供的核算指标的详细程度介于总分类科目与明细科目之间。如“原材料”科目下设“主要材料”和“辅助材料”子目，“主要材料”科目下才设“蓝布”和“青布”明细科目，“辅助材料”科目下设“纽扣”明细科目。当然明细科目下面还可以根据需要进一步设置明细科目，这样就形成了会计科目的级次体系，级次越多，说明分类越细，核算的内容就更深、更详细。如某钢铁企业的“原材料”科目级次关系如图2.1所示。

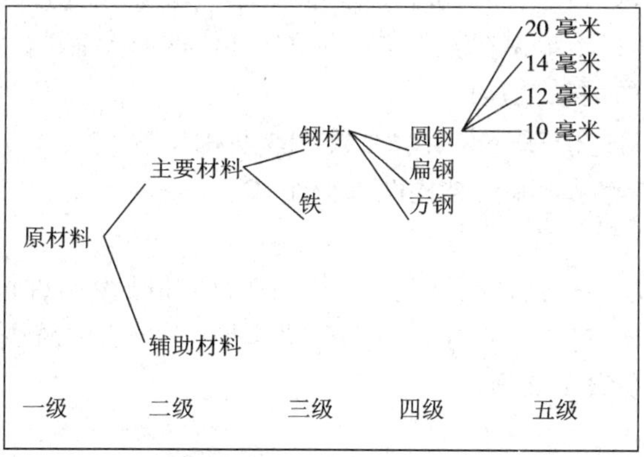

图2.1 某钢铁企业“原材料”会计科目级次图

很显然,各会计核算单位的明细科目千差万别,因此,各会计核算单位在总分类科目下,根据自身核算和管理的需要自行设置明细科目。当然也不是说所有的会计科目都要设置明细科目,如“库存现金”“累计折旧”等科目就没有必要设置明细科目。

4. 会计科目编号

会计科目的编号是利用数字,按一定方式进行排列,组成会计科目的代码。会计科目有了编号,便于了解其类别,便于编制会计凭证、登记账簿、查阅账目,也便于利用电子计算机处理会计事务。在统一会计制度的会计科目表中,一般都会对会计科目进行统一编号。例如,表 2.1 所列示的企业会计科目表,就包括会计科目的名称和编号。这里采用的是四位数编号法:第一个数字表示会计科目的大类,从“1”到“6”分别表示资产类、负债类、共同类、所有者权益类、成本类和损益类;第二个数字表示大类中的小类;第三个、第四个数字表示小类中科目序号;四个数字连在一起,就表示具体总账科目。

会计科目有了统一的编号,各单位不要随意改变或打乱重编,在某些会计科目之间留有空号,可供有需要的单位增设会计科目之用。

2.2.3 账户

1. 账户的概念与意义

账户是根据会计科目开设的,用于连续、系统地记录经济业务引起的各会计要素的增减变化情况及其结果的,具有一定格式和结构的记账实体。

会计科目只是对企业的经济业务进行分类核算提供了依据。而企业的经济业务会不断连续地发生,即使同一类经济业务也会经常发生,其结果是不断发生增减变化。其实,经济业务引起某一会计要素变动,要么就是增加,要么就是减少,也只有这两种情况。如:5 月 1 日收到投资款 100 000 元存入银行;5 月 2 日取得借款 50 000 元存入银行;5 月 3 日从银行提取现金 2 000 元;5 月 4 日购买原材料支付银行存款 37 440 元……为了能够连续、系统地记录经济业务引起的各会计要素的增减变化情况及其结果,需要一个叫“账户”的记账实体。如上面例子,如果我们设置一个“银行存款”账户,在账户里连续记录增加数和减少数,那就可以知道从 5 月 1 日到 5 月 4 日,银行存款增加数共计 150 000 元(100 000 + 50 000),银行存款减少数共计 39 440 元(2 000 + 37 440)。若在 5 月 1 日经济业务发生前银行存款本来就有 40 000 元,那么 5 月 4 日经济业务结束后,银行存款还有 150 560 元(40 000 + 150 000 − 39 440)。这里 40 000 元叫“期初余额”,150 000 元叫“本期增加数”,39 440 元叫“本期减少数”,150 560 元叫“期末余额”。它们为账户的 4 个金额要素,4 个金额要素的关系就是

期末余额 = 期初余额 + 本期增加数 − 本期减少数

因此,账户由账户名称和账户结构两部分组成。

2. 账户的基本结构

由于经济业务引起某一会计要素变动无外乎增加和减少两种情况,因此账户的结构就划分为两个基本部分:左方和右方。一方反映增加,一方反映减少。通常就把账户的结构简化成“T”型账户,如图2.2 所示。

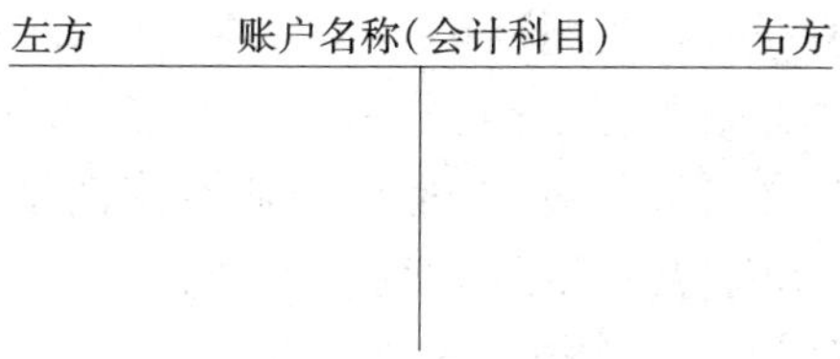

图2.2 账户的基本结构

在实际工作中,一般不采用“T”型账户来记录经济业务,而是采用账页的形式,通常包括以下基本内容:

(1)账户名称(即会计科目);

(2)日期和凭证号数(用以说明账户记录的日期及来源);

(3)摘要(概括说明经济业务的内容);

(4)增加和减少的金额;

(5)余额。

以三栏式账页格式为例,账页的格式如表2.2所示。

表2.2 三栏式账页格式

账户名称(会计科目)

年		凭证		摘　要	增加数	减少数	余额识别	余额
月	日	字	号					

3.账户的分类

每一个账户只能记录企业经济活动的某一个方面,不可能对企业的全部经济业务加以记录。账户分类就是研究这个账户体系中各账户之间存在的共性,寻求其规律,探明每一账户在账户体系中的地位和作用,以便加深对账户的认识,更好地运用账户对企业的经济业务进行反映。

1)账户按会计要素分类

账户按会计要素分类就是按账户所核算的经济内容与各会计要素的联系分类。账户按会计要素分类,一般分为资产类、负债类、共同类、所有者权益类、损益类和成本类六大类。即某账户属于哪一类账户由会计科目所属类型决定。

研究账户按会计要素的分类,目的在于理解和掌握如何设置账户以及提供核算指标的规律性,以便正确地运用账户,为经济管理提供一套完整的会计核算指标体系。

2)账户按提供指标详略程度分类

企业经营管理所需要的会计核算资料是多方面的,不仅要求会计核算能够提供一些总括的指标,而且要求提供一些详细的指标,各类账户还需要进一步细分,形成不同层次的账户。账户按提供指标的详略程度分类,分为总分类账户和明细分类账户。

总分类账户是根据总分类科目开设的,是对企业经济活动的具体内容进行总括核算的账户,它能够提供某一具体内容的总括核算指标。每一个企业都应该根据本企业业务的特点按统一制度规定设置若干个总分类账户。

明细分类账户是根据明细分类科目开设的,是对企业某一经济业务进行明细核算的账户,它能够提供某一具体经济业务的明细核算指标。明细分类账户是依据企业经济业务的具体内容设置的,它所提供的明细核算资料主要是满足企业内部经营管理的需要。各个企业的经济业务具体内容不同,经营管理的水平不一致,明细分类账户的名称,核算内容及使用方法也就不能统一规定,只能由各企业根据经营管理的实际需要和经济业务的具体内容自行规定。

4. 账户与科目的关系

会计科目和账户在会计学中是两个不同的概念,两者之间既有联系又有区别。它们的联系在于:二者都是按经济业务的具体内容设置的,会计科目是设置账户的依据,是账户的名称;账户是会计科目的具体运用。会计科目反映的经济内容,就是账户所要登记的经济内容。

会计科目与账户的区别是:会计科目仅仅是账户的名称,只能表明某项经济内容,不存在结构问题,也不能反映经济业务引起的会计要素的增减变动情况;账户则具有一定的格式和结构,能连续系统地反映经济业务引起的会计要素的增减变动及结存情况。

项目 2.3 借贷记账法的应用

2.3.1 训练

1. 训练资料

同项目 2.1 训练资料。

2. 训练要求

在项目 2.1、项目 2.2 分析的基础上,运用借贷记账法编制会计分录。

2.3.2 记账方法的种类

会计科目是记录经济业务的分类标准,账户是连续记录经济业务的工具,为了取得经营管理所必需的核算资料,还必须运用科学的记账方法。所谓记账方法,是指根据一定的原理、运用一定的记账符号和记账规则,在账簿中登记经济业务的方法。在会计发展的历史上,曾经出现过很多记账方法,记账方法按记录方式的不同可分为单式记账法和复式记账法。

1. 单式记账法

单式记账法是对所发生的每一项经济业务只在一个账户中登记的方法,它通常只记录现金和银行存款的收付业务,以及应收账款、应付账款的结算业务,而不登记其他实物收付业务。例如,用银行存款 20 000 元购入材料,在记账时,只在“银行存款”账户中作减少 20 000 元的记录,而对材料的增加情况则不予记录;又如销售商品时,若货款 8 000 元尚未收回,则只登记“应收账款”账户增加 8 000 元,不记收入增加情况。这种记账方法只是单方面地反映资金的增加或减少，具有记账手续简单的优点。但它不能全面、完整地反映资金运动的来龙去脉，也无法检查账户记录的正确性，因此在实际工作中已极少运用。

2. 复式记账法

复式记账法就是对发生的每一项经济业务都要以相等的金额同时在两个或两个以上相互联系的账户中进行登记，以系统、全面地反映每一项经济业务所引起的各会计要素的增减变化的一种方法。例如，用银行存款 20 000 元购入材料，在记账时，一方面在"银行存款"账户中登记减少数 20 000 元，另一方面在"原材料"账户中登记增加 20 000 元；又如销售商品货款 8 000 元尚未收回，则一方面在"应收账款"账户中登记增加数 8 000 元，另一方面在"主营业务收入"账户中登记增加数 8 000 元。这种记账方法，与单式记账法比较有两个明显的特点：①每一项经济业务的发生都在两个或两个以上相关的账户中记录，可以反映资金运动过程和经济业务的来龙去脉；②每一项经济业务的发生都以相等的金额，同时记入两个或两个以上相对应的账户，记录的结果仍使会计恒等式成立，因此，通过试算平衡可以检查账簿记录的正确性。

复式记账法在我国包括借贷记账法、增减记账法、收付记账法。根据我国《企业会计准则》规定，企业会计记账一律采用借贷记账法。增减记账法和收付记账法已不用。

2.3.3　借贷记账法

1. 借贷记账法的概念

借贷记账法作为一种复式记账法，是以"借"和"贷"为记账符号，以会计恒等式的平衡关系为基础，对每一项经济业务以借贷相等的金额在两个或两个以上相互联系的账户中进行全面登记的记账方法。

之所以叫"借贷记账法"，有个历史渊源，这里不去探究，但借贷记账法从诞生以来，经过 500 多年的锤炼，已被全世界会计工作者公认为是一种科学、完善的记账方法，成为国际上通用的一种记账方法。

2. 借贷记账法的记账符号

借贷记账法是以"借"和"贷"二字作为记账符号。作为记账符号，"借贷"二字没有任何的实际含义，而是单纯的记账符号。这样每个账户的账页区分为"借方""贷方"和"余额"三栏，以反映会计要素的增减变化。以三栏式账页格式为例，账页的格式如表 2.3 所示。

表 2.3　三栏式账页的格式

账户名称(会计科目)

年		凭证		摘　要	借方	贷方	借或贷	余额
月	日	字	号					

3. 借贷记账法的账户结构

为了说明借贷记账法的账户结构,同样以“T”型账户形式来说明。在借贷记账法下,账户的左方定为借方,右方定为贷方,其“T”型账户的形式如图 2.3 所示。

借方	账户名称(会计科目)	贷方

图 2.3　借贷记账法“T”型账户结构

这样所有账户的借方和贷方都是按相反的方向记录其增减变动金额,即如果用借方登记增加金额,那么贷方就登记减少金额;如果用贷方登记增加金额,那么借方就登记减少金额。至于说到底是用借方登记增加金额还是用贷方登记增加金额,是由账户的性质决定,即账户所要反映的经济内容。

按照习惯,借贷记账法下各类账户结构如下。

1)资产类账户的结构

资产类账户的借方登记增加金额,贷方登记减少金额。每一会计期间借方记录的增加金额合计称为本期借方发生额,贷方记录的减少金额合计称为本期贷方发生额。一个会计期间结束时,资产类账户若有期末余额,一般为借方余额,其计算公式为

资产类账户期末借方余额 = 期初借方余额 + 本期借方发生额 - 本期贷方发生额

资产类账户的结构如图 2.4 所示。

2)负债类账户的结构

负债类账户的结构与资产类账户的结构相反,即负债类账户是贷方登记增加金额,借方登记减少金额。每一会计期间借方记录的减少金额合计称为本期借方发生额,贷方记录的增加金额合计称为本期贷方发生额。一个会计期间结束时,负债类账户若有期末余额,一般为贷方余额,其计算公式为

负债类账户期末贷方余额 = 期初贷方余额 + 本期贷方发生额 - 本期借方发生额

负债类账户的结构如图 2.5 所示。

借方　账户名称(会计科目)	贷方
期初余额 ×××	
本期增加额 ×××	本期减少额 ×××
……	……
本期发生额 ×××	本期发生额 ×××
期末余额 ×××	

图 2.4　资产类账户结构

借方　账户名称(会计科目)	贷方
	期初余额 ×××
本期减少额 ×××	本期增加额 ×××
……	……
本期发生额 ×××	本期发生额 ×××
	期末余额 ×××

图 2.5　负债类账户结构

3)所有者权益类账户的结构

所有者权益类账户的结构与负债类账户的结构相同,即所有者权益类账户是贷方登记增加金额,借方登记减少金额。每一会计期间借方记录的减少金额合计称为本期借方发生额,贷方记录的增加金额合计称为本期贷方发生额。一个会计期间结束时,所有者权益类账户若有期末余额,一般为贷方余额,其计算公式为

所有者权益类账户期末贷方余额 = 期初贷方余额 + 本期贷方发生额 -

本期借方发生额

所有者权益类账户的结构如图2.6所示。

借方	账户名称(会计科目)	贷方
	期初余额 ×××	
本期减少额 ×××	本期增加额 ×××	
……	……	
本期发生额 ×××	本期发生额 ×××	
	期末余额 ×××	

图2-6 所有者权益类账户结构

4)损益类账户的结构

在企业生产经营活动中,取得收入和发生费用,最终会导致所有者权益发生变化。根据"资产=负债+所有者权益+收入-费用"的会计等式,收入的增加可以视为所有者权益的增加,费用的增加可以视为所有者权益的减少。因此,损益类账户中的收入性质账户的结构与所有者权益类账户的结构相似,费用支出性质账户的结构与所有者权益类账户的结构相反。

(1)收入性质账户的结构。

收入的增加额记入账户的贷方,减少额或转销额记入账户的借方。期末,本期增加额减去本期减少额后的差额,应转入有关所有者权益账户。结转后账户期末没有余额。收入性质账户的结构如图2.7所示。

借方	账户名称(会计科目)	贷方
本期减少额或转销额 ×××	本期增加额 ×××	
……	……	
本期发生额 ×××	本期发生额 ×××	

图2.7 收入性质账户的结构

(2)费用支出性质账户的结构。

费用支出的增加额记入账户的借方,减少额或转销额记入账户的贷方。期末,本期增加额减去本期减少额后的差额,应转入有关所有者权益账户,以便与收入相抵计算当期损益,结转后账户期末没有余额。费用支出性质账户的结构如图2.8所示。

借方	账户名称(会计科目)	贷方
本期增加额 ×××	本期减少额或转销额 ×××	
……	……	
本期发生额 ×××	本期发生额 ×××	

图2.8 费用支出性质账户的结构

5)成本类账户的结构

由于生产成本本身是企业的一项资产,因此,成本类账户的结构与资产类账户结构相同,即成本的增加额记入账户的借方,减少额或转出额记入账户的贷方,期末一般没有余额。"生产成本"账户期末余额会出现借方余额,表示企业月末在产品的生产成本。此时成本类账户就属于资产类账户。

根据以上各类账户结构的说明,将账户借方和贷方所记录的经济内容加以归纳,如图2.9所示。

借方 账户名称(会计科目)	贷方
资产的增加	资产的减少
负债的减少	负债的增加
所有者权益的减少	所有者权益的增加
收入的减少	收入的增加
费用支出的增加	费用支出的减少
成本的增加	成本的减少

图 2.9 各类账户的结构

在借贷记账法下,约定这样的账户结构:首先是“借”、“贷”二字作为记账符号,没有任何实际含义,“借”可以表示增加,“贷”也可以表示增加,具体到某个账户借方表示增加数,则该账户的贷方一定表示减少数,反之亦然;其次借贷记账法的基本理论依据是会计基本恒等式,即“资产 = 负债 + 所有者权益”。而且已学内容告诉我们,尽管各单位发生的经济业务多种多样,但无论怎样变化,必然在会计等式中引起双重影响,要么使等式两边的会计要素项目以相等的金额同时增加或同时减少,要么使等式左边或右边会计要素项目以相等的金额此增彼减。因此,经济业务发生后,引起有关会计要素发生增减变动,但都不会改变会计等式平衡关系,一定时点上的资产总额总是等于负债总额与所有者权益总额的合计数。由于资产和负债、所有者权益在等式的两边,对于资产和负债、所有者权益的增减变化必须按相反方向在账户中进行记录。

4. 借贷记账法的记账规则

根据复式记账的原理和借贷记账法的账户结构以及经济业务的类型对会计要素的影响,对于发生的任何一项经济业务,所记入的账户必然是有的在借方,有的在贷方,而且记入借方的金额和记入贷方的金额相等,绝不可能全部记在借方或全部记在贷方。这一规律概括为“有借必有贷,借贷必相等”。这就是借贷记账法的记账规则。

下面以湘诚服装有限责任公司 2018 年 5 月份的部分经济业务为例说明借贷记账法的记账规则。

【业务 2.1.1】 5 月 1 日收到红山公司投资款 100 000 元存入开户银行。

这笔业务引起企业资产增加 100 000 元,所有者权益增加 100 000 元。资产增加归入“银行存款”科目,所有者权益增加归入“实收资本”科目。因此需要设置“银行存款”和“实收资本”账户来反映这笔业务。“银行存款”账户属于资产类账户,增加数登记在账户的借方,“实收资本”账户属于所有者权益类账户,增加数登记在账户的贷方。这笔业务在账户中的记录如图 2.10 所示。

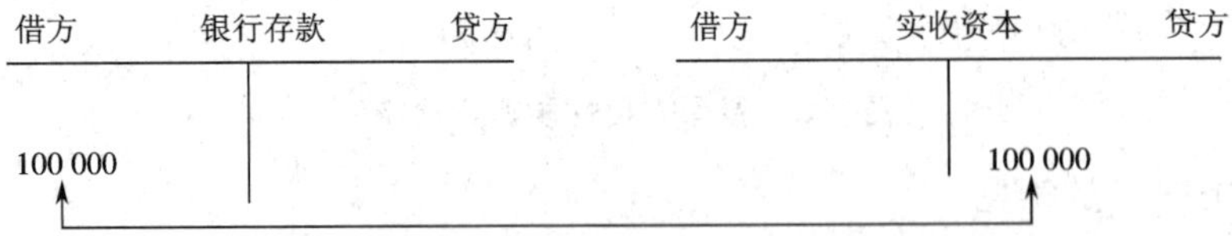

图 2.10 【业务 2.1.1】借贷记账法账户记录图示

【业务 2.1.2】 5 月 2 日向银行取得一笔偿还期限为 9 个月的流动资金借款 50 000 元存入开户银行。

这笔业务引起企业资产增加 50 000 元,负债增加 50 000 元。资产增加归入“银行存款”科目,负债增加归入“短期借款”科目。因此需要设置“银行存款”和“短期借款”账户来反映这笔业务。“银行存款”账户属于资产类账户，增加数登记在账户的借方，“短期借款”账户属于负债类账户，增加数登记在账户的贷方。这笔业务在账户中的记录如图2.11所示。

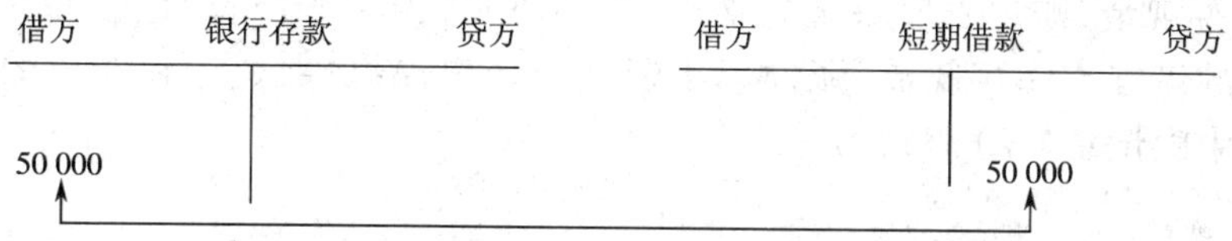

图2.11 【业务2.1.2】借贷记账法账户记录图示

【业务2.1.3】 5月3日签发现金支票一张从银行提取现金2 000元以备用。

这笔业务引起企业一项资产增加2 000元，一项资产减少2 000元。资产增加归入“库存现金”科目，资产减少归入“银行存款”科目。因此需要设置“库存现金”和“银行存款”账户来反映这笔业务。“库存现金”账户属于资产类账户，增加数登记在账户的借方，“银行存款”账户属于资产类账户，减少数登记在账户的贷方。这笔业务在账户中的记录如图2.12所示。

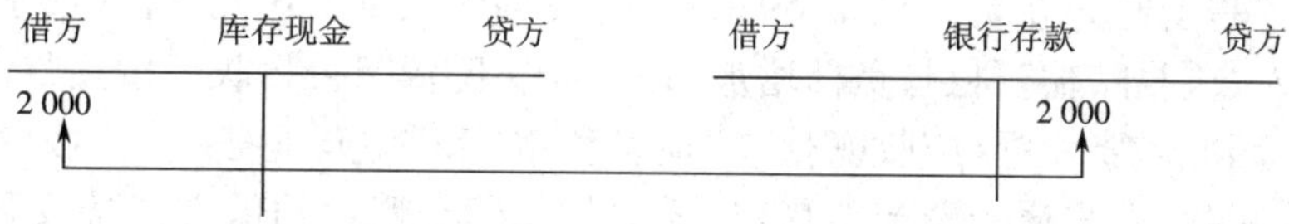

图2.12 【业务2.1.3】借贷记账法账户记录图示

【业务2.1.4】 5月4日从华宁布业有限责任公司购入蓝布1 000米，每米32元，增值税专用发票注明价款32 000元，增值税5 120元。价税合计37 120元，货款和税款通过银行存款支付，同时材料已验收入库。

“这笔业务是采购业务，引起企业一项资产增加32 000元，一项负债减少（进项税额可以抵扣）5120元，同时另一项资产减少37 120元。资产增加归入“原材料”科目，负债减少归入“应交税费”科目，另一项资产减少归入“银行存款”科目。因此需要设置“原材料”、“应交税费”和“银行存款”账户来反映这笔业务。“原材料”账户属于资产类账户，增加数登记在账户的借方，“应交税费”账户属于负债类账户，减少数登记在账户的借方，“银行存款”账户属于资产类账户，减少数登记在账户的贷方。这笔业务在账户中的记录如图2.13所示。

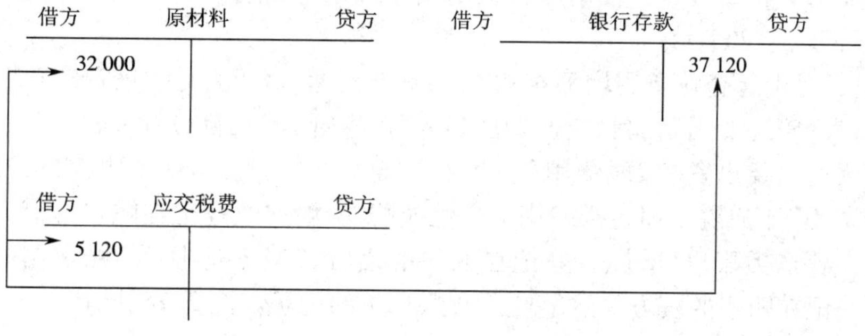

图2.13 【业务2.1.4】借贷记账法账户记录图示(一)

【**业务2.1.5**】 5月5日单位采购员张烨因出差预借差旅费2 000元,现金付讫。

这笔业务是引起企业一项资产(债权)增加2 000元,另一项资产减少2 000元。资产增加归入"其他应收款"科目,资产减少归入"库存现金"科目。因此需要设置"其他应收款"和"库存现金"账户来反映这笔业务。"其他应收账"账户属于资产类账户,增加数登记在账户的借方,"库存现金"账户属于资产类账户,减少数登记在账户的贷方。这笔业务在账户中的记录如图2.14所示。

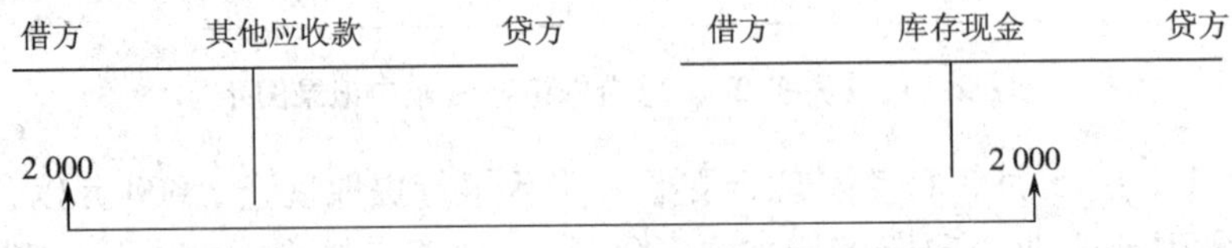

图2.14 【业务2.1.5】借贷记账法账户记录图示(二)

【**业务2.1.6**】 5月6日销售给长沙中天天信公司西装200套,每套售价298元,货款59 600元,增值税9 536元,产品已经发出,并办妥了委托收款手续,托收金额为69 136元,款项尚未收到。

这笔业务是引起企业资产增加69 136元,负债增加9 536元,收入增加59 600元。资产增加归入"应收账款"科目,负债增加归入"应交税费"科目,收入增加归入"主营业务收入"科目。因此需要设置"应收账款"、"应交税费"和"主营业务收入"账户来反映这笔业务。"应收账款"账户属于资产类账户,增加数登记在账户的借方,"应交税费"账户属于负债类账户,增加数登记在账户的贷方,"主营业务收入"账户属于损益类收入性质账户,增加数登记在账户的贷方。这笔业务在账户中的记录如图2.15所示。

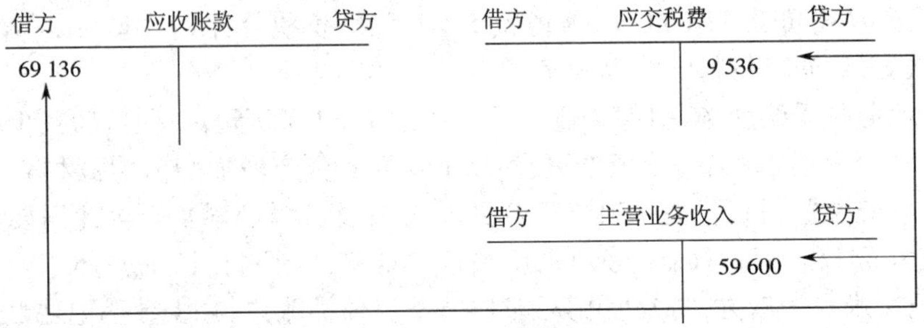

图2.15 【业务2.1.6】借贷记账法账户记录图示(三)

【**业务2.1.7**】 5月7日技术厂长王明出差归来,报销差旅费4 800元,结清预借款5 000元,退回现金200元。

这笔业务是引起企业费用增加4 800元,资产增加200元,另一项资产减少5 000元。费用增加归入"管理费用"科目,资产增加归入"库存现金"科目,资产减少归入"其他应收款"科目。因此需要设置"管理费用"、"库存现金"和"其他应收款"账户来反映这笔业务。"管理费用"账户属于损益类费用支出性质账户,增加数登记在账户的借方,"库存现金"账户属于资产类账户,增加数登记在账户的借方,"其他应收款"账户属于资产类账户,减少数登记在账户的贷方。这笔业务在账户中的记录如图2.16所示。

其他业务请同学们自行分析。

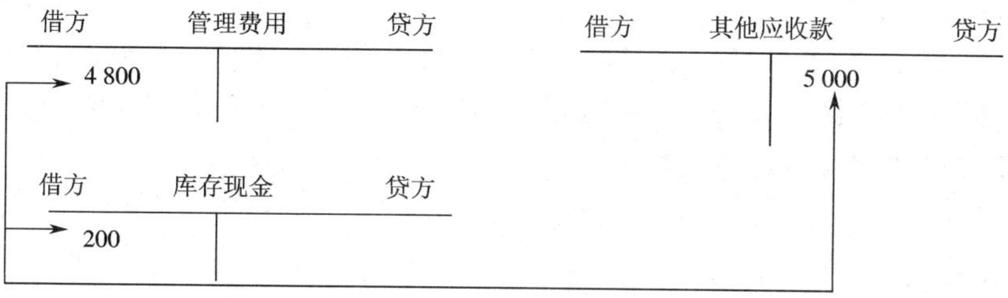

图 2.16 【业务 2.1.7】借贷记账法账户记录图示(四)

5. 借贷记账法的账户对应关系和会计分录

1)账户的对应关系

在借贷记账法下,每项经济业务发生后都要在两个或两个以上账户的借方和贷方相互联系地进行记录,这样就使有关账户之间存在相互依存的关系。会计上把这种关系称为账户的对应关系,发生对应关系的账户,称为对应账户。例如【业务 2.1.1】的"银行存款"和"实收资本",【业务 2.1.2】的"银行存款"和"短期借款",【业务 2.1.3】的"库存现金"和"银行存款",由于都在两个账户发生了应借、应贷的相互关系,所以都叫做对应账户。账户之间的对应关系取决于所发生的经济业务的性质。反过来,通过账户的对应关系,又可以了解经济业务的内容。

2)会计分录

会计分录,又称分录,是一种用特定格式指明某项经济业务应借、应贷账户的名称及其金额的记录。

会计分录具备三个要素:借贷方向、账户名称和金额。会计分录能否如实地反映经济业务的内容,必须正确确定借贷方向、账户名称和金额。

初学者编制会计分录,可以按照以下步骤进行:

(1)一项经济业务发生后,首先应分析这项经济业务涉及的会计要素的增减变化;

(2)根据各要素增减变化的具体内容,确定会计科目(账户名称);

(3)根据账户的结构确定应登记的账户方向;

(4)根据增减变化的数量确定对应账户应登记的金额;

(5)书写会计科目并运用借贷记账法的规则检查会计分录是否平衡,有无错误。

现举例说明会计分录的编制方法。

前述借贷记账法记账规则中的【业务 2.1.1】至【业务 2.1.7】经分析,编制如下会计分录。

【业务 2.1.1】 5 月 1 日收到红山公司投资款 100 000 元存入开户银行。

借:银行存款　　100 000

　贷:实收资本　　100 000

【业务 2.1.2】 5 月 2 日向银行取得一笔偿还期限为 9 个月的流动资金借款 50 000 元存入开户银行。

借:银行存款　　50 000

　贷:短期借款　　50 000

【业务 2.1.3】 5 月 3 日签发现金支票一张从银行提取现金 2 000 元以备用。

借:库存现金　　2 000

贷:银行存款 2 000

【业务2.1.4】 5月4日从华宁布业有限责任公司购入蓝布1 000米,每米32元,增值税专用发票注明价款32 000元,增值税5 440元。价税合计37 440元,货款和税款通过银行存款支付,同时材料已验收入库。

借:原材料 32 000

应交税费——应交增值税 5 120

贷:银行存款 37 120

【业务2.1.5】 5月5日单位采购员张烨因出差预借差旅费2 000元,现金付讫。

借:其他应收款 2 000

贷:库存现金 2 000

【业务2.1.6】 5月6日销售给长沙中天天信公司西装200套,每套售价298元,货款59 600元,增值税10 132元,产品已经发出,并办妥了委托收款手续,托收金额为69 732元,款项尚未收到。

借:应收账款 69 732

贷:主营业务收入 59 600

应交税费——应交增值税 10 132

【业务2.1.7】 5月7日技术厂长王明出差归来,报销差旅费4 800元,结清预借款5 000元,退回现金200元。

借:管理费用 4 800

库存现金 200

贷:其他应收款 5 000

由于经济业务复杂程度不同,各项经济业务涉及的账户有多有少,会计分录可以分为简单会计分录和复合会计分录。

简单会计分录是由一个借方账户与一个贷方账户相对应所组成的会计分录,即"一借一贷"的会计分录。上述举例中,【业务2.1.1】至【业务2.1.3】编制的会计分录就属于简单会计分录。

复合会计分录是由一个借方账户与几个贷方账户或一个贷方账户与几个借方账户相对应所组成的会计分录,即"一借多贷"、"一贷多借"的会计分录。上述举例中,【业务2.1.6】、【业务2.1.7】编制的会计分录就属于复合会计分录。如果某项经济业务涉及几个账户的借方与几个账户的贷方形成对应关系,这种"多借多贷"的会计分录也属于复合会计分录,实际上,一个复合会计分录是由若干个简单会计分录组成的。如上述【业务2.1.2】的会计分录,就可以分解成两个简单会计分录:

(1)借:管理费用 4 800

贷:其他应收款 4 800

(2)借:库存现金 200

贷:其他应收款 200

项目2.4 制造企业主要经济业务的核算

2.4.1 训练

1. 训练资料

1)企业背景资料

企业名称		松桦造纸厂		法人代表	李学先
规模		年产机制纸及纸板4.5万吨		类型	国家大型企业
注册地址		梅山里北路		电话	0735－2322018
主要产品	名称	白卡纸	口杯原纸	文化用纸、包装用纸	合计
	产量(吨)	6 020	818	7 474	14 312
	产值(万元)	3 276	470	2 880	6 626
	生产能力(吨)	15 000	5 000	25 000	45 000
主要原料	主要原料:国产或进口针叶木浆、阔叶木浆、苇浆、废纸、废箱板				
产品生产单耗	浆耗924 kg/吨纸、水耗107 m^3/吨纸、电耗580 kwh/吨纸、汽耗5吨汽/吨纸				
主要设备情况	造纸机:1880三叠网1台,1760长网2台,1575长网、圆网3台,1092圆网2台 辅助设备:20 T锅炉2台,10 T炉1台,50 T/d浆碱回收车间,35 kV变电所一座,日处理白水6000 m^3,白水回收器2台				

2)5月份主要经济业务

【业务2.4.1】 松桦造纸厂收到一位外商李×追加投入货币资金2 000 000元,存入银行。

【业务2.4.2】 松桦造纸厂从银行借入期限为3个月的贷款100 000元,存入银行。

【业务2.4.3】 松桦造纸厂购买不需要安装的造纸机一台,增值税专用发票注明买价300 000元,增值税48 000元,另增值税专用发票注明运费10000元,增值税1000元。款项以银行存款全部支付。

【业务2.4.4】 松桦造纸厂向木浆厂购买针叶木浆10 000 kg,单价20元/kg,增值税专用发票注明货款200 000元,增值税32 000元,购买阔叶木浆15 000 kg,单价20元/kg,增值税专用发票注明货款300 000元,增值税48 000元,货款税款全部以银行存款支付,材料已验收入库。

【业务2.4.5】 松桦造纸厂本月为生产白卡纸共领用针叶木浆10 000 kg,单价20元,领用阔叶木浆20 000 kg,单价20元,领用苇浆20 000kg,单价15元,为生产纸口杯原纸共领用针叶木浆5 000 kg,单价20元,领用阔叶木浆8 000 kg,单价20元,领用苇浆6 000 kg,单价15元,为生产文化用纸领用废纸20吨,单价1 000元。

【业务2.4.6】 松桦造纸厂本月计算应付工人工资情况如下:生产白卡纸工人工资22 800元,生产口杯原纸工人工资14 400元,生产文化用纸工人工资12 000元。

【业务2.4.7】 松桦造纸厂本月生产车间为生产产品共发生水费8 560吨,增值税专用发票注明价款12 840元,增值税1 284元,发生电费46 400度,增值税专用发票注明价款26 912元,增值税4575.04元。水电费尚未支付。

【业务2.4.8】 松桦造纸厂销售给千秋纸业有限责任公司白卡纸10吨,每吨8 600元,增值税专用发票上注明价款86 000元,增值税13 760元。货已发出,价款和税款收到存入银行。

【业务2.4.9】 松桦造纸厂销售给美利纸业有限责任公司口杯原纸15吨,每吨5800元,增值税专用发票上注明价款87 000元,增值税13 920元。货已发出,价款和税款暂欠。

【业务2.4.10】 松桦造纸厂出售一批剩余材料,增值税专用发票注明价款2 800元,增值税448元,款项收到存入银行。

【业务2.4.11】 松桦造纸厂从其他单位分得的投资利润18 000元,存入银行。

【业务2.4.12】 松桦造纸厂收到某单位的违约罚款收入25 000元,存入银行。

【业务2.4.13】 松桦造纸厂以银行存款10 000元支付税收滞纳金。

【业务2.4.14】 松桦造纸厂本年实现的利润总额为139 540.45元。按照25%的税率计算本年所得税(假设没有纳税调整项目)。

【业务2.4.15】 松桦造纸厂在会计期末有关损益类账户余额如下:"主营业务收入"账户贷方余额为285 000元,"其他业务收入"账户贷方余额为34 000元,"投资收益"账户贷方余额为18 000元,"营业外收入"账户贷方余额为25 000元。"主营业务成本"账户借方余额为153 489.55元,"营业税金及附加"账户借方余额为28 500元,"其他业务成本"账户借方余额为24 680元,"管理费用"账户借方余额为3 990元,"财务费用"账户借方余额为300元,"销售费用"账户借方余额为1 500元,"营业外支出"账户借方余额为10 000元。将损益类账户余额结转至本年利润。

【业务2.4.16】 松桦造纸厂本年实现的净利润为93 492.1元(没有以前年度尚未弥补的亏损),经董事会决议,按10%提取法定盈余公积金。

【业务2.4.17】 松桦造纸厂按照董事会及股东大会决议,决定将剩余未分配利润的一定百分比的利润10 000元分配给投资者。

2. 训练要求

对以上经济业务采用借贷记账法编制会计分录。

2.4.2 会计确认的时间基础

企业在持续不断的生产经营过程中,将不断取得收入,也将不断发生支出。在会计分期的前提下,当然会遇到以下问题:

比如企业于9月15日销售产品一批,10月9日才收到货款,那么这笔收入应作为9月的收入还是作为10月的收入呢?

再如企业于12月12日支付下一年度的报刊订阅费,那么这笔支出是作为12月的费用,还是作为下一年度的费用呢?

而这一问题的解决恰恰影响到计算每期盈亏的正确性。

收入与费用的收付期和收入与费用的归属期是两个不同的概念。收入与费用的收付期是指实际收到和支付现金(广义现金)的会计期间;而收入与费用的归属期间,则是指应确认收入和应负担费用的会计期间。一般而言,收入和费用的收付期与收入和费用的归属期是否一致,有三种情况:一是本期收到的款项就是本期确认的收入,本期支付的款项就是本期应负但的费用,如本月销售商品本月收到货款、本月支付本月应负担的办公费;二是本期收到的款项并不是本期确认的收入,本期支付的款项并不是本期应负担的费用,如本月收取上月的销货款、本月预付下年度的财产保险费;三是本期应获得的收入本期尚未收到款项,本期应负担的费用本期尚未支付款项,如本月销售商品、下月收回货款、本月应负担尚未支付的借款利息费用。

在第一种情况下,收入和费用的收付期与收入和费用的归属期是一致的,可将收付的款项直接作为本期的收入和费用进行比较计算本期的损益。而在第二、第三种情况下,由于收入和费用的收付期与收入和费用的归属期不一致,应采用一定的标准进行确认,即会计确认的时间基础。会计确认的时间基础主要有两种:收付实现制和权责发生制。两者之间的比较如表4.1和表4.2所示。

表4.1 收付实现制和权责发生制的比较(一)

项目	收付实现制	权责发生制
概念	又称实收实付制,是以款项的实际收付作为标准来确认本期收入和费用的一种会计处理基础	又称应收应付制,是以款项的应收应付作为标准来确认本期收入和费用的一种会计处理基础
确认标准	凡在本期收到或支付的款项,不论是否属于这一会计期间,均作为本期的收入或费用处理;凡在本期未收到或支付的款项,即使应归属于本期,也不作为本期的收入或费用处理	凡属于本期的收入、费用,不论款项是否已收到或支付都应该作为本期的收入、费用处理;凡不属于本期的收入、费用,即使款项已经实际收到或支付,也不能作为本期的收入或费用处理
优点	不考虑预收收入、预付费用、应收收入、应付费用的存在,会计处理简单,符合人们的日常习惯	能真实地反映本期的收入和费用,正确计算本期损益
缺点	不能准确计算和确认各个会计期间的损益	必须考虑预收收入、预付费用、应收收入、应付费用的存在,由此形成应计、预收、预付、摊销等会计事项,会计处理复杂
适用范围	主要适用于不需计算盈亏的行政事业单位	主要适用于企业单位

表4.2 收付实现制和权责发生制的比较(二)

举 例	收付实现制	权责发生制
企业9月8日销售商品一批,9月20日收到货款	9月确认收入	9月确认收入
企业9月15日销售商品一批,10月9日收到货款	10月确认收入	9月确认收入
企业9月收到对方购货款,合同规定11月交付产品	9月确认收入	11月确认收入
企业12月28日预付第二年全年度的报刊订阅费	12月确认费用	第二年确认费用
企业12月29日购买办公用品一批,但款项在第二年2月份支付	2月确认费用	12月确认费用
企业12月31日用现金支付本月职工报销的差旅费	12月确认费用	12月确认费用

2.4.3 制造企业主要经济业务的核算

1.筹资过程中主要经济业务的核算

企业从事生产经营活动,必须拥有一定数量的经营资金,企业资金的来源主要有两个方面:投资者和债权人。投资者投入的资金称为所有者权益,也叫自有资金;从债权人借入的资金称为负债,也叫借入资金。

1)基本经济业务

试比较以下两笔业务。

【例2.3】 松桦造纸厂收到一位外商李×追加投入货币资金2 000 000元,存入银行。

【例2.4】 松桦造纸厂从银行借入期限为3个月的贷款100 000元,存入银行。

这两笔业务都是资金筹集业务,【例2.3】是从所有者筹集资金;【例2.4】是从银行债权人取得借款。【例2.3】是资产增加,所有者权益增加;【例2.4】是资产增加,负债增加。

根据前面已学内容,对【例2.3】编制会计分录如下:

借:银行存款　　2 000 000

　贷:实收资本　　2 000 000

对【例2.4】编制会计分录如下:

借:银行存款　　100 000

　贷:短期借款　　100 000

2)拓展经济业务

【例2.5】 松桦造纸厂收到亚星公司投入机器设备一套,投资各方确认的价值为500 000元,未取得增值税专用发票。

【例2.6】 松桦造纸厂收到海华公司投入一项专利技术,评估价值45 000元,未取得增值税专用发票。

这两笔业务与【例2.3】比较,【例2.3】收到的是货币资金投资,【例2.5】是收到一项机器设备投资,【例2.6】是收到一项专利技术投资。按照会计要素分类,机器设备属于固定资产,记入"固定资产"账户;专利技术属于无形资产,记入"无形资产"账户。因此,对【例2.5】编制会计分录如下:

借:固定资产　　500 000

　贷:实收资本　　500 000

对【例2.6】编制会计分录如下:

借:无形资产　　45 000

　贷:实收资本　　45 000

【例2.7】 松桦造纸厂从银行借入期限为2年的贷款500 000元存入银行。

这笔业务与【例2.4】比较,【例2.4】借入的是期限为3个月的贷款,而【例2.7】借入的是期限为2年的贷款,按照会计要素分类,属于长期借款,记入"长期借款"账户,因此,对【例2.7】编制会计分录如下:

借:银行存款　　500 000

　贷:长期借款　　500 000

【例2.8】 承【例2.4】,假设这100 000元短期借款为1月1日取得,年利率为

4.8%，利息于每季末支付，则1月31日计提应由本月负担的利息400元。编制会计分录如下：

借：财务费用　　400

　贷：应付利息　　400

2月28日计提应由本月负担的利息400元。也编制如下会计分录：

借：财务费用　　400

　贷：应付利息　　400

3月31日用银行存款支付短期借款利息1 200元，其中已预提800元。编制会计分录如下：

借：财务费用　　400

　　应付利息　　800

　贷：银行存款　　1 200

3月31日以银行存款偿还该笔借款100 000元。编制会计分录如下：

借：短期借款　　100 000

　贷：银行存款　　100 000

【例2.9】 承【例2.7】假设这500 000元的长期借款为1月1日取得，年利率为6%，每年末计息一次，分期付息，到期还本，则该年年末计提本年负担的利息费用30 000元。编制会计分录如下：

借：财务费用　　30 000

　贷：应付利息　　30 000

支付利息时编制会计分录：

借：应付利息　　30 000

　贷：银行存款　　30 000

第二年年末计提利息费用30 000元，分录同上。

第二年年末以银行存款偿还长期借款本金，编制会计分录如下：

借：长期借款　　500 000

　贷：银行存款　　500 000

3）设置和运用的主要账户

（1）"银行存款"账户。

该账户属于资产类账户，用以核算企业存入银行或其他金融机构的各种款项的增减变动及结存情况。借方登记银行存款的增加，贷方登记银行存款的减少，余额在借方，反映企业存在银行或其他金融机构的各种款项。"银行存款"账户的结构如下：

借方　　银行存款	贷方
收到的银行存款	支付的银行存款
期末余额：银行存款的实有数额	

（2）"实收资本"账户。

该账户属于所有者权益账户，用来核算企业按照企业章程、合同、协议的规定，实际收到投资者投入的资本。贷方登记所有者投资的增加额，借方登记所有者投资的减少额。

期末余额在贷方,表示期末实收资本的实有数额。一般情况下,除企业经批准将资本公积、盈余公积转增资本外,"实收资本"数额不能随意变动。该账户按投资者设置明细分类账户。"实收资本"账户结构如下:

实收资本

借方	贷方
投入资本的减少	收到投资者投入资本
	期末余额:投入资本的实有数额

(3)"固定资产"账户。

该账户属于资产类账户,用以核算企业拥有固定资产原始价值的增减变动及其结存情况。借方登记增加的固定资产的原始价值,贷方登记减少的固定资产的原始价值,期末余额在借方,表示企业现有固定资产的原始价值。"固定资产"账户结构如下:

固定资产

借方	贷方
固定资产的增加数额	固定资产的减少数额
期末余额:实有的固定资产原值	

(4)"无形资产"账户。

该账户属于资产类账户,用以核算企业无形资产变动及结余情况。借方登记无形资产的增加,贷方登记无形资产的减少,期末余额在借方,表示实有的无形资产原值。"无形资产"账户结构如下:

无形资产

借方	贷方
无形资产的增加数额	无形资产的减少数额
期末余额:实有的无形资产原值	

(5)"短期借款"账户。

该账户属于负债类账户,用以核算企业借入的期限在1年以内(含1年)的各种借款的增减变动及结余情况。贷方登记企业取得短期借款本金的数额,借方登记归还短期借款本金的数额,期末余额在贷方,表示企业尚未归还短期借款本金的数额。"短期借款"账户结构如下:

短期借款

借方	贷方
短期借款的归还	短期借款的取得
	期末余额:短期借款的结余数额

(6)"长期借款"账户。

该账户属于负债类账户,用以核算企业借入的期限在1年以上的各种借款的增减变动及结余情况。贷方登记企业取得的各种长期借款,借方登记归还的各种长期借款本金,期末余额在贷方,表示尚未归还的长期借款的本金。"长期借款"账户结构如下:

借方　长期借款	贷方
长期借款本金的归还	长期借款的取得
	期末余额:长期借款本金的结余数额

(7)"财务费用"账户。

该账户属于损益类账户,用以核算企业为筹集生产经营所需资金而发生的筹资费用,包括利息支出(减利息收入)、汇兑损益以及相关的手续费、企业发生的现金折扣或收到的现金折扣等。期末结转后一般没有余额。"财务费用"账户结构如下:

借方　财务费用	贷方
财务费用的增加数额	期末结转的财务费用数额
期末一般没有余额	

(8)"应付利息"账户。

该账户属于负债类账户,用以核算企业按照合同约定应支付的利息,包括吸收存款、分期付息到期还本的长期借款、企业债券等应支付的利息。贷方登记按规定预先分期计提的利息费用,借方登记实际支付的利息费用,期末余额在贷方,表示已经预提,但尚未支付的利息费用数额。"应付利息"账户结构如下:

借方　应付利息	贷方
实际支付的款项(减少)	预提待以后支付的款项(增加)
	期末余额:已提取但尚未支付的款项

2. 供应过程中主要经济业务的核算

供应过程是企业生产经营过程的准备阶段。在供应过程中,企业的主要经济业务一方面是建造厂房、购买设备,形成固定资产,另一方面是购买原材料、辅助材料,形成材料储备。在采购过程中需按合同和结算制度规定,与供货单位进行货款结算,支付货款及各种采购费用。因此,固定资产购置业务、材料采购业务、结算业务以及采购成本的计算就构成供应过程会计核算的主要任务。

1)基本经济业务

试比较以下两笔经济业务。

【例2.10】　松桦造纸厂购买不需要安装的造纸机一台,增值税专用发票注明买价300 000元,增值税48 000元,另增值税专用发票注明运费10000元,增值税1000元。款项以银行存款全部支付。

【例2.11】　松桦造纸厂向木浆厂购买针叶木浆10 000 kg,单价20元/kg,增值税专用发票注明货款200 000元,增值税32 000元,购买阔叶木浆15 000 kg,单价20元/kg,增值税专用发票注明货款300 000元,增值税48 000元,货款税款全部以银行存款支付,材料已验收入库。

这两笔业务都是采购业务,【例2.10】购买的是机器设备,按照会计要素分类,属于固定资产,记入"固定资产"账户。固定资产具备以下特征:①为生产商品、提供劳务、出租或经营管理而持有的;②使用寿命超过一个会计年度。一方面不是直接用于出售,有别于流动资产;另一方面具备实物形态,有别于无形资产。【例 2.11】购买的是直接用于产品生产并构成产品实体的材料,按照会计要素分类,属于原材料,记入"原材料"账户。原材料包括原料及主要材料、辅助材料、外购半成品、修理用备件、包装材料和燃料等。其特点是一经投入后,经过加工而改变其原有的实物形态,并构成产品的实体,或被消耗而有助于生产的进行、产品的形成,与此同时,其价值就一次全部地转移到产品中去,成为产品成本的重要组成部分。

按照会计准则规定,固定资产的计价应当是按照取得时发生的实际成本,即包括为购建固定资产达到可使用状态前所发生的一切合理的、必要的支出,如买价、税金、运杂费、包装费、安装费等。原材料的实际成本由买价和采购费用构成,其中材料的买价就是供货单位的发票价格。采购费用包括以下内容:①运杂费(包括运输费、装卸费、保险费、包装费、仓储费等);②运输途中的合理损耗;③入库前的挑选整理费用(包括挑选整理中发生的人工费用支出和必要损耗,并扣除回收的下脚废料价值);④应由购入材料负担的税金、外汇价差和其他费用等。正因为材料采购成本组成比较复杂,尚未入库的原材料通过"在途物资"账户进行反映(本教材原材料核算采用实际成本法),待到入库时,再转入"原材料"账户。值得注意的是,对于一般纳税人来说,企业在购进增值税条例规定的货物时,如果取得了增值税专用发票,那么向供应单位支付的增值税,不计入采购成本,而计入"应交税费——应交增值税(进项税额)",有关详细的增值税处理问题将在以后的课程中学习。

因此,对【例 2.10】编制会计分录如下:

借:固定资产	310 000	
应交税费——应交增值税(进项税额)	49 000	
贷:银行存款		359 000

对【例 2.11】编制会计分录如下:

借:原材料——针叶木浆	200 000	
——阔叶木浆	300 000	
应交税费——应交增值税(进项税额)	80 000	
贷:银行存款		580 000

2)拓展经济业务

【例 2.12】 松桦造纸厂向木浆厂购买苇浆 20 000 kg,单价 15 元/kg,货款 300 000 元,增值税 51 000 元,购买阔叶木浆 10 000 kg,单价 20 元/kg,货款 200 000 元,增值税 34 000 元,货款税款全部以银行存款支付,材料尚未验收。

【例 2.13】 松桦造纸厂向木浆厂购买苇浆 20 000 kg,单价 15 元/kg,货款 300 000 元,增值税 51 000 元,购买阔叶木浆 10 000 kg,单价 20 元/kg,货款 200 000 元,增值税 34 000 元,货款税款尚未支付,材料尚未验收。

【例 2.14】 松桦造纸厂向木浆厂购买苇浆 20 000 kg,单价 15 元/kg,货款 300 000 元,增值税 51 000 元,购买阔叶木浆 10 000 kg,单价 20 元/kg,货款 200 000 元,增值税 34 000 元,开出一张付款期限为三个月的商业承兑汇票办理结算,材料尚未验收。

试比较上述三笔业务与【例 2.11】:【例 2.11】是购买材料,支付货款和税款,同时材料验收入库;【例 2.12】是购买材料,支付货款和税款,但材料尚未验收入库,因此只做付款时的会计分录;【例 2.13】是购买材料,货款和税款尚未支付,按照会计要素分类,应属于应付账款,记入"应付账款"账户;【例2.14】是购买材料,开出一张商业汇票办理结算,按照会计要素分类,应属于应付票据,记入"应付票据"账户。

因此,对【例2.12】编制会计分录如下:

借:在途物资——苇浆 300 000
　　　　　——阔叶木浆 200 000
　应交税费——应交增值税(进项税额) 85 000
　贷:银行存款 585 000

对【例2.13】编制会计分录如下:

借:在途物资——苇浆 300 000
　　　　　——阔叶木浆 200 000
　应交税费——应交增值税(进项税额) 85 000
　贷:应付账款——木浆厂 585 000

对【例2.14】编制会计分录如下:

借:在途物资——苇浆 300 000
　　　　　——阔叶木浆 200 000
　应交税费——应交增值税(进项税额) 85 000
　贷:应付票据 585 000

【例2.15】承【例2.12】,假设以银行存款支付两种材料的共同运输费3 000元。

由于运输费组成材料的采购成本,因此两种材料的采购成本应相应增加。又由于3 000元的运输费是两种材料共同发生的,因此要按照一定的标准进行合理分配。分配标准一般有材料的重量、材料的数量、材料的价款等。这里比如按两种材料的重量进行分配,则分配方法为:

(1)计算每公斤材料应分配的运费:

分配率 = 运费总额 ÷ 两种材料的总重量
　　　= 3 000 ÷ (20 000 + 10 000) = 0.1 元/kg

(2)计算每种材料应分配的运费:

苇浆应分配的运费 = 0.1 × 20 000 = 2 000 元
阔叶木浆应分配的运费 = 0.1 × 10 000 = 1000 元

编制会计分录如下:

借:在途物资——苇浆 2 000
　　　　　——阔叶木浆 1 000
　贷:银行存款 3 000

接下来,如果又以银行存款支付两种材料的装卸搬运费500元,其中苇浆负担300元,阔叶木浆负担200元。

则两种材料的采购成本又分别增加300元和200元,编制会计分录如下:

借:在途物资——苇浆 300
　　　　　——阔叶木浆 200
　贷:银行存款 500

如果这时材料验收入库,则苇浆的实际成本应为302 300元(300 000 + 2 000 + 300),阔叶木浆的实际成本应为201 200元(200 000 + 1 000 + 200),编制会计分录如下:

借:原材料——苇浆　　　　302 300

　　　　——阔叶木浆　　　　201 200

　贷:在途物资——苇浆　　　　302 300

　　　　　　——阔叶木浆　　　　201 200

【例 2.16】 承【例 2.13】,以银行存款归还购买材料欠款 585 000。

这笔业务引起负债减少,同时资产减少,因此编制会计分录如下:

借:应付账款——木浆厂　　　　585 000

　贷:银行存款　　　　585 000

【例 2.17】 承【例 2.14】,票据到期进行承兑,款项从开户银行划拨出去。

这笔业务引起负债减少,同时资产减少,因此编制会计分录如下:

借:应付票据　　　　585 000

　贷:银行存款　　　　585 000

【例 2.18】 松桦造纸厂以银行存款预付给废品回收公司购废纸款 40 000 元。

这笔业务的发生,引起企业银行存款资产减少,贷记“银行存款”,根据有借必有贷的规则,借方账户是什么呢?按照会计要素的分类,属于预付账款,记入“预付账款”账户。“预付账款”也是资产类账户,因此这里是一项资产增加,另一项资产减少。编制会计分录如下:

借:预付账款——废品回收公司　　　　40 000

　贷:银行存款　　　　40 000

接下来,假设废品回收公司按合同发来废纸 40 吨,每吨 1 000 元,货款共计 40 000 元,增值税 6 800 元,结清预付账款,并以银行存款补付货款 6 800 元,材料已验收入库。

(1)采购时的会计分录:

借:原材料——废纸　　　　40 000

　应交税费——应交增值税(进项税额)　　　　6 800

　贷:预付账款——废品回收公司　　　　46 800

(2)补付货款的会计分录:

借:预付账款——废品回收公司　　　　6 800

　贷:银行存款　　　　6 800

3)设置和运用的主要账户

(1)“在途物资”账户。

“在途物资”账户属于资产类账户,用来核算货款已付尚未验收入库的在途物资的采购成本。借方登记企业购入材料、商品,按应计入材料、商品采购成本的金额,贷方登记所购材料、商品到达验收入库,期末余额在借方,表示尚未到达验收入库的在途物资的实际成本。该账户可按供应单位和物资品种进行明细分类核算。“在途物资”账户结构如下:

借方　　在途物资	贷方
购入材料的买价和采购费用	已验收入库材料的实际成本
期末余额:在途材料的实际成本	

(2)“原材料”账户

“原材料”账户属于资产类账户，用来核算和监督企业库存各种材料的收入、发出和结存情况。借方登记已验收入库的各种材料的成本，贷方登记发出材料的成本，期末余额在借方，表示库存材料的实际成本。该账户也应按购入材料的类别、品种、规格等设置明细分类账户，进行明细分类核算。“原材料”账户结构如下：

借方　　　　原材料	贷方
验收入库材料的实际成本	发出材料的实际成本
期末余额:发出材料的实际成本	

(3)“应付账款”账户

“应付账款”账户属于负债类账户，用来核算企业因采购材料和接受劳务供应等而应付供应单位款项的发生和偿还情况。贷方登记应支付给供应单位的款项，借方登记实际偿还供应单位的款项，期末余额在贷方，表示尚未偿还的应付款项。为了具体反映应付各个供应单位的款项的增减情况，该账户应按供应单位设置明细分类账户，进行明细分类核算。“应付账款”账户结构如下：

借方　　　　应付账款	贷方
实际偿还供应单位的款项	应付供应单位的款项
	期末余额:尚未偿还的应付款项

(4)“应付票据”账户

“应付票据”账户属于负债类账户，核算企业购买材料、商品和接受劳务供应等开出、承兑的商业汇票，包括银行承兑汇票和商业承兑汇票。贷方登记开出的商业汇票，借方登记已经到期支付款项的票据，期末余额在贷方，表示企业开出的尚未到期的商业汇票。“应付票据”账户的结构如下：

借方　　　　应付票据	贷方
票据到期支付款项	开出的商业汇票
	期末余额:尚未到期的商业汇票

(5)“应交税费”账户。

“应交税费”账户属于负债类账户，用来核算企业应交纳的各种税金和费用，包括增值税、消费税、所得税、资源税、土地增值税、城市维护建设税、教育费附加等。根据1994年开始执行的《中华人民共和国增值税暂行条例》规定，凡在我国境内销售货物、提供劳务及进口货物的单位和个人，应当交纳增值税。在“应交税费”账户下设“应交增值税”明细账户，借方登记企业因购进货物或者接受应税劳务所支付的进项税额和实际交纳的增值税等，贷方登记企业销售货物或提供应税劳务应交纳的销项税额、转出已支付或应分担的增值税等。纳税人从销项税额中抵扣进项税额后向税务部门交纳增值税。期末若为借方余额表示多上缴或尚未抵扣的增值税额，若为贷方余额表示企业尚未交纳的增值税额。“应交税费”账户结构如下：

借方　　　　应交税费	贷方
实际交纳的各种税金	应交纳的各种税金
	期末余额:尚未交纳的税金

(6)“预付账款”账户。

“预付账款”账户属于资产类账户,用以核算企业按照购货合同预付给供应单位的货款及其结算情况。借方登记预付或补付货款的金额,贷方登记所购货物金额结算及退回多付货款的金额,期末余额在借方,表示已预付货款但尚未收到货物未办理结算的金额。为了具体反映与各个供应单位之间的预付货款的增减情况,该账户应按供应单位设置明细分类账户,进行明细分类核算。“预付账款”账户结构如下:

借方　　　　预付账款	贷方
向供应单位预付货款	收到货款办理结算
	期末余额:期末尚未结算的预付货款

3. 生产过程中主要经济业务的核算

生产过程是从投入材料到产品完工并验收入库的全过程。最值得关注的是产品的生产成本,在制造成本法下,产品的生产成本是由直接材料、直接人工和制造费用构成。

直接材料是指企业在生产产品和提供劳务的过程中所消耗的、直接用于产品生产,构成产品实体的各种原材料及主要材料、外购半成品及有助于产品形成的辅助材料等。

直接人工是指企业在生产产品和提供劳务过程中,支付给直接从事产品生产工人的薪酬。

制造费用是指企业各生产车间为组织和管理生产所发生的各项间接费用。包括车间管理人员的薪酬、车间发生的折旧费、修理费、机物料消耗、办公费、水电费、保险费和劳动保护费等。

1)基本经济业务

试比较以下几笔经济业务。

【例 2.19】 松桦造纸厂本月为生产白卡纸共领用针叶木浆 10 000 kg,单价 20 元/kg,领用阔叶木浆 20 000 kg,单价 20 元/kg,领用苇浆 20 000 kg,单价 15 元/kg;为生产纸口杯原纸共领用针叶木浆 5 000 kg,单价 20 元,领用阔叶木浆 8 000 kg,单价 20 元/kg,领用苇浆 6 000 kg,单价 15 元/kg;为生产文化用纸领用废纸 20 吨,单价 1 000 元/吨。

【例 2.20】 松桦造纸厂本月计算应付工人工资情况如下:生产白卡纸工人工资 22 800 元,生产口杯原纸工人工资 14 400 元,生产文化用纸工人工资 12 000 元。

【例 2.21】 松桦造纸厂本月生产车间为生产产品共发生水费 8 560 吨,单价 1.5 元/吨,发生电费 46 400°,单价 0.58 元/度。水电费尚未支付。

【例 2.19】表示生产产品发生的直接材料成本。根据领用材料的用途是直接用于产品生产,可直接计入产品生产成本,因此一方面产品生产成本增加,记入“生产成本”账户的借方,另一方面原材料离开仓库进入生产环节,原材料减少,记入“原材料”账户的贷方。编制会计分录如下:

借:生产成本——白卡纸(直接材料) 900 000
——口杯原纸(直接材料) 350 000
——文化用纸(直接材料) 20 000
贷:原材料——针叶木浆 300 000
——阔叶木浆 560 000
——苇浆 390 000
——废纸 20 000

【例2.20】表示生产产品发生直接人工成本。由于是生产工人的工资,可直接计入产品的生产成本,因此一方面产品生产成本增加,记入“生产成本”账户的借方;另一方面由于工资尚未支付,负债增加,记入“应付职工薪酬”账户的贷方。编制会计分录如下:

借:生产成本——白卡纸(直接人工) 22 800
——口杯原纸(直接人工) 14 400
——文化用纸(直接人工) 12 000
贷:应付职工薪酬——工资 49 200

【例2.21】表示生产产品发生水电费。由于这是生产产品共同发生的,因此暂时不能直接计入产品的生产成本中去,而是先记入“制造费用”账户,到时再选用一定的标准(如生产工人工资、产品生产工时等),在各种产品之间进行合理的分配,以便准确地计算各种产品应负担的制造费用。一方面制造费用增加,记入“制造费用”账户的借方;另一方面由于水电费尚未支付,负债增加,记入“应付账款”账户的贷方。编制会计分录如下:

借:制造费用 39 752
贷:应付账款——自来水公司 12 840
——电力公司 26 912

2)拓展经济业务

【例2.22】 承【例2.19】,假设本月生产车间为创造生产条件领用了其他材料5 000元,行政管理部门也领用了其他材料2 000元。

这笔业务连同【例2.19】表示:同样是领用材料,原材料减少,但是领用部门和用途不同,根据会计制度规定,生产车间为创造生产条件而间接消耗的各种材料,应先记入“制造费用”账户,行政管理部门耗用材料应记入“管理费用”账户,即不构成产品的生产成本。因此编制会计分录如下:

借:制造费用 5 000
管理费用 2 000
贷:原材料——其他材料 7 000

这说明材料消耗要根据部门和用途不同分别进行核算。对于直接用于某种产品生产的材料,应直接计入该产品的生产成本;对于为创造生产条件等需要而间接消耗的各种材料,应先记入“制造费用”账户。对于行政管理部门需要消耗的各种材料,不构成产品的生产成本,记入“管理费用”账户。

【例2.23】 承【例2.20】,假设本月计算应付职工工资中车间管理人员工资4 200元,企业行政管理人员工资8 600元。

这笔业务连同【例2.20】表示:支付给职工的工资应按照职员类别分别进行核算,根据会计制度规定,车间管理人员的工资记入“制造费用”账户,行政管理人员的工资记入

“管理费用”账户,即不构成产品的生产成本。因此编制会计分录如下:

借:制造费用 4 200

　管理费用 8 600

　贷:应付职工薪酬 12 800

接下来,假设从银行提取现金62 000元实际发放职工工资。

(1)首先从银行提取现金62 000元,编制会计分录如下:

借:库存现金 62 000

　贷:银行存款 62 000

(2)发放工资,编制会计分录如下:

借:应付职工薪酬 62 000

　贷:库存现金 62 000

【例2.24】 按规定,本月固定资产应计折旧60 000元,其中车间固定资产折旧42 000元,行政管理部门固定资产折旧18 000元。

这笔业务表示:固定资产在整个使用过程中始终保持原有的实物形态,其价值是随着使用而逐渐地发生损耗,而这种损耗在会计上是通过计算折旧来反映的。所谓固定资产折旧就是指固定资产由于磨损和损耗而转移到产品成本和费用中去的那一部分价值。按会计制度规定,车间的固定资产计提的折旧记入“制造费用”账户,行政管理部门的固定资产计提的折旧记入“管理费用”账户。另外,为了反映固定资产已提折旧累计情况和固定资产价值的增减情况,需要运用“累计折旧”账户。因此编制会计分录如下:

借:制造费用 42 000

　管理费用 18 000

　贷:累计折旧 60 000

【例2.25】 承【例2.21】、【例2.22】、【例2.23】、【例2.24】,假设本月发生的制造费用总额为90 952元(39 752 + 5 000 + 4 200 + 42 000),月末按照产品的生产工时进行分配计入产品生产成本,总工时为30 000小时,其中白卡纸生产工时为16 000小时,口杯原纸生产工时为10 000小时,文化用纸生产工时为4 000小时。

分配过程如下:

制造费用分配率 = 90 952 ÷ 30 000 ≈ 3.032元/小时

白卡纸应分配的制造费用 = 16 000 × 3.032 = 48 512元

口杯原纸应分配的制造费用 = 10 000 × 3.032 = 30 320元

文化用纸应分配的制造费用 = 90 952 − 48 512 − 30 320 = 12 120元

制造费用是产品生产成本的组成部分,月末应将月内发生的制造费用全部分配转入产品的生产成本,因此该经济业务是生产成本增加,记入“生产成本”账户的借方,同时结转制造费用,记入“制造费用”账户的贷方。编制会计分录如下:

借:生产成本——白卡纸(制造费用) 48 512

　　　　——口杯原纸(制造费用) 30 320

　　　　——文化用纸(制造费用) 12 120

　贷:制造费用 90 952

【例2.26】 承【例2.19】、【例2.20】、【例2.25】假设本月投产的产品全部完工并验收入库,其中白卡纸产量为148.6吨,口杯原纸产量为82吨,文化用纸产量为13吨,产品生产成本计算表如下：

产品生产成本计算表

成本项目	白卡纸		口杯原纸		文化用纸	
	总成本	单位成本	总成本	单位成本	总成本	单位成本
直接材料	900 000	6056.53	350 000	4268.29	20 000	1 538.46
直接人工	22 800	153.43	14 400	175.61	12 000	923.08
制造费用	48 512	326.46	30 320	369.76	12 120	932.31
合计	971 312	6536.42	394 720	4813.66	44 120	3393.85

这笔业务是产品完工验收入库，表明库存商品增加，记入“库存商品”账户的借方，另外结转“生产成本”账户。编制会计分录如下：

借：库存商品——白卡纸 971 312
　　　　　　——口杯原纸 394 720
　　　　　　——文化用纸 44 120
　贷：生产成本——白卡纸 971 312
　　　　　　　——口杯原纸 394 720
　　　　　　　——文化用纸 44 120

3）设置和运用的主要账户

（1）“生产成本”账户。

“生产成本”账户属于成本类账户，用以核算企业产品生产过程中发生的各种生产费用，并据以确定各种产品的实际生产成本。借方登记本期发生的全部生产费用，贷方登记应转入“库存商品”账户借方的、已验收入库的完工产品的实际生产成本。期末若有余额在借方，表示尚未完工的在产品的实际生产成本。该账户可按产品种类并分成本组成项目设置明细分类科目进行明细分类核算。“生产成本”账户结构如下：

借方　　　　生产成本	贷方
发生的直接材料费用 发生的直接人工费用 月末分配转入的制造费用	结转完工验收入库产品的生产成本
期末余额：尚未完工入库的在产品成本	

（2）“制造费用”账户。

“制造费用”账户属于成本类账户，用以归集和分配企业生产车间（部门）为生产产品和提供劳务而发生的各种间接费用，既是产品成本的组成部分，但又不能直接计入产品的生产成本的间接费用。借方登记本期发生的各种间接生产费用，贷方登记分配结转应由各种产品负担的转入“生产成本”账户的间接生产费用，期末一般无余额。该账户可按不同车间、不同的费用项目设置明细分类账户进行明细分类核算。“制造费用”账户结构如下：

借方	制造费用　　　贷方
本期发生的各项制造费用	期末分配转入“生产成本”
期末一般无余额	

(3)“应付职工薪酬”账户。

“应付职工薪酬”账户属于负债类账户，用以核算企业为获得职工提供的服务而给予各种形式的报酬以及其他相关支出。包括：职工工资、奖金、津贴和补贴；职工福利费；医疗保险费、养老保险费、失业保险费、工伤保险费和生育保险费等社会保险费；住房公积金；工会经费和职工教育经费；非货币性福利；因解除与职工的劳动关系给予的补偿；其他与获得职工提供的服务相关的支出。贷方登记应付未付的各种薪酬，借方登记实际支付的各种薪酬。期末可能有余额，表示应付未付的薪酬。该账户按薪酬种类设置明细分类账户进行明细分类核算。“应付职工薪酬”账户结构如下：

借方	应付职工薪酬　　　贷方
实际支付各种薪酬	计算应付职工薪酬
	期末余额：应付未付职工薪酬

(4)“累计折旧”账户。

“累计折旧”属于资产类账户，用以核算企业固定资产已提折旧累计情况。该账户是一个比较特殊的资产类账户，贷方登记提取的折旧额即累计折旧增加(表明固定资产价值减少)，借方登记因固定资产减少而结转的累计折旧额，期末余额在贷方，表示现有固定资产已提折旧的累计额。这样用“固定资产”账户的借方余额减去“累计折旧”账户的贷方余额的差额就表示现有固定资产的净值(折余价值)。因此，“累计折旧”账户是“固定资产”账户的调整账户。“累计折旧”账户结构如下：

借方	累计折旧　　　贷方
固定资产折旧的减少额	按照规定提取的固定资产折旧额
	期末余额：现有固定资产的累计折旧

(5)“管理费用”账户。

“管理费用”账户属于损益类账户，用来核算和监督企业为组织和管理生产经营活动而发生管理费用。包括企业在筹建期间内发生的开办费、董事会和行政管理部门在企业的经营管理中发生的或者应由企业统一负担的公司经费(包括行政管理部门职工工资及福利费、物料消耗、低值易耗品摊销、办公费和差旅费等)、工会经费、董事会费(包括董事会成员津贴、会议费和差旅费等)、聘请中介机构费、咨询费(含顾问费)、诉讼费、业务招待费、技术转让费、矿产资源补偿费、研究费用、排污费等。其借方登记企业发生的各项管理费用，贷方登记转入“本年利润”账户的管理费用，期末结转后应无余额。本账户按照费用项目设置明细账，进行明细分类核算。“管理费用”账户结构如下：

借方	管理费用	贷方
企业发生的各项管理费用	转入“本年利润”账户的管理费用	
期末一般没有余额		

(6)“库存商品”账户

“库存商品”账户属于资产类账户,用以核算企业库存的各种商品的增减变化情况。包括外购商品、自制产品等。制造企业的库存商品主要指产成品。产成品是指企业已完工并验收入库可供销售的产品。该账户借方登记已经完工验收入库的各种商品产品的生产成本,贷方登记发出的各种商品产品的生产成本,期末余额在借方,表示库存商品成本的期末余额。该账户可按商品产品的品种、规格或类别设置明细分类账户进行明细分类核算。“库存商品”账户结构如下:

借方	库存商品	贷方
完工验收入库商品的生产成本	发出库存商品的生产成本	
期末余额:期末库存商品的成本		

4.销售过程中主要经济业务的核算

销售过程是产品价值的实现过程。对于企业来说是千方百计把产品卖出去,以实现收入,然后收回货款。为了计算盈亏,还要确定与之配比的成本、费用和税金等等。此外,也可能发生一些其他经营业务,取得其他业务收入和发生其他业务成本。这些就是销售过程中的主要经济业务。

1)基本经济业务

试比较以下经济业务。

【例2.27】 松桦造纸厂销售给千秋纸业有限责任公司白卡纸10吨,每吨8 600元,增值税专用发票上注明价款86 000元,增值税额13 760元。货已发出,价款和税款收到存入银行。

【例2.28】 松桦造纸厂销售给美利纸业有限责任公司口杯原纸15吨,每吨5 800元,增值税专用发票上注明价款87 000元,增值税额13 920元。货已发出,价款和税款尚未收到。

【例2.29】 松桦造纸厂出售一批剩余材料,价款2 800元,增值税448元,款项收到存入银行。

这三笔业务都是销售业务。【例2.27】销售产品收到款项,因此一方面银行存款增加,另一方面按照会计要素分类是“主营业务收入”增加,“应交税费”增加。【例2.28】销售产品,款项尚未收到,因此一方面按照会计要素分类是“应收账款”增加,另一方面是“主营业务收入”增加,“应交税费”增加。【例2.29】销售材料收到款项,因此一方面“银行存款”增加,另一方面按照会计要素分类是“其他业务收入”增加,“应交税费”增加。分别编制会计分录如下:

【例 2.27】:

借:银行存款　　99 760

　贷:主营业务收入——白卡纸　　86 000

　　应交税费——应交增值税(销项税额)　　13 760

【例 2.28】:

借:应收账款——美利纸业有限责任公司　　100 920

　贷:主营业务收入——口杯原纸　　87 000

　　应交税费——应交增值税(销项税额)　　13 920

【例 2.29】:

借:银行存款　　3 248

　贷:其他业务收入　　2 800

　　应交税费——应交增值税(销项税额)　　448

2)拓展经济业务

【例 2.30】　松桦造纸厂按照合同规定预收华安文化用品公司订购文化用纸的货款 4 000 元,存入银行。

这笔业务是属于预收货款销售产品业务。这里只是预收了订货款,产品尚未发出,一方面使企业的银行存款增加,另一方面增加了企业一项负债(即以后用产品偿还的负债),按照会计要素分类属于预收账款,记入"预收账款"账户。编制会计分录如下:

借:银行存款　　4 000

　贷:预收账款——华安文化用品公司　　4 000

接下来,假设松桦造纸厂向华安文化用品公司发出文化用纸 1 吨,单价 4 250 元/吨,开出增值税专用发票注明价款 4 250 元,增值税额 722.5 元。结算预收账款,华安文化用品公司应补付货款 972.5 元。补付的货款收到存入银行。

这笔业务是销售产品结算前面的预收账款业务。因此一方面偿还负债,预收账款减少,另一方面销售收入实现,主营业务收入增加,应交税费增加。同时还补付了货款,银行存款增加。编制会计分录如下:

(1)借:银行存款　　972.5

　　贷:预收账款——华安文化用品公司　　972.5

(2)借:预收账款——华安文化用品公司　　4 972.5

　　贷:主营业务收入——文化用纸　　4 250

　　　应交税费——应交增值税(销项税额)　　722.5

【例 2.31】　松桦造纸厂以银行存款支付销售产品的广告费 1 000 元。

这笔业务使企业广告费增加,按会计要素分类属于销售费用,记入"销售费用"账户,编制会计分录如下:

借:销售费用　　1 000

　贷:银行存款　　1 000

【例 2.32】　按规定计算本月应交城市维护建设税 4 000 元,教育费附加 2 000 元。

这笔业务使企业负担的税费增加,按照会计要素分类属于营业税金及附加,记入"营业税金及附加"账户的借方,同时由于税费暂未交纳,企业一项负债增加,记入"应交税费"账户的贷方。编制会计分录如下:

借:营业税金及附加 6 000
　贷:应交税费——应交城市维护建设税 4 000
　　　　　　——教育费附加 2 000

【例2.33】 承【例2.28】,假设美利纸业有限责任公司汇来购买口杯原纸欠款101 790元,存入银行。

这笔业务很显然是银行存款增加,应收账款减少,编制会计分录如下:

借:银行存款 101 790
　贷:应收账款——美利纸业有限责任公司 101 790

【例2.34】 承【例2.27】、【例2.28】、【例2.30】,假设本月产品销售业务只有这三笔,白卡纸销售10吨,收入为86 000元,口杯原纸销售15吨,收入为87 000元,文化用纸销售1吨,收入为4 250元,之所以能取得的收入,是因为减少了库存商品。这减少的库存商品视同为取得收入而支付的代价,我们把这垫付的资金称为主营业务成本。因此当我们取得收入的同时,要计算与之相配比的成本。计算公式为

本期应结转的主营业务成本=本期销售产品的数量×单位产品的生产成本

假设白卡纸的单位生产成本为6 536.42元,口杯原纸的单位生产成本为4 813.66元,文化用纸的单位生产成本为3 393.85元,则本期白卡纸的销售成本为65 364.2元,口杯原纸的销售成本为72 204.9元,文化用纸的销售成本为3 393.85元,销售成本增加记入"主营业务成本"账户的借方,库存商品减少记入"库存商品"账户的贷方。因此结转本月已销产品成本的会计分录如下:

借:主营业务成本——白卡纸 65 364.2
　　　　　　　——口杯原纸 72 204.9
　　　　　　　——文化用纸 3 393.85
　贷:库存商品——白卡纸 65 364.2
　　　　　　——口杯原纸 72 204.9
　　　　　　——文化用纸 3 393.85

【例2.35】 承【例2.29】假设本月销售该批材料的成本为2 000元。

同样道理,与"其他业务收入"相配比的是"其他业务成本",因此这笔业务一方面是其他业务成本增加,另一方面是原材料减少。编制会计分录如下:

借:其他业务成本 2 000
　贷:原材料 2 000

3)设置和运用的主要账户

(1)"应收账款"账户。

"应收账款"账户属于资产类账户,用来核算企业因销售商品、提供劳务应向购货单位或接受劳务单位收取的款项。借方登记发生的应收款项,贷方登记收回的应收款项和已确认坏账的应收款项,期末余额在借方,表示应收但尚未收回的款项。该账户可按债务人设置明细分类账户进行明细分类核算。"应收账款"账户结构如下:

借方　　应收账款	贷方
发生的应收账款	收回应收账款
期末余额:尚未收回的款项	

(2)"预收账款"账户。

"预收账款"账户属于负债类账户,用来核算企业按照合同规定向购货单位预收的款项。贷方登记预收购货单位的款项和购货单位补付的款项,借方登记向购货单位发生商品销售实现的货款和退回多收的款项,期末余额在贷方,表示预收购货单位的款项。该账户可按购货单位设置明细分类账进行明细分类核算。"预收账款"账户结构如下:

借方	预收账款　　贷方
向购货单位发出商品实现销售的货款和退回多收的款项	预收购货单位的款项和购货单位补付货款
	期末余额:预收购货单位的款项

(3)"主营业务收入"账户。

"主营业务收入"账户属于损益账户,用来核算企业在销售商品、提供劳务及营业执照登记的主营业务范围经营活动中所产生的收入。贷方登记实现的收入,借方登记期末转入"本年利润"账户的数额,结转后期末无余额。该账户可按销售商品类别设置明细分类账户进行明细分类核算。"主营业务收入"账户结构如下:

借方	主营业务收入　　贷方
期末转入"本年利润"账户	实现的主营业务收入
	期末一般没有余额

(4)"主营业务成本"账户。

"主营业务成本"账户属于损益类账户,用来核算企业因销售商品、提供劳务及营业执照登记的主营业务范围经营活动中发生的实际成本。借方登记结转已销商品、提供劳务的实际成本,贷方登记期末转入"本年利润"账户的数额,结转后期末无余额。该账户可按销售商品类别设置明细分类账户进行明细分类核算。"主营业务成本"账户结构如下:

借方	主营业务成本　　贷方
计算结转已销商品的实际成本	期末转入"本年利润"账户
期末一般没有余额	

(5)"其他业务收入"账户。

"其他业务收入"账户属于损益类账户,用来核算企业其他业务(如材料销售、技术转让、固定资产和包装物出租等)所取得的收入。贷方登记企业获得的其他业务收入,借方登记期末转入"本年利润"账户的数额,结转后期末无余额。该账户可按其他业务种类设置明细分类账户进行明细分类核算。"其他业务收入"账户结构如下:

借方	其他业务收入　　贷方
期末转入"本年利润"账户	企业获得的其他业务收入
	期末一般没有余额

(6)“其他业务成本”账户。

“其他业务成本”账户属于损益类账户，用来核算企业其他业务所发生的各项支出，包括相关成本、费用以及税金等。借方登记其他业务所发生的各项支出，贷方登记期末转入“本年利润”账户的数额，结转后期末无余额。该账户可按其他业务种类设置明细分类账户进行明细分类核算。“其他业务成本”账户结构如下：

借方　　其他业务成本	贷方
计算结转已销商品的实际成本	期末转入“本年利润”账户
期末一般没有余额	

(7)“销售费用”账户。

“销售费用”账户属于损益类账户，用来核算企业在销售商品过程中发生的各种费用，包括保险费、包装费、展览费和广告费、商品维修费、预计产品质量保证损失、运输费、装卸费等以及为销售本企业商品而专设的销售机构(含销售网点、售后服务网点等)的职工薪酬、业务费、折旧费等经营费用。借方登记发生的各种销售费用，贷方登记期末转入“本年利润”的数额，结转后期末无余额。该账户可按费用的项目设置明细分类账进行明细分类核算。“销售费用”账户结构如下：

借方　　销售费用	贷方
发生的各种销售费用	期末转入“本年利润”账户
期末一般没有余额	

(8)“营业税金及附加”账户。

“营业税金及附加”账户属于损益类账户，用来核算企业日常经营活动应负担的税金及附加费，主要包括营业税、城市维护建设税、资源税、消费税、教育费附加等。借方登记按照规定计算出来应负担的各种税金及附加费，贷方登记期末转入“本年利润”的数额，结转后期末无余额。“营业税金及附加”账户结构如下：

借方　　营业税金及附加	贷方
计算出应负担的各种税金及附加费	期末转入“本年利润”账户
期末一般没有余额	

5. 利润及利润分配过程中主要经济业务的核算

企业应在会计期末计算盈亏，即利润或亏损。如果收入大于成本费用，差额为利润；如果收入小于成本费用，差额为亏损。

按照我国会计准则及应用指南的规定，利润的计算可以划分以下几个层次，用公式表示为

营业利润 = 营业收入 - 营业成本 - 营业税金及附加 - 销售费用 - 管理费用 - 财务费用 - 资产减值损失 + 公允价值变动收益 + 投资收益

其中：　营业收入 = 主营业务收入 + 其他业务收入

营业成本 = 主营业务成本 + 其他业务成本

利润总额 = 营业利润 + 营业外收入 - 营业外支出

净利润 = 利润总额 - 所得税费用

1)投资收益的核算

企业为了合理有效地使用资金以获取更多的经济利益,除了进行正常的生产经营活动外,还可以将资金投放于债券、股票或其他财产等,形成企业的对外投资。投资收益,就是企业对外投资所取得的收益,减去发生的投资损失。为了核算和监督企业对外投资取得的收益或发生的损失,需要设置"投资收益"账户。该账户属于损益类账户,贷方登记取得的投资收益或期末损失的转出数,借方登记投资损失和期末投资收益的转出数,期末结转后应无余额。该账户按投资收益的种类设置明细账,进行明细分类核算。"投资收益"账户结构如下:

借方　　　　投资收益	贷方
1. 发生的投资损失 2. 期末转入"本年利润"账户的投资净收益	1. 实现的投资收益 2. 期末转入"本年利润"账户的投资净损失
期末一般没有余额	

【例 2.36】 松桦造纸厂从其他单位分得的投资利润 18 000 元,存入银行。

这项经济业务发生,一方面使企业的银行存款增加 18 000 元,记入"银行存款"账户借方;另一方面使企业的投资收益增加 18 000 元,记入"投资收益"账户贷方。编制会计分录如下:

借:银行存款　　　　18 000

　贷:投资收益　　　　18 000

2)营业外收支的核算

企业的营业外收支是指与企业正常的生产经营业务没有直接关系的各项收入和支出,包括营业外收入和营业外支出。营业外收入是指与企业正常的生产经营活动没有直接关系的各种收入。营业外收入包括:非流动资产处置利得、非货币性资产交换利得、债务重组利得、政府补助、盘盈利得、捐赠利得等。营业外支出是指与企业正常的生产经营活动没有直接关系的各项支出。这种支出不属于企业的生产经营费用。营业外支出包括:非流动资产处置损失、非货币性资产交换损失、非常损失、债务重组损失、公益性捐赠支出、盘亏损失等。

营业外收入和营业外支出应分别核算,不能直接用营业外收入抵减支出。因此分别设置"营业外收入"和"营业外支出"账户来核算监督企业发生的与企业生产经营无直接关系的各项收入和各项支出。

"营业外收入"账户属于损益类账户,其贷方登记企业发生的各项营业外收入,借方登记期末转入"本年利润"账户的营业外收入额,期末结转后应无余额。该账户按照营业外收入具体项目设置明细账,进行明细分类核算。"营业外收入"账户结构如下:

借方	营业外收入	贷方
期末转入“本年利润”账户		发生的营业外收入
		期末一般没有余额

“营业外支出”账户属于损益类账户,其借方登记企业发生的各项营业外支出,贷方登记期末转入“本年利润”账户的营业外支出额,期末结转后应无余额。该账户按照营业外支出具体项目设置明细账,进行明细分类核算。“营业外支出”账户结构如下:

借方	营业外支出	贷方
发生的营业外支出		期末转入“本年利润”账户
		期末一般没有余额

【例2.37】 松桦造纸厂收到某单位的捐款25 000元,存入银行。

捐款收入属于企业的营业外收入。这项经济业务的发生,一方面使得企业的银行存款增加25 000元,记入“银行存款”账户的借方,另一方面使得企业的营业外收入增加25 000元,记入“营业外收入”账户的贷方。编制会计分录如下:

借:银行存款　　25 000

　贷:营业外收入　　25 000

【例2.38】 松桦造纸厂以银行存款10 000元通过红十字会向灾区捐款。

企业的捐款支出属于营业外支出。这项经济业务的发生,一方面使得企业的营业外支出增加10 000元,记入“营业外支出”账户的借方,另一方面使得企业的银行存款减少10 000元,记入“银行存款”账户的贷方。编制会计分录如下:

借:营业外支出　　10 000

　贷:银行存款　　10 000

3)所得税费用的核算

所得税费用是企业依照国家税法的规定,对企业的所得按照规定的税率计算并缴纳的税款。企业所得税费用的计征实行按年计算,按月或按季预缴,年度终了汇算清缴,多退少补的方法。企业应交纳的所得税费用计算公式为

应纳所得税额 = 应纳税所得额 × 所得税税率

应纳税所得额 = 利润总额 + 所得税前利润中予以调整的项目

由于纳税调整项目的内容比较复杂,在本课程中,为了简化核算,我们可以假设没有纳税调整项目,因此纳税调整为零,这样可以用“利润总额 × 所得税税率”计算应纳所得税额。企业的所得税税率通常为25%。

为了核算和监督企业按规定在本期损益中发生的所得税费用,需要设置“所得税费用”账户。“所得税费用”账户属于损益类费用性质的账户,其借方登记企业计算出的所得税费用额,贷方登记企业期末转入“本年利润”账户的所得税税额,结转后该账户应无余额。“所得税费用”账户结构如下:

借方 所得税费用	贷方
计算出的所得税费用额	期末转入“本年利润”账户
期末一般没有余额	

【例 2.39】 假设松桦造纸厂本年实现的利润总额为 139 540.45 元。按照 25% 的税率计算本年所得税(假设没有纳税调整项目)。

应纳所得税额 = 139 540.45 × 25% = 34 885.11 元

计算出的企业应纳所得税额,一方面表示企业所得税费用增加 34 885.11 元,记入“所得税费用”账户的借方,另一方面所得税因未实际支付形成企业一项负债,应交税费增加 34 885.11 元,记入“应交税费——应交所得税”账户的贷方。编制会计分录如下:

借:所得税费用　　34 885.11

　贷:应交税费——应交所得税　　34 885.11

【例 2.40】 松桦造纸厂以银行存款向税务部门缴纳所得税 34 885.11 元。

这项经济业务发生,一方面使企业应交税费减少 346 885.11 元,记入“应交税费——应交所得税”账户的借方,另一方面使企业银行存款减少 34 885.11 元,记入“银行存款”账户的贷方。编制会计分录如下:

借:应交税费——应交所得税　　34 885.11

　贷:银行存款　　34 885.11

4)净利润的核算

为了核算和监督企业实现的净利润(或发生亏损)的情况,需要设置“本年利润”账户。“本年利润”账户属于所有者权益类账户。其贷方登记期末从“主营业务收入”、“其他业务收入”、“营业外收入”、“投资收益”(投资净收益)等账户的转入数,借方登记期末从“主营业务成本”、“营业税金及附加”、“其他业务成本”、“销售费用”、“管理费用”、“财务费用”、“营业外支出”、“所得税费用”以及“投资收益”(投资净损失)等账户的转入数。期末余额在贷方表示实现的净利润,期末余额在借方表示发生的亏损。不过到年度终了,“本年利润”账户不管是借方余额还是贷方余额,应转入一个叫“利润分配”的账户,结转后该账户也没有余额。

“本年利润”账户结构如下:

借方 本年利润	贷方
期末转入的各项费用支出	期末转入的各项收入
期末余额:表示发生的亏损	期末余额:表示实现的利润

【例 2.41】 假设松桦造纸厂在会计期末有关损益类账户余额如下:“主营业务收入”账户贷方余额为 285 000 元,“其他业务收入”账户贷方余额为 34 000 元,“投资收益”账户贷方余额为 18 000 元,“营业外收入”账户贷方余额为 25 000 元。“主营业务成本”账户借方余额为 153 489.55 元,“税金及附加”账户借方余额为 28 500 元,“其他业务成本”账户借方余额为 24 680 元,“管理费用”账户借方余额为 3 990 元,“财务费用”账户借方余额为 300 元,“销售费用”账户借方余额为 1 500 元,“营业外支出”账户借方余额为 10 000 元。则期末结转业务的会计分录如下:

(1)结转各项收入如下：

借:主营业务收入	285 000	
其他业务收入	34 000	
投资收益	18 000	
营业外收入	25 000	
贷:本年利润		362 000

(2)结转各项支出如下：

借:本年利润	222 459.55	
贷:主营业务成本		153 489.55
营业税金及附加		28 500
其他业务成本		24 680
管理费用		3 990
财务费用		300
销售费用		1 500
营业外支出		10 000

【例2.42】 松桦造纸厂在会计年末将计算出的所得税费用34 885.11元转入“本年利润”账户。

由于所得税费用是按年计算，因此所得税费用应在年末转入“本年利润”账户，编制会计分录如下：

借:本年利润	34 885.11	
贷:所得税费用		34 885.11

所得税费用转入“本年利润”账户后，就可以根据“本年利润”账户的借、贷方记录的各项支出和各项收入计算确定企业的净利润额。

5)利润分配的核算

企业通过净利润形成过程的核算，实现了一定时期内的财务成果即净利润。对于实现的净利润应按照国家的有关规定在相关方面进行合理的分配。

利润分配就是企业根据法律、董事会或类似权力机构提请股东大会或类似批准机构批准的，对企业可供分配利润指定其特定用途和分配给投资者的行为。

企业当年实现的净利润，应按一定的顺序进行分配：

(1)若以前年度有尚未弥补的亏损，应先弥补亏损；

(2)弥补亏损后若有剩余，按10%的比例提取法定盈余公积(股份制企业还可以提取“任意盈余公积”，外商投资企业可以提取“储备基金”、“企业发展基金”、“职工奖励及福利基金”)；

(3)扣除上述项目后的余额加上年初未分配利润，才向投资者分配利润。

为了核算企业利润分配的具体过程及结果，需要设置“利润分配”、“盈余公积”、“应付股利”等账户。

“利润分配”账户属于所有者权益账户，用来核算和监督企业利润的分配(或亏损的弥补)和历年分配(或亏损的弥补)后的结存余额。借方登记利润的分配数和年终结转的亏损总额，贷方登记弥补的亏损和年终结转的净利润。年末时，若余额在贷方，表示历年积存未分配的利润；若余额在借方，则表示未弥补的亏损。该账户按利润分配的具体项目,一般应设置"提取法定盈余公积"、"应付股利"、"未分配利润"等明细账,进行明细分类核算。"利润分配"账户的结构如下:

借方　　利润分配	贷方
1. 分配的利润额 2. 年末从"本年利润"账户的贷方转入的亏损额	1. 盈余公积补亏 2. 年末从"本年利润"账户转入的全年净利润
期末余额:历年积存的未弥补亏损	期末余额:历年积存的未分配利润

"盈余公积"账户属于所有者权益账户,用来核算和监督企业从净利润中提取的盈余公积。其贷方登记企业从净利润中提取的盈余公积金,包括法定盈余公积金和任意盈余公积金;借方登记以盈余公积转增资本或弥补亏损的数额。期末余额在贷方,表示企业提取的盈余公积金实际结存数额。企业应按盈余公积的种类设置明细账,进行明细分类核算。"盈余公积"账户的结构如下:

借方　　盈余公积	贷方
以盈余公积金转增资本、弥补亏损的数额	企业从净利润中提取的盈余公积金
	期末余额:企业提取的盈余公积金实际结存数额

"应付股利"账户属于负债类账户,用来核算和监督企业经董事会或股东大会,或类似机构决议确定分配的现金股利或利润。其贷方登记根据通过的股利或利润分配方案,应支付的现金股利或利润;借方登记实际支付数;期末余额在贷方,表示企业尚未支付的现金股利或利润。该账户可按投资者设置明细账,进行明细分类核算。"应付股利"账户的结构如下:

借方　　应付股利	贷方
实际支付的利润或股利	应付的利润或股利
	期末余额:尚未支付的利润或股利

【例 2.43】 假设松桦造纸厂本年实现的净利润为 104 655.34 元(没有以前年度尚未弥补的亏损),经董事会决议,按 10% 提取法定盈余公积金。则

应提取的法定盈余公积金 = 104 655.34 × 10% = 10 465.53(元)

这项经济业务的发生,一方面使得企业已分配的利润额增加 10 465.53 元,应记入"利润分配"账户的借方;另一方面使得企业的法定盈余公积金增加 10 465.53 元,应记入"盈余公积"账户的贷方。编制会计分录如下:

借:利润分配——提取法定盈余公积　　10 465.53

　贷:盈余公积——法定盈余公积金　　10 465.53

【例 2.44】 假设松桦造纸厂按照董事会及股东大会决议,决定将剩余未分配利润的一定百分比的利润 10 000 元分配给投资者。

这项经济业务的发生,一方面使企业的已分配利润增加 10 000 元,应记入"利润分配"账户的借方;另一方面,应付投资者利润在分配的当时并未实际支付,形成企业的一

项负债,使得企业的应付利润增加10 000元,应记入“应付股利”账户的贷方。编制会计分录如下:

借:利润分配——应付现金股利 10 000
  贷:应付股利 10 000

年末还要进行利润及利润分配业务的结转,结转后,“本年利润”和“利润分配”的除未分配利润以外的其他明细账户应无余额。

【例2.45】 将“本年利润”账户的余额转入“利润分配——未分配利润”账户。

借:本年利润 104 655.34
  贷:利润分配——未分配利润 104 655.34

【例2.46】 将“利润分配”账户所属的各明细账分类账户的借方合计数转入“利润分配——未分配利润”账户。

借:利润分配——未分配利润 20 465.53
  贷:利润分配——提取法定盈余公积 10 465.53
    ——应付现金股利 10 000

本模块练习题

一、单选题

1. 会计科目是( )的名称。

A. 会计等式 B. 会计账户 C. 会计要素 D. 会计对象

2. 会计科目是对( )的具体内容进行分类核算的项目。

A. 经济业务 B. 会计主体 C. 会计对象 D. 会计要素

3. 总分类科目和明细分类科目,是按照反映经济信息的( )程度进行的分类。

A. 内容 B. 用途 C. 结构 D. 详细

4. 下列会计科目属于成本类的科目是( )。

A. 原材料 B. 库存商品 C. 财务费用 D. 生产成本

5. 会计账户是根据( )开设的。

A. 会计对象 B. 会计科目 C. 会计要素 D. 会计等式

6. 下列项目中,与管理费用属于同一类会计科目的是( )。

A. 固定资产 B. 利润分配 C. 应付账款 D. 投资收益

7. 会计科目与会计账户的根本区别是( )。

A. 名称不同 B. 反映经济内容不同

C. 有无结构 D. 有无格式

8. 收回应收账款50 000元,存入银行。这一业务引起的会计要素的变动是( )。

A. 资产总额不变 B. 资产增加,负债增加

C. 资产增加,负债减少 D. 资产减少,负债增加

9. 以银行存款交纳所得税,所引起的变化为( )。

A. 一项资产减少,一项权益减少 B. 一项资产减少,一项负债减少

C. 一项负债减少,一项资产增加 D. 一项资产减少,一项资产增加

10. 下列交易或事项中,引起资产和负债同时增加的交易或事项是( )。

A. 以银行存款购入原材料一批　　B. 以银行存款支付前欠货款
C. 收回应收账款存入银行　　D. 购入电视机一部,款项暂欠

11. 应收账款账户的期初余额为借方 2 000 元,本期借方发生额 1 000 元,本期贷方发生额 8 000 元,该账户的期末余额为(　　)。

A. 借方 3 000 元　B. 贷方 8 000 元　C. 借方 5 000 元　D. 贷方 5 000 元

12. 在复合会计分录"借:固定资产 50 000;贷:银行存款 30 000,贷:应付账款 20 000"中,"银行存款"账户的对应账户是(　　)。

A. "应付账款"　　B. "银行存款"
C. "固定资产"　　D. "固定资产"和"银行存款"

13. 在借贷记账法下,账户的何方记增加,何方记减少,取决于(　　)。

A. 账户的格式　　B. 账户的结构
C. 账户的用途　　D. 账户反映的经济内容

14. 在企业会计实务中,下列事项中能够引起资产总额增加的有(　　)。

A. 接受投资者投资　　B. 以银行存款偿还债务
C. 从银行提取现金　　D. 将资本公积转增资本

15. 复式记账法对每笔经济业务都以相等的金额,在(　　)中进行登记。

A. 两个账户　　B. 一个账户
C. 所有账户　　D. 两个或两个以上相互联系账户

16. 负债类账户的贷方登记(　　)。

A. 负债的减少　　B. 负债的增加
C. 应付款的增加或减少　　D. 应收款的增加或减少

17. 经济业务发生仅涉及负债这一会计要素时,只引起该要素中某些项目发生(　　)变动。

A. 同增　B. 同减　C. 一增一减　D. 不增不减

二、多选题

1. 下列会计科目中,属于资产类科目的有(　　)。

A. 预付账款　B. 应收账款　C. 预收账款　D. 其他应收款

2. 下列会计科目中,属于负债类科目的有(　　)。

A. 短期借款　B. 预付账款　C. 应付账款　D. 应交税费

3. 下列会计科目中,属于损益类科目的有(　　)。

A. 盈余公积　B. 投资收益　C. 本年利润　D. 管理费用

4. 下列项目中,增加用"贷"表示的会计要素为(　　)。

A. 资产　B. 负债　C. 所有者权益　D. 收入

5. 会计账户一般应包括的内容有(　　)。

A. 账户名称　　B. 日期、摘要
C. 凭证编号　　D. 增加、减少金额及余额

6. 下列表示会计账户中记录的各项金额之间的关系的等式中,正确的有(　　)。

A. 本期期末余额 = 期初余额 + 本期增加发生额 - 本期减少发生额
B. 本期期末余额 = 本期增加发生额 - 本期减少发生额
C. 本期期末余额 + 本期减少发生额 = 期初余额 + 本期增加发生额

D. 本期期末余额 = 本期减少发生额

7. 会计科目与会计账户的相同点是(　　)。

A. 结构相同　　B. 名称相同

C. 作用相同　　D. 反映经济内容相同

8. 一项经济业务发生后引起银行存款减少 80 000 元,相应地可能引起(　　)。

A. 无形资产增加 80 000 元　　B. 短期借款增加 80 000 元

C. 应付账款减少 80 000 元　　D. 管理费用减少 80 000 元

9. 对于负债类账户,下列说法正确的有(　　)。

A. 借方登记增加数,贷方登记减少数　　B. 借方登记减少数,贷方登记增加数

C. 期末余额一般在借方　　D. 期末余额一般在贷方

10. 在借贷记账法下,"借"和"贷"作为记账符号(　　)。

A. 在账户结构上,可表示两个对立的部分

B. "借"和"贷"等于"增"和"减"

C. 在金额的增减变化上,可表示"增加"和"减少"

D. 表示债权和债务

11. 根据借贷记账法的账户结构,账户贷方登记的内容有(　　)。

A. 收入的增加　　B. 所有者权益的增加

C. 资产的增加　　D. 负债的增加

12. 复式记账法的优点有(　　)。

A. 能全面反映账户的对应关系　　B. 有利于检查会计分录的正确性

C. 便于进行试算平衡　　D. 便于按会计科目进行汇总

13. 借贷记账法的记账规则是(　　)。

A. 有借必有贷　　B. 借贷必相等　　C. 借方登记增加数　　D. 贷方登记减少数

14. 下列经济业务中引起资产和负债同时增加的有(　　)。

A. 赊购材料　　B. 从银行提取现金

C. 以银行存款购买材料　　D. 向银行借款并将款项存入银行

15. 经济业务的发生,一方面引起资产项目增加,另一方面还可能引起(　　)。

A. 负债项目增加　　B. 负债项目减少　　C. 所有者权益增加　　D. 所有者权益减少

16. 下列账户中,期末结转后应无余额的账户有(　　)。

A. 主营业务收入　　B. 主营业务成本　　C. 实收资本　　D. 财务费用

17. 会计分录的形式可以有(　　)。

A. 一借一贷　　B. 一借多贷　　C. 一贷多借　　D. 多借多贷

三、判断题

1. 会计科目表中的会计科目与会计账户均相互独立,毫无联系。(　　)

2. 会计科目是由国家统一的会计制度规定的,各单位必须严格执行,不能增设或减并。(　　)

3. 会计账户的设置与会计科目的分类密切相关,即根据总分类会计科目和明细分类科目分别设置总分类账户和明细分类账户。(　　)

4. 总分类科目统驭下的二级科目和三级科目等均称为明细分类科目。(　　)

5. 会计账户是用来分类连续地记录交易或事项,反映各会计要素增减变化情况和结果的一种工具。(　　)

6. 为了保证核算资料完整和便于利用,各总分类账户下面都必须设置明细分类账户。( )

7. 资产和权益在数量上始终是相等的。( )

8. 负债和所有者权益类账户的期末余额一定在贷方。( )

9. 借贷记账法账户的基本结构是:账户分为左右两方,左方为借方,右方为贷方。( )

10. 复合分录可以由几个简单分录复合而成。( )

11. 在借贷记账法下,“借”表示增加,“贷”表示减少。( )

12. 资产类账户的期末余额(借方)=期初余额(借方)+本期借方发生额-本期贷方发生额。( )

13. 企业接受投资者投入实物,能同时引起资产和所有者权益同时增加。( )

14. 费用可表现为资产的减少或负债的增加。( )

15. 总分类账户与其所属明细分类账户在总金额上应当相符。( )

16. 所有经济业务的发生,都会引起会计恒等式两边同时发生变化。( )

17. 资产与权益是同一事物两个不同的侧面,两者是辩证统一的。( )

四、思考题

1. 为什么说任何经济业务的发生,都不会影响会计恒等式的基本平衡?请举例说明。

2. 简述账户与会计科目的区别和联系。

3. 借贷记账法下,编制会计分录的步骤有哪些?

4. 什么是账户的对应关系,账户对应关系有什么作用?

五、业务题

1. 业务题一

(1)目的:识别会计要素。

(2)资料:

序号	经济内容	资产	负债	所有者权益
1	仓库中存放的库存商品			
2	尚未缴纳的税金			
3	还在加工中的在产品			
4	从银行取得的短期借款			
5	车间厂房			
6	运输用的汽车			
7	仓库中的原材料			
8	财会部门用的电脑			
9	生产用的机器设备			
10	欠红星工厂的材料价款			
11	本月实现的利润			
12	存放在出纳处的现金			
13	存放在银行里的款项			
14	仓库中存放的生产用材料			
15	房屋及建筑物			
16	投资者享有的权益			
17	应收外单位的货款			
18	应付未付投资者的利润			
19	应付未付职工的工资			

(3)要求:判断以上经济业容属于那一类会计要素。

2. 业务题二

(1)目的:判断经济业务对会计要素的影响

(2)资料:湘诚服装有限责任公司3月发生的经济业务如下:

① 2日收到兴华公司投入的货币资金300 000元存入银行。

② 7日从银行提取现金8 000元以备用。

③ 7日采购员出差预借差旅费2000元,现金付讫。

④ 7日用银行存款发放上月职工工资80 000元。

⑤ 9日从银行取得一年期借款偿还欠华宁布业有限责任公司材料款50 000元。

⑥ 13日购入蓝布一批,价款100 000元,增值税17 000元,价款税款以银行存支付,材料尚未到达。

⑦ 15日购入青布一批,价款200 000元,增值税34 000元,价款税款尚未支付,材料尚未到达。

⑧ 18日收到13日购入的蓝布,验收入库。

⑨ 19日用银行存款150 000元购买货车一辆。

⑩ 20日支付销售产品广告费3 000元。

⑪ 23日销售西装500套,销售单价300元/套,价款总计150 000元,增值税25 500元,价款税款收存银行。

⑫ 31日支付银行借款利息1200元,其中包括1月和2月未支付的利息800元。

(3)要求:分析上述经济业务的发生会引起哪些会计要素发生增减变化,并分析对会计等式的影响。

3. 业务题三

(1)目的:判断经济业务的类型。

(2)资料:湘诚服装有限责任公司发生下列经济业务:

① 用银行存款购买材料。

② 用银行存款支付前欠货款。

③ 用银行存款支付应付投资者利润。

④ 向银行借入长期借款,存入银行。

⑤ 收到投资者投入的机器设备。

⑥ 购买货车一辆,款未付。

⑦ 用银行存款归还短期借款。

⑧ 从银行取得借款直接归还前欠货款。

⑨ 法定程序报经批准,以银行存款退还个人投资款。

⑩ 将盈余公积转作实收资本。

(3)要求:分析上列各项经济业务的类型,填入下表:

类　　　型	经济业务序号
1. 一项资产增加,另一项资产减少	
2. 一项负债增加,另一项负债减少	
3. 一项所有者权益增加,另一项所有者权益减少	

续表

类　　型	经济业务序号
4. 一项资产增加,一项负债增加	
5. 一项资产减少,一项负债减少	
6. 一项资产增加,一项所有者权益增加	
7. 一项资产减少,一项所有者权益减少	
8. 一项负债增加,一项所有者权益减少	
9. 一项负债减少,一项所有者权益增加	

4. 业务题四

(1)目的:判断会计科目的类型。

(2)资料:见业务题二。

(3)要求:根据业务题二的资料,在判断经济业务对会计要素的影响的基础上,进一步指出所涉及的会计科目。

5. 业务题五

(1)目的:运用借贷记账法下账户结构、记账规则、会计分录知识编制会计分录。

(2)资料:见业务题二。

(3)要求:根据业务题二资料,在经济业务按会计科目分类的基础上运用借贷记账法编制会计分录。

6. 业务题六

(1)目的:筹集过程主要经济业务的核算。

(2)资料:湘诚服装有限责任公司发生下列经济业务:

① 3 月 1 日,接到银行通知,收到政府拨入流动资金 700 000 元。

② 3 月 15 日,接受甲公司以银行存款 800 000 元进行的投资。

③ 4 月 20 日,接受乙公司以三套设备和一栋办公楼进行的投资,经投资两方协议,确定设备价值为 200 000 元,办公楼价值为 920 000 元。

④ 5 月 1 日,向银行借入短期借款 600 000 元,年利率 4.8%,期限为 2 个月,利息按月提取,到期一次还本付息。

⑤ 7 月 1 号,向银行借入长期借款 2 000 000 元,用于生产经营,年利率为 6%,期限为 2 年,利息按年计算,年末支付。

(3)要求:根据上述经济业务编制会计分录。其中短期借款业务要求编制取得借款、月末计提利息、到期还本付息的会计分录,长期借款业务要求编制年末计算支付利息及到期归还本金的会计分录。

7. 业务题七

(1)目的:供应过程中主要经济业务的核算。

(2)资料:湘诚服装有限责任公司 201×年 12 月发生下列经济业务:

① 3 日,购进 1 台设备,买价 120 000 元,增值税 20 400 元,发生运输费 700 元,包装费 450 元,所有款项均以银行存款支付,设备交付使用。

② 7 日,向 A 公司购进青布 10 000 米,单价 8 元/米,共计 80 000 元,增值税 12 600 元;花布 30 000 米,单价 12 元/米,共计 360 000 元,增值税 61 200 元。以银行存款支付全

部款项。

③ 7 日,用现金支付上述两种材料的运杂费 400 元(按材料数量比例进行分配)。

④ 10 日,向 A 公司购入的两种材料均已到达,并验收入库。

⑤ 15 日,向 B 公司购进蓝布 20 000 米,单价为 10 元/米,计货款 200 000 元,增值税额为 34 000 元,款项尚未支付。发生材料运费及装卸费 230 元,以现金支付。

⑥ 21 日,向 B 公司购入材料已到达,验收入库。

⑦ 22 日,预付给 C 公司购材料款 80 000 元。

(3)要求:根据以上经济业务编制会计分录。

8. 业务题八

(1)目的:生产过程中主要经济业务的核算。

(2)资料:湘诚服装有限责任公司 201×年 12 月发生下列经济业务:

① 本月生产领用材料情况如下:

材料耗用汇总表

201×年 12 月

用途	蓝布	青布	其他材料	合计
产品生产耗用				
西装	32 000	60 000	8 000	100 000
唐装	55 000	25 000	5 000	85 000
车间一般耗用			600	600
行政管理部门耗用			320	320
合 计	87 000	85 000	13 920	185 920

② 结算本月应付职工工资 70 000,通过计算分配,其中西装应负担生产工人工资 28 000 元,唐装应负担生产工人工资 20 000 元,车间管理人员工资 12 000 元,行政管理人员工资 10 000 元。

③ 按工资总额的 14% 计提职工福利费。

④ 计提本月固定资产折旧费 22 000 元,其中:生产车间应负担的折旧费为 15 000,企业行政管理部门应负担的折旧费 7 000 元。

⑤ 用银行存款支付本月水电费 5 600 元,其中:生产西装耗用 2 100 元,生产唐装耗用 1 900 元,基本生产车间一般耗用 600 元,行政管理部门耗用 1 000 元。

⑥ 计算结转本月发生的制造费用(按生产产品工人工资比例分配)。

⑦ 本月投产西装 2 000 套,全部完工;唐装 1 000 装,全部未完工。结转完工产品成本。

(3)要求:根据以上资料编制会计分录。

9. 业务题九

(1)目的:销售过程中主要经济业务的核算。

(2)资料:湘诚服装有限责任公司 201×年 12 月发生下列经济业务:

① 销售给新华公司西装 1 000 套,单价为 150 元/套,价款 150 000 元,唐装 1 500 套,单价为 200 元/套,价款 300 000。增值税额总计 76 500 元。货款及增值税已存入银行。

② 以现金支付销售以上两种产品运费600元。

③ 预收永兴公司购买唐装款9 000元,存入银行。

④ 以银行存款支付销售产品展览费1 000元。

⑤ 销售剩余材料2 000元,增值税340元,款项收存银行。

⑥ 结转本月已销产品生产成本,西装单位成本为100元,唐装单位成本150元。

⑦ 结转本月销售剩余材料成本1 500元。

⑧ 计算本月应交城市维护建设税40 000元,教育费附加20 000元

(3)要求:编制以上经济业务的会计分录。

10. 业务题十

(1)目的:练习利润形成及分配业务的核算。

(2)资料:湘诚服装有限责任公司201×年12月发生下列经济业务:

① 从其他单位分得投资利润35 000元存入银行。

② 接受外商捐赠设备一台,价值50 000元。

③ 支付税收滞纳金2 000元。

④ 将本期实现的主营业务收入450 000元,其他业务收入2 000元,营业外收入50 000元,投资收益35 000元,发生的主营业务成本325 000,其他业务成本1 500元,主营业务税金及附加60 000元,销售费用1 600元,管理费用8 364.8元,营业外支出2 000元,转入"本年利润"账户。

⑤ 按25%的所得税计算并结转本期应交所得税(假设本期无纳税调整项目)。

⑥ 按税后利润的10%提取法定盈余公积。

⑦ 决定向投资者分配利润80 000元。

⑧ 将"本年利润"账户转入"利润分配——未分配利润"账户。

⑨ 将"利润分配"账户所属明细账借方发生额转入"利润分配——未分配利润"账户。

(3)要求:编制上述经济业务的会计分录。

模块 3 记账凭证

——会计分录的载体

模块能力目标

通过该模块的学习，能正确规范填制通用记账凭证；能正确规范填制收款凭证、付款凭证、转账凭证等专用记账凭证。

模块知识目标

通过该模块的学习，了解记账凭证的意义，熟悉记账凭证的基本内容和填制要求，掌握通用记账凭证和收、付、转专用记账凭证的填制方法，掌握记账凭证审核的内容、记账凭证的装订和保管。

项目3.1 通用记账凭证的填制

3.1.1 训练

1. 训练资料

湘诚服装有限责任公司2018年5月份发生以下经济业务(有关原始凭证参见模块1的项目1.1)。

【业务3.1.1】 5月1日收到红山公司投资款100 000元存入银行。

【业务3.1.2】 5月2日向开户银行取得一笔偿还期限为9个月的流动资金借款50 000元存入银行。

【业务3.1.3】 5月3日签发现金支票一张从开户银行提取现金2 000元以备用。

【业务3.1.4】 5月4日从华宁布业有限责任公司购入蓝布1 000米,每米32元,增值税专用发票注明税率16%,增值税5 120元。货款和税款通过银行存款支付,同时材料已验收入库。

【业务3.1.5】 5月5日采购员张烨因出差预借差旅费2 000元,现金付讫。

【业务3.1.6】 5月6日销售给长沙中天天信公司西装200套,每套售价298元,货款59 600元,税款9 536元,产品已经发出,并办妥了委托收款手续,款项尚未收到。

【业务3.1.7】 5月7日技术厂长王明出差归来,报销差旅费4 800元,结清预借款5 000元,退回现金200元。

【业务3.1.8】 5月8日从华宁布业有限责任公司购入青布2 000米,每米30元,货款60 000元,增值税专用发票注明税率16%,增值税9 600元,发生运费2 000元,增值税200元。货款和税款通过银行存款支付。材料已验收入库。

【业务3.1.9】 5月9日收到5月6日销售给长沙中天天信公司的200套西装的货款和税款。

【业务3.1.10】 5月10日布料车间为生产西装领用蓝布500米,领用青布1 000米。为生产唐装领用蓝布1 000米,领用青布1 000米,蓝布每米成本为32元,青布每米成本为30元。

【业务3.1.11】 5月11日开出现金支票提取现金63 560元发放上月职工工资。

【业务3.1.12】 5月12日通过银行预交企业所得税10 600元,预交增值税26 075.89元。

【业务3.1.13】 5月13日开出转账支票支付产品销售电视广告费10 600元,增值税发票注明价款10 000元,增值税600元。

【业务3.1.14】 5月14日销售给郴州通信公司西装300套,每套280元,货款84 000元,税款13 440元,产品已经发出,收到货款和税款。

【业务3.1.15】 5月31日开出转账支票支付本月水费610元,增值税67.1元,电费5 800元,增值税928元。其中行政部门水电费为810元,布料车间水电费为1 200元,成衣车间水电费为4 400元。

【业务3.1.16】 计算分配本月应付职工工资84 320元,其中生产西装工人工资为24 320元,生产唐装工人工资30 000元,车间管理人员工资为10 000元,行政管理人员工资为20 000元。

【业务3.1.17】 将本月发生的制造费用15 600元在西装和唐装两种产品之间按照生产工时比例进行分配:西装生产工时7 000小时,唐装生产工时8 600小时,西装负担制造费用7 000元,唐装负担制造费用8 600元。

【业务3.1.18】 本月生产完工西装1000套验收入库,产品生产成本为160 000元。

【业务3.1.19】 月末结转本月已销商品成本,已销商品成本为83 480元。

【业务3.1.20】 将本期收入转入“本年利润”。

【业务3.1.21】 将本期成本费用转入“本年利润”。

【业务3.1.22】 计算本期所得税(所得税税率25%)。

【业务3.1.23】 将本期所得税费用转入“本年利润”。

【业务3.1.24】 结转本年利润。

【业务3.1.25】 按本期净利润的10%提取法定盈余公积金。

【业务3.1.26】 经董事会及股东大会决议,决定向投资者分配红利40 000元。

2. 训练要求

根据以上经济业务编制通用记账凭证。

3.1.2 记账凭证的意义

记账凭证是会计人员根据审核无误的原始凭证或原始凭证汇总表,按照经济业务的内容加以归类,并据以确定会计分录而填制的,直接作为登记账簿依据的凭证。

记账凭证和原始凭证都称为会计凭证。会计凭证是用来记录经济业务,明确经济责任并据以登记会计账簿的一种具有法律效力的书面证明文件。会计凭证按填制程序和用途不同分为记账凭证和原始凭证。一切单位在处理任何经济业务时,都必须填制或取得会计凭证。只有经过审核无误的会计凭证,才能作为经济业务已经发生或完成的证明,才能作为登记会计账簿的依据。

之所以还要根据原始凭证编制记账凭证,是因为企业生产经营过程中发生的经济业务比较复杂,反映这些经济业务的原始凭证千差万别,格式繁多,直接根据原始凭证登记账簿容易发生差错。为此,在记账前一般先要根据原始凭证编制记账凭证,再据以登记账簿。而原始凭证作为记账凭证的附件附于其后,这样不但便于记账,防止差错,而且也便于核对和查账。

3.1.3 记账凭证的基本内容

记账凭证作为会计分录的载体,反映每一笔经济业务来龙去脉,由于经济业务内容千差万别,各单位规模大小及其对会计核算繁简程度的要求不同,其格式亦有所不同。但为了满足记账的基本要求,记账凭证应具备一些基本内容或要素。从通用记账凭证的格式(如表3.1所示)可以看出记账凭证的基本内容有:①记账凭证的名称;②填制记账凭证的日期;③凭证字号;④经济业务的内容摘要;⑤经济业务所涉及的会计科目(包括总账科目、明细科目)的名称、记账方向及金额;⑥所附原始凭证的张数;⑦会计主管、记账、审核、出纳、制单等人员的签名或盖章。

表 3.1　记账凭证的格式

记　账　凭　证

年　　月　　日　　　　　　　　　　字　　第　号

摘要	会计科目		借方金额									贷方金额									记账
	总账科目	明细科目	百	十	万	千	百	十	元	角	分	百	十	万	千	百	十	元	角	分	
合　计																					

附件　张

会计主管：　　　　记账：　　　　审核：　　　　出纳：　　　　制单：

3.1.4　记账凭证的填制要求

填写记账凭证是会计的一项重要工作，如果填制错误，则会影响到账簿登记、报表编制。即使发现后能够更正，也需要会计人员付出大量的时间和精力。所以填写记账凭证应按照一定的要求进行。

1. 必须以审核无误的原始凭证为依据

除了结账和更正错账的记账凭证可以不附原始凭证外，其余记账凭证必须附有原始凭证。记账凭证可以根据每一张原始凭证填制，也可以根据若干张同类原始凭证汇总填制，还可以根据原始凭证汇总表填制。

2. 按照会计制度的规定正确填制会计科目，编制会计分录

填写会计科目时，应当填写会计科目的全称和子目甚至细目。记账凭证中所编制的会计分录一般应是一借一贷、一借多贷或多借一贷，避免因多借多贷而带来账户的对应关系不清。对于一些特殊业务，只有多借多贷才能说明来龙去脉时，应按多借多贷填写一张记账凭证，而不能将其拆开。不得将不同内容和类别的经济业务汇总填制在一张记账凭证上。

3. 正确填写记账凭证的日期

记账凭证上所记录的日期一般是填制记账凭证当天的日期。在实际工作中，也可以根据需要，填写经济业务发生的日期和月末日期。报销差旅费的记账凭证填写报销当日的日期；现金收付款业务的记账凭证应填写办理收付现金的日期；银行收付款业务的记账凭证以实际发生业务的日期填写；月末计提、分配费用、成本计算、转账等业务，大多是在下月初进行，但所填日期应当填写当月最后一日的日期。

4. 记账凭证按月编号

会计将记账凭证编号，一方面为了分清记账凭证的先后顺序，便于登记账簿，并进行账证核对；另一方面，也可防止记账凭证的丢失，方便日后查找。通用记账凭证最简单的编号的方法是不标“字”，将所有的记账凭证进行统一编号。即分月按自然数 1、2、3、4……顺序连续编号，一张记账凭证编一个号，不得跳号、重号。复杂的会计事项，一笔业务需要填制两张或两张以上记账凭证时，应编写分号，并将原始凭证附在第一张记账凭证的后面，分号编写时将原编号后面用分数的形式反映，如第 12 项业务需 3 张记账凭证，则

第1张为 $12\frac{1}{3}$,第2张编号为 $12\frac{2}{3}$,第3号编号为 $12\frac{3}{3}$。

5. 填写记账凭证内容摘要

记账凭证摘要栏的填写没有统一要求,只要能反映经济业务的简要内容,真实准确就可以了。但也要按业务类型的不同,详略不同。另外对于同一类业务,摘要表述的基本内容可以遵循一定的规范。如对于收付款业务要写明收付款对象的名称、款项内容,使用银行支票的,还应填写支票号码;购买物资的,要写明供货方名称和主要品种、数量;对预收预付款项、应收应付的业务,应写明对方单位业务经手人、发生时间等内容;对于冲销和补充以前业务的摘要,应写明被冲销或被补充的记账凭证日期及编号。

6. 会计科目和会计分录的填写

记账凭证中一项重要的工作就是将一般经济业务语言转化为会计语言,这个转化的实际就是会计科目和会计分录。会计人员应把代表每一项经济业务的会计科目准确填写清楚。填写时,应填写会计科目的全称和编号,不得简写或只写编号不写名称,重复使用的科目不得用":"代替,对于某些需登记明细账的业务,要求记账凭证上写明二级科目甚至三级科目。具体书写时先写借方科目,再写贷方科目。

7. 填写记账的金额

记账凭证中填写的金额应与原始经济业务的金额一致,填写时使用阿拉伯数字,对准金额栏的位数,一直填写到分位,如果没有角、分,要用"0"代替,不能空位。将每笔经济业务填入金额数字后,要在合计栏填写合计金额,一笔经济业务因涉及会计科目较多需要填写多张记账凭证的,应在最后一张记账凭证的合计行填写合计金额,并在合计金额前面填写货币符号"¥",不是合计数,则不填写货币符号。记账凭证应按行次逐行填写,不得跳行或留有空行,对记账凭证中的空行应该画斜线或一条"S"形线注销。画线应从金额栏最后一笔金额数字下的空行画到合计数行上面的空行,但要注意斜线两端都不能画到金额数字的行次上。

8. 所附原始凭证张数的计算

记账凭证除结账和更正错账的记账凭证外,一律要附有原始凭证,并注明其张数。附件张数应用阿拉伯数字填写。张数的计算有两种方法:一种是按构成记账凭证金额的原始凭证(或原始凭证汇总表)计算张数;另一种是按原始凭证的自然张数为准,即凡是与记账凭证中的经济业务内容有关的每一张证件,都应作为记账凭证的附件,有一张算一张。在具体应用这两种方法时,对于凡属转账业务的原始凭证张数的计算以构成记账凭证金额的张数为准,其他说明性质的资料均可作为附件的附件,不计算在张数之内;对于收付款业务原始凭证张数的计算,均应以自然张数为准。记账凭证附件是原始凭证汇总表的,属转账业务时,其附件张数的计算,以原始凭证汇总表的张数为准,汇总表所附的原始凭证只作为附件的附件处理;属收付款业务的,其附件张数的计算,应把汇总表及所附的原始凭证或说明性质的资料均作为张数计入,但对差旅费、市内交通费、医药费等报销单据,可黏贴在一张纸上,作为一张原始凭证附件。当一张或几张原始凭证涉及几张记账凭证时,可将原始凭证附在一张主要的记账凭证后面,在摘要栏注明"本凭证附件包括××号记账凭证业务"字样,在其他记账凭证上注明"原始凭证附在××号记账凭证后面"的字样。对需经上级批准的经济业务,应将批准文件作为记账凭证的附件。

9. 记账凭证的签章

记账凭证填制完成后,需要由有关会计人员签名或盖章,填制人员签名盖章并经稽核人员审核签名或盖章后,交由会计主管人员签名或盖章,最后由记账人员根据审核无误的记账凭证登记账簿,并在记账凭证上签名或盖章,以表示该记账凭证已经由其登记入账。对于收付款业务的记账凭证,还必须由出纳人员签名或盖章,以表明出纳人员对所签名或盖章的收付款记账上的款项进行了收付。对记账凭证签名或盖章的目的在于加强凭证管理,分清会计人员之间的经济责任,使会计工作岗位之间互相制约,互相监督。

3.1.5 通用记账凭证的填制方法

记账凭证按使用范围的不同,可分为通用记账凭证和专用记账凭证(有关专用记账凭证的内容见项目3.2)。

通用记账凭证是一种适合于任何经济业务的记账凭证,是指无论发生什么经济业务都记录在具有通用格式的记账凭证上。在经济业务比较简单的单位,一般采用通用记账凭证。

填制通用记账凭证就是要根据记账凭证的填制要求将经济业务中所涉及的全部会计科目,按照先借后贷的顺序记入"会计科目"栏中的"一级科目"和"二级或明细科目",并按应借、应贷方向分别记入"借方金额"或"贷方金额"栏。

举例说明如下。

【业务3.1.1】的会计分录为:

借:银行存款 100 000

贷:实收资本——红山公司 100 000

填制记账凭证如表3.2所示。

表3.2 【业务3.1.1】的记账凭证

记 账 凭 证

2018年05月01日 字第001号

摘要	会计科目		借方金额									贷方金额									记账
	总账科目	明细科目	百	十	万	千	百	十	元	角	分	百	十	万	千	百	十	元	角	分	
收到投资	银行存款			1	0	0	0	0	0	0	0										
	实收资本	红山公司											1	0	0	0	0	0	0	0	
合计			¥	1	0	0	0	0	0	0	0	¥	1	0	0	0	0	0	0	0	

附件3张

会计主管: 记账: 审核: 出纳: 制单:王青

【业务3.1.2】的会计分录为:

借:银行存款 50 000

贷:短期借款 50 000

填制记账凭证如表3.3所示。

表3.3　【业务3.1.2】的记账凭证

记　账　凭　证

2018年05月02日　　　　字　第002号

摘要	会计科目		借方金额									贷方金额									记账
	总账科目	明细科目	百	十	万	千	百	十	元	角	分	百	十	万	千	百	十	元	角	分	
取得借款	银行存款				5	0	0	0	0	0	0										
	短期借款												5	0	0	0	0	0	0		
合　计				¥	5	0	0	0	0	0	0		¥	5	0	0	0	0	0	0	

附件2张

会计主管：　　记账：　　审核：　　出纳：　　制单：王青

【业务3.1.3】的会计分录为：

借：库存现金　　2 000

　贷：银行存款　　2 000

编制记账凭证如表3.4所示。

表3.4　【业务3.1.3】的记账凭证

记　账　凭　证

2018年05月03日　　　　字　第003号

摘要	会计科目		借方金额									贷方金额									记账
	总账科目	明细科目	百	十	万	千	百	十	元	角	分	百	十	万	千	百	十	元	角	分	
提取现金	库存现金					2	0	0	0	0	0										
	银行存款														2	0	0	0	0	0	
合　计					¥	2	0	0	0	0	0			¥	2	0	0	0	0	0	

附件2张

会计主管：　　记账：　　审核：　　出纳：　　制单：王青

【业务3.1.4】的会计分录为：

借：原材料——蓝布　　32 000

　　应交税费——应交增值税（进项税额）　　5 120

　　贷：银行存款　　37 120

编制记账凭证如表3.5所示。

表3.5 【业务3.1.4】的记账凭证

记 账 凭 证

2018年05月04日 字 第004号

摘要	会计科目		借方金额									贷方金额									记账
	总账科目	明细科目	百	十	万	千	百	十	元	角	分	百	十	万	千	百	十	元	角	分	
采购材料	原材料	蓝布			3	2	0	0	0	0	0										
	应交税费	应交增值税				5	1	2	0	0	0										
	银行存款													3	7	1	2	0	0	0	
合计				¥	3	7	1	2	0	0	0		¥	3	7	1	2	0	0	0	

附件2张

会计主管： 记账： 审核： 出纳： 制单：王青

【业务3.1.5】的会计分录为：

借：其他应收款——张烨 2 000

贷：库存现金 2 000

编制记账凭证如表3.6所示。

【业务3.1.6】的会计分录为：

借：应收账款——长沙中天天信公司 69 136

贷：主营业务收入——西装 59 600

应交税费——应交增值税(销项税额) 9 536

编制记账凭证如表3.7所示。

表3.6 【业务3.1.5】的记账凭证

记 账 凭 证

2018年05月05日 字 第006号

摘要	会计科目		借方金额									贷方金额									记账
	总账科目	明细科目	百	十	万	千	百	十	元	角	分	百	十	万	千	百	十	元	角	分	
预借差旅费	其他应收款	张烨				2	0	0	0	0	0										
	库存现金														2	0	0	0	0	0	
合计					¥	2	0	0	0	0	0			¥	2	0	0	0	0	0	

附件2张

会计主管： 记账： 审核： 出纳： 制单：王青

表 3.7 【业务 3.1.6】的记账凭证

记 账 凭 证

2018 年 05 月 06 日　　　　字 第 007 号

摘要	会计科目		借方金额									贷方金额									记账
	总账科目	明细科目	百	十	万	千	百	十	元	角	分	百	十	万	千	百	十	元	角	分	
销售商品	应收账款	中天天信公司			6	9	1	3	6	0	0										
	主营业务收入	西装												5	9	6	0	0	0	0	
	应交税费	应交增值税													9	5	3	6	0	0	
合　计				¥	6	9	1	3	6	0	0		¥	6	9	1	3	6	0	0	

附件2张

会计主管：　　记账：　　审核：　　出纳：　　制单：王青

【业务 3.1.7】的会计分录为：

借：管理费用——差旅费　　4 800

　　库存现金　　200

　贷：其他应收款——王明　　5 000

编制记账凭证如表 3.8 所示。

表 3.8 【业务 3.1.7】的记账凭证

记 账 凭 证

2018 年 05 月 07 日　　　　字 第 007 号

摘要	会计科目		借方金额									贷方金额									记账
	总账科目	明细科目	百	十	万	千	百	十	元	角	分	百	十	万	千	百	十	元	角	分	
报销差旅费	管理费用	差旅费				4	8	0	0	0	0										
	库存现金						2	0	0	0	0										
	其他应收款	王明													5	0	0	0	0	0	
合　计					¥	5	0	0	0	0	0			¥	5	0	0	0	0	0	

附件2张

会计主管：　　记账：　　审核：　　出纳：　　制单：王青

项目 3.2 收、付、转记账凭证的填制

3.2.1 训练

1. 训练资料

同项目 3.1 训练资料。

2. 训练要求

根据以上经济业务编制收、付、转记账凭证。

3.2.2 收、付、转记账凭证的意义

如上节所述,记账凭证按使用范围的不同,可分为通用记账凭证和专用记账凭证。专用记账凭证是专门用于记录某一类经济业务的记账凭证。专用记账凭证按是否与货币资金收付有关可分为收款凭证、付款凭证和转账凭证。

1. 收款凭证

收款凭证是用于记录涉及库存现金和银行存款收入业务的记账凭证。收款凭证的格式如表 3.9 所示。

表 3.9 收款凭证的格式

收 款 凭 证

借方科目: 年 月 日 字 第 号

摘要	贷方科目		金额										记账
	总账科目	明细科目	千	百	十	万	千	百	十	元	角	分	
合 计													

附件 张

会计主管: 记账: 审核: 出纳: 制单:

2. 付款凭证

付款凭证是用于记录涉及库存现金和银行存款付出业务的记账凭证。付款凭证的格式如表 3.10 所示。

表 3.10 付款凭证的格式

付 款 凭 证

贷方科目: 年 月 日 字 第 号

摘要	借方科目		金额										记账
	总账科目	明细科目	千	百	十	万	千	百	十	元	角	分	
合 计													

附件 张

会计主管: 记账: 审核: 出纳: 制单:

3. 转账凭证

转账凭证是用于记录不涉及库存现金和银行存款收支业务,即转账业务的记账凭证。转账凭证的格式如表 3.11 所示。

表 3.11 转账凭证的格式

转 账 凭 证

年 月 日 字 第 号

摘要	会计科目		借方金额									贷方金额									记账
	总账科目	明细科目	百	十	万	千	百	十	元	角	分	百	十	万	千	百	十	元	角	分	
合 计																					

附件 张

会计主管： 记账： 审核： 出纳： 制单：

3.2.3 专用记账凭证的填制方法

在掌握记账凭证的填制要求的基础上，收款凭证是将“借方科目”写在收款凭证的左上角，付款凭证是将“贷方科目”写在付款凭证的左上角，而转账凭证的填制与通用记账凭证一样将所涉及的全部会计科目，按照先借后贷的顺序记入“会计科目”栏中。需要注意的是专用记账凭证要采取分类编号法：一种是分三类分别编号，按收款业务、付款业务、转账业务三类分别为“收字×号”、“付字×号”、“转字×号”；一种是分五类分别编号，按现金收入、现金支出、银行存款收入、银行存款支出、转账凭证五类分别为“现收×号”、“现付×号”、“银收×号”、“银付×号”、“转字×号”。

举例说明如下。

【业务 3.1.1】的会计分录为：

借：银行存款 100 000

　贷：实收资本——红山公司 100 000

这笔业务应填制收款凭证，如表 3.12 所示。

表 3.12 【业务 3.1.1】的收款凭证

收 款 凭 证

借方科目：银行存款 2018 年 05 月 01 日 收字 第 001 号

摘要	贷方科目		金额										记账
	总账科目	明细科目	千	百	十	万	千	百	十	元	角	分	
收到投资	实收资本	红山公司			1	0	0	0	0	0	0	0	
合 计				¥	1	0	0	0	0	0	0	0	

附件 3 张

会计主管： 记账： 出纳： 审核： 制单：王青

【业务 3.1.2】的会计分录为：

借：银行存款　　　　　　　　　　50 000

　　贷：短期借款　　　　　　　　　　50 000

这笔业务应填制收款凭证，如表 3.13 所示。

表 3.13　【业务 3.1.2】的收款凭证

收　款　凭　证

借方科目：银行存款　　　　2018 年 05 月 02 日　　　　收字　第 002 号

摘要	贷方科目		金额										记账
	总账科目	明细科目	千	百	十	万	千	百	十	元	角	分	
取得借款	短期借款					5	0	0	0	0	0	0	
合　　计					¥	5	0	0	0	0	0	0	

附件 3 张

会计主管：　　记账：　　出纳：　　审核：　　制单：王青

【业务 3.1.3】的会计分录为：

借：库存现金　　　　　　　　　　2 000

　　贷：银行存款　　　　　　　　　　2 000

这笔业务应填制付款凭证，按规定对于涉及“库存现金”与“银行存款”之间的划转业务为避免重复记账，一般只编制付款凭证，不编制收款凭证。如表 3.14 所示。

表 3.14　【业务 3.1.3】的付款凭证

付　款　凭　证

贷方科目：银行存款　　　　2018 年 05 月 03 日　　　　付字　第 001 号

摘要	借方科目		金额										记账
	总账科目	明细科目	千	百	十	万	千	百	十	元	角	分	
提取现金	库存现金						2	0	0	0	0	0	
合　　计						¥	2	0	0	0	0	0	

附件 1 张

会计主管：　　记账：　　出纳：　　审核：　　制单：王青

【业务 3.1.4】的会计分录为：

借：原材料——蓝布　　　　　　　　　　32 000

　　应交税费——应交增值税(进项税额)　　　　5 120

贷:银行存款 37 120

这笔业务应填制付款凭证,如表3.15所示。

表3.15 【业务3.1.4】的付款凭证

付 款 凭 证

贷方科目:银行存款 2018年05月04日 付字 第002号

摘要	借方科目		金额										记账
	总账科目	明细科目	千	百	十	万	千	百	十	元	角	分	
采购材料	原材料	蓝布				3	2	0	0	0	0	0	
	应交税费	应交增值税					5	1	2	0	0	0	
合 计					¥	3	7	1	2	0	0	0	

附件2张

会计主管: 记账: 出纳: 审核: 制单:王青

【业务3.1.5】的会计分录为:

借:其他应收款——张烨 2 000

贷:库存现金 2 000

这笔业务应填制付款凭证,如表3.16所示。

表3.16 【业务3.1.5】的付款凭证

付 款 凭 证

贷方科目:库存现金 2018年05月05日 付字 第003号

摘要	借方科目		金额										记账
	总账科目	明细科目	千	百	十	万	千	百	十	元	角	分	
预借差旅费	其他应收款	张烨					2	0	0	0	0	0	
合 计						¥	2	0	0	0	0	0	

附件1张

会计主管: 记账: 出纳: 审核: 制单:王青

【业务3.1.6】的会计分录为:

借:应收账款——长沙中天天信公司 69 136

贷:主营业务收入——西装 59 600

应交税费——应交增值税(销项税额) 9 536

这笔业务应填制转账凭证,如表3.17所示。

表 3.17 【业务 3.1.6】的转账凭证

转 账 凭 证

2018 年 05 月 06 日　　　　转字　第 002 号

摘要	会计科目		借方金额									贷方金额									记账
	总账科目	明细科目	百	十	万	千	百	十	元	角	分	百	十	万	千	百	十	元	角	分	
报销差旅费	应收账款	中天天信公司			6	9	1	3	6	0	0										
	主营业务收入	西装												5	9	6	0	0	0	0	
	应交税费	应交增值税													9	5	3	6	0	0	
合　计				¥	6	9	1	3	6	0	0		¥	6	9	1	3	6	0	0	

附件 2 张

会计主管：　　记账：　　审核：　　制单：王青

【业务 3.1.7】的会计分录为：

借：管理费用——差旅费　　4 800

　　库存现金　　200

　贷：其他应收款——王明　　5 000

这笔业务应填制一张收款凭证和一张转账凭证，如表 3.18、表 3.19 所示。

表 3.18 【业务 3.1.7】的收款凭证

收 款 凭 证

借方科目：库存现金　　2018 年 05 月 07 日　　收字　第 003 号

摘要	贷方科目		金额										记账
	总账科目	明细科目	千	百	十	万	千	百	十	元	角	分	
收回多借款	其他应收款	王明						2	0	0	0	0	
合　计							¥	2	0	0	0	0	

附件 1 张

会计主管：　　记账：　　出纳：　　审核：　　制单：王青

表 3.19 【业务 3.1.7】的转账凭证

转 账 凭 证

2018 年 05 月 07 日　　　　转字 第 003 号

摘要	会计科目		借方金额									贷方金额									记账
	总账科目	明细科目	百	十	万	千	百	十	元	角	分	百	十	万	千	百	十	元	角	分	
报销差旅费	管理费用	差旅费				4	8	0	0	0	0										
	其他应收款	王明													4	8	0	0	0	0	
合　计					¥	4	8	0	0	0	0			¥	4	8	0	0	0	0	

附件 1 张

会计主管：　　　　记账：　　　　审核：　　　　制单：王青

3.2.4 记账凭证的审核

所有填制好的记账凭证，都必须经过其他会计人员认真的审核。在审核记账凭证的过程中，如发现记账凭证填制有误，应当按照规定的方法及时加以更正。只有经过审核无误后的记账凭证，才能作为登记账簿的依据。记账凭证的审核主要包括以下内容。

(1)内容是否真实。审核记账凭证是否附有原始凭证，记账凭证的经济内容是否与所附原始凭证的内容相同。

(2)项目是否齐全。审核记账凭证各项目的填写是否齐全，如日期、凭证编号、摘要、会计科目、金额、所附原始凭证张数及有关人员签章等。

(3)科目是否正确。审核记账凭证的应借应贷的会计科目(包括二级或明细科目)是否正确，对应关系是否清晰。

(4)金额是否正确。审核记账凭证所记录的金额与原始凭证的有关金额是否一致，记账凭证汇总表的金额与记账凭证的金额合计是否相符，借贷金额是否平衡。

(5)书写是否正确。审核记账凭证的记录是否文字工整、数字清晰，是否按规范进行书写。

3.2.5 记账凭证装订

记账凭证登记完毕后，应当按照分类和编号顺序保管，不得散乱丢失。为此，必须对记账凭证进行装订。

1. 准备工作

准备装订机、装订线、胶水、记账凭证封面封底、铁夹子等等。

2. 装订程序步骤

(1)将记账凭证连同所附的原始凭证或者原始凭证汇总表，按照编号顺序整理，折叠整齐，去掉大头针或者回形针，所有凭证(包括原始凭证)以左上角为准对齐，即对齐左边和上边，保证左上角为直角。

(2)加上封面和封底，并在左上角放一块长宽各约 9 厘米的正方形牛皮纸，牛皮纸可事先对折为四块，如图 3.1 所示①②③④，剪去第④块，并用铁夹子夹紧，防止凭证滑落。

(3)用装订机在凭证左上角钻两个孔(注意孔与孔之间的距离,并保证两孔所在的直线与凭证上边和左边构成一个等腰三角形)。

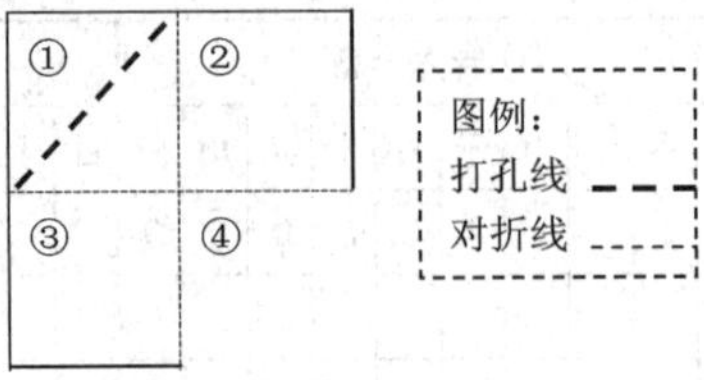

图3.1 牛皮纸示意图

(4)穿好装订线,并打上结。

(5)将牛皮纸的第②、第③两小块反折到凭证封底,并用胶水粘贴好。

(6)在装订线封签处盖上骑缝章。

(7)填写凭证封面和封底有关信息,如单位名称、所属的年度和月份、起讫日期、凭证种类、起讫号码等,如表3.20所示。

表3.20 会计凭证封面

时间	年 月份
册数	本月共 册 本册是第 册
张数	本册自第 号至第 号共 张
附记	

(年 月 日装订) 会计主管 装订者

3.2.6 会计凭证的保管

保证会计凭证的安全与完整是全体财会人员的共同职责,在立卷存档之前,会计凭证的保管由财会部门负责。保管过程中应注意以下一些问题。

(1)会计凭证应及时传递,不得积压。记账凭证在装订成册之前,原始凭证一般是用回形针或大头针固定在记账凭证后面,在这段时间内,凡使用记账凭证的财会人员都有责任保管好原始凭证和记账凭证。使用完后要及时传递,并且要严防在传递过程中散失。

(2)每月记账后,应定期对本月的记账凭证按编号顺序整理,加上封面和封底,装订成册,并在封面上写明年度、月份、共计册数、每册的起止号数,最后在装订处要贴上封签并由会计主管人员加盖骑缝章。

(3)凭证在装订以后存档以前,要妥善保管,防止受损、弄脏、霉烂以及鼠咬虫蛀等。

(4)对于性质相同,数量过多或各种随时需要查阅的原始凭证,如收、发料单,工资卡等,可以单独装订保管,在封面上注明记账凭证种类、日期、编号,同时在记账凭证上注明“附件另订”和原始凭证的名称及编号。

(5)各种经济合同和涉外文件等凭证,应另编目录,单独装订保存,同时在记账凭证上注明“附件另订”。

(6)原始凭证不得外借,其他单位和个人经本单位领导批准调阅会计凭证,要填写“会计档案调阅表”,详细填写借阅会计凭证的名称、调阅日期、调阅人姓名和工作单位、调阅理由、归还日期、调阅批准人等。调阅人员一般不准将会计凭证携带外出。需复制的,要说明所复制的会计凭证名称、张数,经本单位领导同意后在本单位财会人员监督下进行,并应登记与签字。

(7)会计凭证装订成册后,应由专人负责分类保管。当年的会计凭证,在会计年度终了后,可暂由本单位会计机构保管一年,期满后应交本单位的档案机构统一保管,并按规定的期限进行保管。记账凭证的保管期为15年,保管期满后,应开列清单报经上级主管部门批准,并有监销人在场方能销毁。

本模块练习题

一、单项选择题

1. 产品生产领用材料,应编制的记账凭证是(　　)。

A. 收款凭证　　B. 付款凭证　　C. 转账凭证　　D. 一次凭证

2. 记账凭证是根据(　　)填制的。

A. 经济业务　　B. 原始凭证

C. 账簿记录　　D. 审核无误的原始凭证或原始凭证汇总表

3. 对于从银行提取现金的业务,会计人员应填制的记账凭证是(　　)。

A. 现金收款凭证　　B. 银行付款凭证

C. 现金收款凭证和银行付款凭证　　D. 银行收款凭证

4. 下列凭证中,应在其左上方填写借方科目的是(　　)。

A. 原始凭证　　B. 收款凭证　　C. 付款凭证　　D. 转账凭证

5. 为了分清会计事项处理的先后顺序,便于记账凭证与会计账簿之间的核对,确保记账凭证的完整无缺,填制记账凭证时,应当(　　)。

A. 依据真实　　B. 日期正确　　C. 连续编号　　D. 简明扼要

6. 现金收款凭证的填制日期应当是(　　)。

A. 原始凭证上注明的日期　　B. 编制收款凭证的日期

C. 收取现金的日期　　D. 登记现金总账的日期

7. 下列记账凭证中,可以不附原始凭证的是(　　)。

A. 所有收款凭证　　B. 所有付款凭证

C. 所有转账凭证　　D. 用于结账的记账凭证

8. 关于会计凭证的传递与保管,以下说法中不正确的是(　　)。

A. 科学合理的传递程序应能保证会计凭证在传递过程中的安全、及时、准确和完整

B. 要建立会计凭证交接的签收制度　　C. 原始凭证不得外借,也不得复制

D. 会计凭证记账完毕后,应当按分类和编号顺序保管

9. 按照记账凭证的审核要求,下列内容中不属于记账凭证审核内容的是(　　)。

A. 凭证类型选择是否正确

B. 凭证所列事项是否符合有关的计划和预算

C. 凭证的金额与所附原始凭证的金额是否一致

D. 凭证项目是否填写完整

10. 记账凭证按其所反映的经济内容不同,可以分为(　　)。

A. 单式凭证和复式凭证　　B. 收款凭证、付款凭证、转账凭证
C. 通用凭证和专用凭证　　D. 一次凭证、累计凭证、汇总凭证

二、多项选择题

1. 下列各项中,属于记账凭证应具备的基本内容的有(　　)。
A. 经济业务的内容摘要　　B. 接受凭证单位的全称
C. 经济业务所涉及的会计科目及其方向　　D. 经济业务的金额

2. 单位的职工出差归来报销差旅费并交回剩余现金的事项,根据差旅费报销单和收据,应填制的记账凭证有(　　)。
A. 现金付款凭证　　B. 现金收款凭证　　C. 银行收款凭证　　D. 转账凭证

3. 对于收付款记账凭证,应在记账凭证上签名或盖章的人员有(　　)。
A. 记账凭证填制人员　　B. 审核人员
C. 会计主管　　D. 出纳人员

4. 下列各项中,属于记账凭证审核内容的有(　　)。
A. 所附原始凭证的内容与记账凭证的内容是否一致
B. 使用的会计科目是否正确
C. 记账方向和金额是否正确　　D. 要素项目是否完整

5. 在已经装订好的记账凭证的封面上,应加盖印章的人员有(　　)。
A. 记账凭证填制人　　B. 记账凭证装订人
C. 会计主管　　D. 出纳

6. 记账凭证的填制,可以(　　)。
A. 根据每一张原始凭证填制　　B. 根据若干张同类原始凭证汇总填制
C. 根据原始凭证汇总表填制　　D. 根据账簿记录填制

7. 规定会计凭证的传递程序时,应考虑的因素有(　　)。
A. 经营管理上的需要　　B. 本单位交易或事项的特点
C. 本单位内部机构设置和人员分工情况　　D. 会计人员的业务水平

8. 收款凭证可以作为出纳人员(　　)的依据。
A. 收入货币资金　　B. 付出货币资金
C. 登记现金日记账　　D. 登记银行存款日记账

9. 下列可以作为记账凭证编制依据的有(　　)。
A. 领料单　　B. 限额领料单　　C. 银行付款通知　　D. 发料凭证汇总表

10. 收款凭证的贷方科目,可能为下列(　　)科目。
A. 库存现金　　B. 银行存款　　C. 主营业务收入　　D. 应收账款

三、判断题

1. 原始凭证仅是填制记账凭证的依据,记账凭证才是登记账簿的依据。(　　)

2. 任何会计凭证都必须经过有关人员的严格审核并确认无误后,才能作为记账的依据。(　　)

3. 记账凭证编制时出现错误,可按要求更改。(　　)

4. 收付款记账凭证既是出纳人员收付款项的依据,也是登记总账、现金和银行存款日记账及有关明细账的依据。(　　)

5. 所有记账凭证都必须附有原始凭证并如实填写所附原始凭证的张数。(　　)

6. 为了避免重复记账,企业将现金存入银行或者从银行提取现金的事项,一般只编制收款凭证,不编制付款凭证。(　　)

7. 在填制记账凭证时,可以只填会计科目的编号,不填会计科目名称,以简化记账凭证的编制。(　　)

四、思考题

1. 简述记账凭证的基本内容。
2. 简述记账凭证的填制要求。
3. 简述记账凭证的审核内容。

五、业务题

(1)目的:收、付、转记账凭证的填制。

(2)资料:湘诚服装有限责任公司201×年12月份发生以下经济业务:

① 1日,接到银行通知,收到某公司追加投资700 000元。(附件2张)

② 3日,购进1台设备,买价120 000元,发生运输费700元,包装费450元,所有款项均以银行存款支付,设备交付使用。(附件3张)

③ 7日,向A公司购进青布10 000米,单价8元/米,共计80 000元,增值税12 600元;花布30 000米,单价12元/米,共计360 000元,增值税61 200元。以银行存款支付全部款项。(附件2张)

④ 7日,用现金支付上述两种材料的运杂费400元(按材料数量比例进行分配)。(附件2张)

⑤ 8日,从银行提取现金2 000元以备用(附件1张)。

⑥ 10日,向A公司购入的两种材料均已到达,并验收入库。(附件1张)

⑦ 11日销售给新华公司西装1 000套,单价为150元/套,价款150 000元,唐装1 500套,单价为200元/套,价款300 000。增值税额总计76 500元。货款及增值税已存入银行。(附件2张)

⑧ 12日以现金支付销售产品展览费1 000元。(附件2张)

⑨ 13日销售剩余材料2 000元,增值税340元,款项收存银行。(附件2张)

⑩ 15日从其他单位分得投资利润35 000元存入银行。(附件1张)

⑪ 18日接受外商捐赠设备一台,价值50 000元。(附件1张)

⑫ 20日用银行存款支付税收滞纳金2 000元。(附件2张)

⑬ 31日本月生产领用材料情况如下:(附件1张)

材料耗用汇总表

201×年12月

用途	蓝布	青布	其他材料	合计
产品生产耗用				
西装	32 000	60 000	8 000	100 000
唐装	55 000	25 000	5 000	85 000
车间一般耗用			600	600
行政管理部门耗用			320	320
合 计	87 000	85 000	13 920	185 920

⑭ 31 日结算本月应付职工工资 70 000,通过计算分配,其中西装应负担生产工人工资 28 000 元,唐装应负担生产工人工资 20 000 元,车间管理人员工资 12 000 元,行政管理人员工资 10 000 元。(附件 1 张)

⑮ 31 日用银行存款支付职工福利费,其中生产西装工人福利费 3920 元,生产唐装工人福利费 2800 元,车间管理人员福利费 1680 元,行政管理人员福利费 1400 元。(附件 1 张)

⑯ 31 日计提本月固定资产折旧费 22 000 元,其中:生产车间应负担的折旧费为 15 000,企业行政管理部门应负担的折旧费 7 000 元。(附件 1 张)

⑰ 31 日用银行存款支付本月水电费 5 600 元,其中:生产西装耗用 2 100 元,生产唐装耗用 1 900 元,基本生产车间一般耗用 600 元,行政管理部门耗用 1 000 元。(附件 2 张)

⑱ 31 日计算结转本月发生的制造费用(按生产产品工人工资比例分配)。(附件 1 张)

⑲ 31 日本月投产西装 2 000 套,全部完工;唐装 1 000 装,全部未完工。结转完工产品成本。(附件 1 张)

⑳ 31 日结转本月已销产品生产成本,西装单位成本为 100 元,唐装单位成本 150 元。(附件 1 张)

㉑ 31 日结转本月销售剩余材料成本 1 500 元。(附件 1 张)

㉒ 31 日计算本月应交城市维护建设税 40 000 元,教育费附加 20 000 元。(附件 1 张)

㉓ 将本期实现的主营业务收入 450 000 元,其他业务收入 2 000 元,营业外收入 50 000 元,投资收益 35 000 元,发生的主营业务成本 325 000,其他业务成本 1 500 元,主营业务税金及附加 60 000 元,销售费用 1 600 元,管理费用 8 364. 8 元,营业外支出 2 000 元,转入"本年利润"账户。

㉔ 按 25% 的所得税计算并结转本期应交所得税(假设本期无纳税调整项目)。

㉕ 按税后利润的 10% 提取法定盈余公积。

㉖ 决定向投资者分配利润 80 000 元。

㉗ 将"本年利润"账户转入"利润分配——未分配利润"账户。

㉘ 将"利润分配"账户所属明细账借方发生额转入"利润分配——未分配利润"账户。

(3)要求:根据以上经济业务编制收、付、转记账凭证。

模块 4

会计账簿

——记账凭证的汇总工具

模块学习目标

通过该模块的学习，能正确规范登记现金和银行存款日记账，能正确规范登记各种总账和明细账，能对已登记的账簿进行对账和结账，能编制试算平衡表，能查找错账和进行错账更正。

模块知识目标

通过该模块的学习，了解会计账簿的种类、格式和内容，掌握会计账簿的登记基本要求，掌握日记账的设置和登记方法，掌握总分类账和明细分类账的设置、平行登记和总分类账与明细分类账的关系，了解对账和结账的意义，掌握对账的内容和结账的方法，掌握试算平衡的意义、作用和试算平衡表的编制方法，掌握错账查找方法和更正方法。

项目 4.1 日记账的登记

4.1.1 训练

1. 训练资料

(1)湘诚服装有限责任公司 2018 年 4 月末账户余额如下:

账户名称	方向	金额	账户名称	方向	金额
现金	借	1 500	累计折旧	贷	450 000
银行存款	借	1 366 500.89	短期借款	贷	150 000
应收账款 ——宏伟公司 ——青云公司	借	67 800 27 800 40 000	应付账款 ——江山公司 ——兴旺公司	贷	56 000 45 000 11 000
应收票据	借	20 000	应付职工薪酬 ——工资	贷	63 560 63 560
其他应收款 ——王明	借	5 000 5 000	其他应付款 ——包装物押金	贷	5 000 5 000
在途物资 ——青布	借	60 000 60 000	应交税费 ——应交所得税 ——应交增值税(未交增值税)	贷	36 675.89 10 600 26 075.89
原材料 ——蓝布 数量,3 000 ——青布 数量,1 800	借	149 400 95 400 54 000	应付股利	贷	68 440
生产成本	借	75 000	长期借款	贷	120 000
库存商品 ——西装	借	57 000 57 000	实收资本	贷	2 000 000
固定资产	借	1 856 000	资本公积	贷	122 500
无形资产	借	24 000	本年利润	贷	518 800
			利润分配 ——未分配利润	贷	91 225 91 225

(2)记账凭证:项目 3.2 编制的收、付、转记账凭证。

2. 训练要求

根据项目 3.2 编制的收款凭证和付款凭证登记现金和银行存款日记账。

4.1.2 设置会计账簿的意义

填制和审核会计凭证,可以将企业发生的经济业务记录和反映在会计凭证上。但会计凭证数量多,且分散,每张凭证只能记录个别经济业务,提供的信息分散,不能全面、连续地反映企业的经济活动和财务收支情况。因此有必要设置会计账簿,把会计凭证上大量分散的核算资料加以归类整理,从而为经济管理提供系统、完整的会计信息。

所谓会计账簿,是指以会计凭证为依据,由具有专门格式并相互联系的账页组成,用来序时、分类地记录经济业务的簿籍。三栏式账页格式如表4.1所示。

表4.1 三栏式账页格式

年		凭证		摘　要	借方	贷方	余额识别	余额
月	日	字	号					

从形式上可以将多张账页装订成一本,俗称"账本"。

设置和登记会计账簿是会计核算的一种专门方法,是会计核算工作的重要环节,它对于加强经济核算,改善和提高经营管理水平具有重要的意义。具体表现在以下几个方面:

(1)会计账簿是系统地归纳和积累会计核算资料的工具。通过设置和登记账簿,可以对会计凭证中记录的经济业务进行序时、分类核算,从而提供经营管理与决策所需要的系统、完整的核算资料。

(2)会计账簿是编制会计报表的依据。通过设置和登记账簿,可以系统地记录企业在一定时期的资产、负债、所有者权益、收入、费用、利润等数据资料。对这些数据资料进行一定的加工整理就可编制会计报表。账簿记录是否正确直接影响到会计报表的质量。

(3)会计账簿是评价企业经营成果、分析经济活动情况的主要依据。通过设置和登记账簿,可以积累企业一定时期的资金来源及运用情况,提供资产、权益、费用、成本、收入和利润等资料。利用这些资料就能对经济活动情况进行分析、评价,以肯定成绩,找出不足,提出改进工作的具体措施,从而提高企业的经营管理水平和经济效益。

(4)会计账簿是保证财产物资安全完整的重要手段。通过设置和登记会计账簿可以了解单位的各项财产物资的增减变动情况。通过财产清查可以查明各项财产物资的实存数与账存数是否相符,从而有利于保证财产物资的安全和完整。

(5)会计账簿是重要的经济档案。会计档案包括会计凭证、会计账簿、财务会计报告和其他会计资料等会计核算专业材料,是记录和反映企业经济业务的重要史料和证据。因此会计账簿是经济档案的重要组成部分。

4.1.3 日记账的设置

会计账簿的形式多种多样,登记的内容、方法也各不相同。各企业根据经济业务的性质和经营管理的要求不同来决定。

会计账簿按其用途不同分为日记账、分类账(在项目4.2里学习)和备查账。下面首先介绍日记账。

日记账,也称序时账簿,是指按照经济业务发生的时间先后顺序,逐日逐笔登记经济业务的账簿。

在会计实践中,企业都应设置现金日记账和银行存款日记账,用来序时反映库存现金和银行存款的收入、支出和结存情况,从而加强对货币资金的监督和管理。现金日记账账页格式如表4.2所示,银行存款日记账账页格式如表4.3所示。

表4.2 现金日记账账页格式(三栏式)

年		凭证		摘　要	对方科目	借方	贷方	借或贷	余额
月	日	字	号						

表4.3 银行存款日记账账页格式(三栏式)

年		凭证		摘　要	结算方式	结算号	借方	贷方	借或贷	余额
月	日	字	号							

4.1.4 日记账的登记

1. 现金日记账的登记

现金日记账,是出纳人员根据记录了现金收款业务、现金付款业务和银行存款付款业务(专指从银行提取现金的业务)的凭证,按照经济业务发生的先后顺序,逐笔逐日进行登记的。具体登记方法如下。

(1)日期栏:是指记账凭证的日期,应与实际收付现金的日期一致。

(2)凭证栏:是指登记入账的收、付款凭证的种类和编号,如"现金收(付)款凭证"(简写为"现收"或"现付"),"银行存款付款凭证"(简写为"银付")。如果凭证采用通用的记账凭证格式,则可以写"记"。凭证栏还应登记凭证的编号数,以便查对。

(3)摘要栏:扼要说明经济业务的基本内容。

(4)对方科目:应写明与库存现金相对应的科目,以便了解业务的来龙去脉。

(5)借方(收入)、贷方(支出)栏:是指现金实际收付的金额。每日登账完后,应分别计算库存现金收入和支出合计数,并结出余额,同时与保管的库存现金进行核对,即通常所说的"日清"。如账实不符,应立即查明原因,并记录备案。月终计算库存现金收入、支出的合计数和余额,即通常所说的"月结"。

(6)借或贷栏:也叫余额识别栏,即结出余额后,要标明此余额的方向。不过库存现金不应该出现贷方余额。

项目3.2部分现金日记账如表4.4所示。

表4.4　现金日记账

2018年		凭证		摘　要	对方科目	借方	贷方	借或贷	余额
月	日	字	号						
5	01			期初余额				借	1 500
5	03	付	001	提取现金	银行存款	2 000		借	3 500
5	05	付	003	预借差旅费	其他应收款		2 000	借	1 500
5	07	收	003	退回余款	其他应收款	200		借	1 700
				(略)					

2.银行存款日记账的登记

银行存款日记账是由出纳人员根据记账凭证(如分"收、付、转"记账凭证,则根据银行存款收款凭证和银行存款付款凭证),按经济业务发生的先后顺序,逐日逐笔进行登记。

银行存款日记账的登记方法与现金日记账基本相同。但对结算方式和结算号应根据所附的银行结算凭证登记。银行存款日记账也应做到"日清月结",并定期与银行传来的对账单核对,保证账实相符。

项目3.2部分银行存款日记账如表4.5所示。

表4.5　银行存款日记账

2018年		凭证		摘　要	结算方式	结算号	借方	贷方	借或贷	余额
月	日	字	号							
5	01			期初余额					借	1 366 500.89
5	01	收	001	收到投资	转账支票		100 000		借	1 466 500.89
5	02	收	002	取得借款			50 000		借	1 516 500.89
5	03	付	001	提取现金	现金支票			2 000	借	1 514 500.89
5	04	付	002	采购材料	委托收款			37 120	借	1 477 380.89
				(略)						

4.1.5　会计账簿的登记规则

会计人员登记账簿除了要掌握登记方法以外,还要遵循一定的登记规则。具体要求如下。

(1)登记账簿必须用蓝黑色墨水钢笔书写,不许用铅笔或圆珠笔记账。这是因为,各种账簿归档保管时间一般都在一年以上,有些关系到重要经济资料的账簿,则要长期保管,因此要求账簿记录保持清晰、耐久,以便长期查核使用,防止涂改。

(2)登记会计账簿时,应当将会计凭证的日期、编号、业务内容摘要、金额和其他有关资料逐项记入账内。登记完毕后,记账人员要在记账凭证上签名或盖章,并注明已经登账的标记(如打V等),表示已经登记入账,以避免重记或漏记。

(3)各种账簿应按账户页次顺序连续登记,不得跳行、隔页。如果发生跳行、隔页现象,应在空行、空页处用红色墨水画对角线注销,注明"此页空白"或"此行空白"字样,并由记账人员签章。

(4)账簿中书写的文字或数字不能顶格书写,一般只应占格距的二分之一,以便留有改错的空间。

(5)记账除结账、改错、冲销记录外,不能用红色墨水。因为在会计工作中,红色数字表示对蓝色数字的冲销、冲减或表示负数。

(6)凡需要结出余额的账户,结出余额后,应当在"借或贷"栏内写明余额方向。没有余额的账户,应当在"借或贷"栏内写"平"字,并在余额栏内用"0"表示。

(7)对于登错的记录,不得刮擦、挖补、涂改或用药水消除字迹等手段更正错误,也不允许重抄。应采用正确的错账更正规则进行更正。

(8)各账户在一张账页登记完毕结转下页时,应当结出本页合计数和余额,写在本页最后一行和下页第一行有关栏内,并在本页最后一行的"摘要"栏内注明"转次页"字样,在下一页第一行的"摘要"栏内注明"承前页"字样。对"转次页"的本页合计数如何计算,一般分三种情况:

①需要结出本月发生额的账户,结计"转次页"的本页合计数应当为自本月初起至本页末止的发生额合计数,如采用"账结法"下的各损益类账户;

②需要结计本年累计发生额的账户,结计"转次页"的本页合计数应当为自年初起至本页末止的累计数,如"本年利润"账户和采用"表结法"下的各损益类账户;

③既不需要结计本月发生额也不需要结计本年累计发生额的账户,可以只将每页末的余额结转次页,如债权、债务结算类账户、"实收资本"等资本类账户和"原材料"等财产物资类账户。

项目4.2 总账和明细账平行登记

4.2.1 训练

1. 训练资料

同项目4.1训练资料。

2. 训练要求

根据项目3.2编制的收款凭证、付款凭证和转账凭证,登记各总分类账和原材料明细账、库存商品明细账、应收账款明细账、应付账款明细账、生产成本明细账、主营业务收入明细账、主营业务成本明细账。

4.2.2　总账和明细账设置

分类账簿是对全部经济业务进行分类登记的账簿。分类账簿按提供核算指标详略程度不同，分为总分类账簿和明细分类账簿两种。

总分类账簿，简称总账。总账是根据总分类科目开设的，用来分类登记全部经济业务，提供总括核算资料的分类账簿。

明细分类账簿，简称明细账。明细账是根据总分类科目设置，按所属明细科目开设的，用来登记某一类经济业务，提供详细具体核算资料的分类账簿。

在实际工作中，凡是需要使用的总分类科目一般都要开设总账，但不是所有的总账都要设置明细账进行明细分类核算，一般来说，是对于比较重要的财产物资的增减变化，如原材料、库存商品、固定资产等；对于比较重要的所有者权益变动以及债权、债务的结算情况，如实收资本、应收账款、应付账款等；对于收入、费用等账户，如主营业务收入、主营业务成本、管理费用等。

总账的账页格式通常选用三栏式，如表4.6所示。

而明细账的账页格式要依据登记的具体经济业务不同选用三栏式、数量金额式、多栏式和横线登记式。

三栏式明细账主要适用于只需要进行金额核算的明细账户，如应收账款、应付账款、短期借款、实收资本、应交税费等账户的明细分类账。如表4.7所示。

表4.6　总账的账页格式

账户名称：原材料

2018年		凭证		摘　要	借方	贷方	借或贷	余额
月	日	字	号					
5	01			期初余额			借	149 400
5	04	转	001	购入材料	32 000		借	181 400
				（略）				

表4.7　应收账款明细账

账户名称：中天天信公司

2018年		凭证		摘　要	借方	贷方	借或贷	余额
月	日	字	号					
5	04	转	002	销售产品款项暂欠	69 136		借	69 136
				（略）				

数量金额式明细账是在借方、贷方、余额三栏内分别设置数量、单价、金额三个小栏目。这种明细账适用于既需进行金额核算又需进行实物数量核算的明细账户，如原材料、库存商品等账户的明细分类账，如表4.8所示。

多栏式明细账是根据经济业务的特点和经营管理的实际需要在一张账页内按有关明

细科目分设若干专栏,用以集中反映某一总账账户所属明细分类账户的详细资料的账簿。该种明细账按记录的经济业务不同,又可以进一步分为借方多栏式、贷方多栏式和借方贷方多栏式三种。

借方多栏式明细账适用于借方需设置若干明细项目的成本、费用账户,如生产成本、制造费用、财务费用、管理费用、销售费用、主营业务成本等账户的明细账。其格式如表4.9所示。

表4.8 原材料明细分类账户

账户名称:蓝布　　　　计量单位:米

2018年		凭证		摘　要	收入			发出			结存		
月	日	字	号		数量	单价	金额	数量	单价	金额	数量	单价	金额
5	01			期初余额							3000	31.80	95 400
5	04	转	001	购入	1000	32	32 000				4000	31.85	127 400
				(略)									

表4.9 借方多栏式明细账

账户名称:制造费用　　　　第　　页

201×年		凭证		摘要	借方项目						贷方	余额
月	日	字	号		工资	水电费	办公费	修理费	折旧费	合计		
9	10			承前页		2000		720		2720		2720
9	12	转	31	分配工资	1700					1700		4420
9	13	转	32	办公用品			850			850		5270
9	20	转	70	计提折旧					3000	3000		8270
				(略)								

贷方多栏式明细账适用于贷方需设置若干明细项目的账户,如主营业务收入、其他业务收入、营业外收入等账户的明细账。其格式如表4.10所示。

表4.10 贷方多栏式明细账

账户名称:主营业务收入　　　　第　　页

201×年		凭证		摘要	借方	贷方项目					余额
月	日	字	号			A产品	B产品	C产品		合计	
9	01	银收	3	销售A产品		40 000				40 000	40 000
9	08	银收	13	销售B产品			75 000			75 000	115 000
9	14	转	28	销售C产品				50 000		50 000	165 000
				(略)							

借方贷方多栏式明细账适用于借方、贷方都需要设置若干明细项目的账户，如本年利润、利润分配等账户的明细账。其格式如表4.11所示。

横线登记式明细账是将前后密切相关的经济业务在同一行内进行详细登记，以检查每笔经济业务发生完成情况的账簿。这种明细账一般适用于在途物资、其他应收款等账户的明细分类核算。其格式如表4.12所示。

表4.11　借方贷方多栏式明细账

账户名称：本年利润　　　　第　页

年		凭证		摘要	借方项目						贷方项目						余额
月	日	字	号							合计						合计	

表4.12　横线登记式明细账

账户名称：A材料　　　　在途物资明细账　　　　第　页

借　方						贷　方						转销号
201×年		凭证		摘要	金额	201×年		凭证		摘要	金额	
月	日	字	号			月	日	字	号			
9	01	银付	03	购入A材料	48 000	9	08	转	25	验收入库	48 000	
9	15	银付	10	购入A材料	36 800	9	23	转	45	验收入库	36 800	
				（略）								

4.2.3　总账和明细账的登记

1. 总账的登记方法

总账的登记方法是由单位所采用的账务处理程序所决定的。在不同的账务处理程序下，总账的登记依据和方法也有所不同。总分类账可以依据记账凭证、汇总记账凭证、科目汇总表、多栏式现金日记账、多栏式银行存款日记账、通用日记账等进行登记。具体的登记方法将在“模块7　账务处理程序”中详细介绍。为了让大家更清楚地了解总账和明细账的平行登记，这里先采用依据记账凭证登记总账的方法。

2. 明细账的登记方法

各种明细账的登记方法应根据经济业务的特点和单位经营管理的具体要求来确定。一般可以直接依据记账凭证、原始凭证或原始凭证汇总表逐笔逐日登记。具体来讲，大致分为以下几种情况：

（1）记账凭证记载单项经济业务的，可依据记账凭证登记；

（2）记账凭证记载多项经济业务的，应按照各明细账户登记的要求，依据记账凭证和所附原始凭证登记。

各种财产明细账，如原材料、固定资产、库存商品等明细账必须根据原始凭证登记。

3. 总账和明细账的平行登记

所谓平行登记,就是对发生的每项经济业务,一方面要在总分类账户中进行总括的登记,另一方面还要在其所属的明细分类账户中进行详细的登记。平行登记的要点如下。

1)同依据登记

总分类账户和明细分类账户反映的是同一项经济业务,一般要依据相同的会计凭证来进行登记。不能根据对应账户记录进行转记,以便总分类账户和明细分类账户之间能够相互核对。

2)同期间登记

对于发生的经济业务,要在同一个会计期间内,一方面在有关的总分类账户中进行总括的登记,另一方面要在其所属的明细分类账户中进行详细的登记。如果同时涉及多个明细分类账户的,则应分别在有关的几个明细分类账户中进行登记。

3)同方向登记

对于发生的经济业务,在总分类账户和所属的明细分类账户进行登记时,其记账方向必须相同,即如果在有关总分类账户中登记在借方,则在其所属的明细分类账户中也应该登记在借方;如果在有关总分类账户中登记在贷方,则在其所属的明细分类账户中也应该登记在贷方。

4)同金额登记

对于发生的经济业务,记入有关总分类账户中的金额与记入其所属明细分类账户中的金额必须相等。如果一个总分类账户需要设置多个明细分类账户的,则记入总分类账户的金额与记入其所属的几个明细分类账户的金额之和应当相等。如原材料总账和明细账平行登记结果如表 4.13、表 4.14、表 4.15 所示。

表 4.13　总分类账

账户名称:原材料

2018 年		凭证		摘　要	借方	贷方	借或贷	余额
月	日	字	号					
5	01			期初余额			借	149 400
5	04	转	001	购入材料	32 000		借	181 400
				(略)				

表 4.14　原材料明细分类账户

账户名称:蓝布　　　　计量单位:米

2018 年		凭证		摘　要	收入			发出			结存		
月	日	字	号		数量	单价	金额	数量	单价	金额	数量	单价	金额
5	01			期初余额							3000	31.80	95 400
5	04	转	001	购入	1000	32.00	32 000				4000	31.85	127 400
				(略)									

表4.15　原材料明细分类账户

账户名称:青布　　　　　　　　　　　　　　　　　　　　　　　　　　　　计量单位:米

2018年		凭证		摘　要	收入			发出			结存		
月	日	字	号		数量	单价	金额	数量	单价	金额	数量	单价	金额
5	01			期初余额							1800	30.00	54 000
				(略)									

4.2.4　总账和明细账的关系

在会计核算中,为了满足企业经营管理和各方面对会计信息的不同需要,对于发生的经济业务,不仅要通过总分类账户提供总括的核算资料,而且要通过明细分类账户提供详细的核算资料。总分类账户与其所属的明细分类账户之间必然存在密切的关系。两者的关系是:总分类账户与其所属的明细分类账户记录相同的经济业务内容,提供相互补充的核算资料;总分类账户提供总括、基本的核算资料,明细分类账户提供详细、具体的核算资料;总分类账户是所属明细分类账户的总括,对所属明细分类账户起着统驭和控制作用,总分类账户也称统驭账户,而明细分类账户是总分类账户的明细记录,对总分类账户起着辅助和补充作用,明细分类账户也称从属账户。所以总分类账户和其所属的明细分类账户结合起来就能既概括又详细地反映同一项经济业务的核算内容。

采用平行登记的方法对总分类账和明细分类账户进行登记,使总分类账户的记录和相关的明细分类账户的记录保持一致。总分类账户和明细分类账户平行登记所产生的数量关系可用等式表示为

总分类账户期初借方(或贷方)余额=所属明细账分类账户期初借方(或贷方)余额之和

总分类账户本期借方(或贷方)发生额=所属明细账分类账户本期借方(或贷方)发生额之和

总分类账户期末借方(或贷方)余额=所属明细账分类账户期末借方(或贷方)余额之和

上述结果,使总分类账户与其所属的明细分类账户之间形成相互核对的关系。在会计核算中,可以利用这种相等的关系来检查总分类账户和明细分类账户的正确性和完整性。

4.2.5　会计账簿的设置原则和基本内容

1.会计账簿的设置原则

各单位应当按照国家统一制度的规定和会计业务的需要设置必要的会计账簿。会计账簿包括总账、明细账、日记账和其他辅助账簿。设置会计账簿一般应遵循以下三项原则:

(1)保证全面、系统地核算和监督单位的各项经济业务,为经营管理和编制财务报告提供系统、完整的会计核算资料;

(2)在满足单位实际需要的前提下,应尽量考虑节约人力、物力,避免重复设账;

(3)会计账簿的格式设计要从实际出发,力求简明、实用。

2. 会计账簿的基本内容

各种账簿记录的经济业务内容不同,账簿格式多种多样,但会计账簿一般应具备以下基本内容。

1)封面

封面应写明账簿的名称,如现金日记账、银行存款日记账、总分类账、库存商品明细账、应收账款明细账等。

2)扉页

扉页填明“账簿启用表”和“账户目录”,格式分别如表4.17、表4.18所示。

3)账页

账页是账簿的主要内容。账页格式因其反映的内容不同而有所不同,但一般应包括以下基本内容:

(1)账户名称(总账科目、二级科目或明细科目);

(2)日期栏;

(3)凭证种类和号数栏;

(4)摘要栏(记录对经济业务的简要说明);

(5)金额栏及余额识别栏;

(6)总页次和分户页次。

表4.17 账簿启用表的格式

<table>
<tr><td colspan="2">单位名称</td><td colspan="6"></td><td colspan="3">单位公章</td></tr>
<tr><td colspan="2">账簿名称</td><td colspan="6"></td><td colspan="3" rowspan="4"></td></tr>
<tr><td colspan="2">账簿编号</td><td colspan="6">字第　号第　册共　册</td></tr>
<tr><td colspan="2">账簿页数</td><td colspan="6">本账簿共计　　页</td></tr>
<tr><td colspan="2">启用日期</td><td colspan="6">年　　月　　日</td></tr>
<tr><td colspan="2">经管人员</td><td colspan="3">接管</td><td colspan="3">移交</td><td colspan="2">会计负责人</td><td>印花税票粘贴处</td></tr>
<tr><td>姓名</td><td>盖章</td><td>年</td><td>月</td><td>日</td><td>年</td><td>月</td><td>日</td><td>姓名</td><td>盖章</td><td rowspan="5"></td></tr>
<tr><td></td><td></td><td></td><td></td><td></td><td></td><td></td><td></td><td></td><td></td></tr>
<tr><td></td><td></td><td></td><td></td><td></td><td></td><td></td><td></td><td></td><td></td></tr>
<tr><td></td><td></td><td></td><td></td><td></td><td></td><td></td><td></td><td></td><td></td></tr>
<tr><td></td><td></td><td></td><td></td><td></td><td></td><td></td><td></td><td></td><td></td></tr>
</table>

表4.18 账户目录的格式

顺序	编号	名称	页号	顺序	编号	名称	页号	顺序	编号	名称	页号

4.2.6 会计账簿的外表形式

会计账簿从外表形式来看,有订本式账簿、活页式账簿和卡片式账簿。

1. 订本式账簿

订本式账簿,简称订本账,它是指将所有顺序编号的若干张账页固定装订成册的账簿。其优点是可以防止账页散失和账页被抽换。缺点是由于订本式账簿账页固定,不能增减,所以必须为每个账户预留空白账页,如果预留账页不够则会影响账户的连续登记,而预留账页过多则造成浪费;同时订本账在同一时间只能由一人登记,不便于分工记账。这种账簿一般适用于重要的具有统驭性的账簿,如总分类账、现金日记账、银行存款日记账等。

2. 活页式账簿

活页式账簿,简称活页账,是指将一定数量的账页装在活页夹内的账簿。其优点是可以根据经济业务的实际需要随时增加或减少账页,使用灵活,便于分工记账和提高工作效率。缺点是容易造成账页散失或被抽换。为克服这一弊端,在使用活页账时,须将空白账页连续编号并由记账人员或会计主管人员签章。年度终了,应将其装订成册,便于保管。这种账簿一般适用于各种明细分类账。

3. 卡片式账簿

卡片式账簿,简称卡片账,是指用硬质纸张制成账页,存放在卡片箱或卡片夹内的账簿。其优缺点与活页账基本相同。这种账簿一般适用于财产明细账,如固定资产卡片账等。

4.2.7 账簿的启用规则

会计账簿是贮存数据资料的重要会计档案。为保证账簿记录的真实、正确、完整,明确登账责任,在启用账簿时,应在账簿封面上填明单位名称和账簿名称。在账簿启用表中具体载明:单位名称、账簿名称、账簿编号、账簿页数、启用日期、记账人员和会计机构负责人、会计主管人员姓名,并加盖单位公章及会计主管和记账人员私章。

记账人员调动工作时,应办理交接手续,在账簿启用表的交接记录栏内,注明交接日期、交接人员姓名,并由交接双方人员签名或者盖章。

订本式账簿在启用前应从第一页到最后一页顺序编定页码,不得跳页、缺号。活页式账簿所用账页,应按账户顺序编号,并定期装订成册;装订后再按实际使用的账页顺序编写号码及目录,载明每个账户的名称及其页次。

4.2.8 备查账

备查账簿,又称辅助账,是对某些未能在日记账簿和分类账簿中记录的事项或记载不全的经济业务进行补充登记的账簿,如“租入固定资产登记簿”、“受托加工材料登记簿”、“代销商品登记簿”、“递延税款备查登记簿”等。备查账簿应根据核算工作的实际需要来设置。利用备查账簿,可以为某些经济业务提供必要的参考资料。备查账簿一般没有固定的格式,各单位可根据实际工作的需要来设计。

项目4.3 对账与结账

4.3.1 训练

1. 训练资料

项目4.1、项目4.2所登记的各种账簿。

2. 训练要求

(1)检查登记的账簿记录是否正确。

①检查根据原始凭证填制记账凭证是否正确。

②检查根据记账凭证登记账簿是否正确。(提示:利用平衡关系进行检查,如总账中全部账户的本期借方发生额合计数与贷方发生额合计数相等;总账中全部账户的期末借方余额合计与期末贷方余额合计相等;库存现金和银行存款总账的期末余额分别与现金日记账和银行存款日记账的期末余额相等;总账的期末余额与所属的各明细账的期末余额之和相等;等等。)

(2)在保证账簿记录正确无误的基础上进行结账。

4.3.2 对账

在会计工作中由于人为原因或自然原因难免会发生记账差错或账实不符情况。如因登账时金额抄错、方向写错、多记、少记、重记、漏记导致账簿发生额和余额不符,因保管不善使财产物资损失导致实存与账簿记录不符等。为了保证账簿记录的正确无误,如实反映企业的经济活动情况,有必要对账簿记录进行核对。之所以可以采取对账的方法来检查账簿记录是否正确,这要归功于复式记账原理,归功于会计核算方法,使得账簿数字之间存在很多平衡关系,对账工作正是利用这些平衡关系来进行的。

1. 对账的意义

对账是指通过核对账簿记录,用来检查账簿记录是否正确的一项工作。各企业应当定期将账簿记录、账簿记录与库存实物、货币资金、往来单位或者个人等进行核对,保证账证相符、账账相符、账实相符。

2. 对账的内容

对账工作的主要内容包括账证核对、账账核对、账实核对。

1)账证核对

账证核对是指将会计账簿记录与记账凭证及其所附原始凭证进行核对,核对时间、凭证字号、内容、金额等是否一致,记账方向是否相符。这种核对主要是在日常编制凭证和记账过程中通过复核来进行的。会计期末结账之前如发现账账不符时,还需要再次进行账证核对,确保账证相符。

2)账账核对

账账核对是指各种会计账簿之间的有关数字的核对,主要内容包括以下几方面。

(1)总分类账户中全部账户的本期借方发生额合计数与贷方发生额合计数核对相符,全部账户的期末借方余额合计与期末贷方余额合计核对相符。

(2)库存现金和银行存款总账的期末余额分别与库存现金和银行存款日记账的期末

余额核对相符。

(3)总分类账户的期末余额与所属的各明细分类账的期末余额之和核对相符。

(4)会计部门的各种财产物资明细分类账的期末余额与财产物资保管和使用部门的有关财产物资明细分类账的期末余额核对相符。

3)账实核对

账实核对是指各种财产物资的账面余额与其实存数额进行核对。主要内容包括以下几方面。

(1)现金日记账账面余额与库存现金实际库存数相互核对。

(2)银行存款日记账账面余额定期与银行对账单相互核对。

(3)各种财产物资明细账账面余额与财产物资实存数额相互核对。

(4)各种应收、应付款明细账账面余额与有关债务、债权单位或者个人核对。

账实核对要通过财产清查的方法来配合进行,财产清查方法将在“模块5 财产清查”中阐述。

4.3.3 结账

每个单位的经济活动是连续不断进行的,为了总结每个时期的经济活动情况,考核经营成果,编制会计报表,需要在会计期末(如月末、季末、半年末、年末)进行结账。

1. 结账的意义

结账是指在将本期所发生的经济业务全部登记入账的基础上,结算出各账户的本期发生额合计和期末余额,并将余额结转下期或转入新账。

通过结账结束本期记账工作,通过结账提供完整的会计账簿,因此结账前必须完成各科目的摊提结转工作,本期编制的记账凭证必须保证全部已登账。不能为赶编会计报表提前结账,也不能先编报表后结账。

2. 结账的方法

结账可以分为月结、季结和年结。结账的具体方法如下。

1)月结

月度结账,应在各账户本月末最后一笔业务发生额下面划一通栏红线,在红线下行结算出本月发生额合计数和月末余额,并在摘要栏内注明“某月发生额及余额”或“本月合计”字样,然后在合计数下面再划一条通栏红线。对于需要结出本年累计发生额的账簿,应在“本月合计”行下结出自年初起至本月末止的累计发生额。在摘要栏内注明“本年累计发生额”或“本年累计”字样,并在下面划一条通栏红线,12月末的“本年累计”就是全年累计发生额,全年累计发生额下划通栏双红线。

2)季结

季末,结算出本季度三个月的发生额合计数,写在本季最后一个月的月结数的下一行内,在摘要栏内注明“本季合计”字样,并在季结下面划一条通栏红线。

3)年结

年度结账,应在12月份月结下面(有季结的,应在第四季度的季结下面)划一条通栏红线,在红线下一行结算出全年12个月的发生额合计数和年末余额,并在摘要栏内注明“本年合计”字样,并在合计数下面划通栏双红线,表示封账。

年度终了结账时,有余额的账户,要将其余额结转至下年,因为一个年度终了不管一本账的账页是否用完都要开新账。

结账的操作方法如表4.19所示。

表4.19 总分类账

账户名称:库存现金

201×年		凭证		摘要	借方	贷方	余额识别	余额
月	日	字	号					
12	01			期初余额			借	1 500
12	03	记	003	提取现金	2 000		借	3 500
12	05	记	006	预借差旅费		2 000	借	1 500
12	07	记	008	退回余款	200		借	1 700
				略				
	31			本月合计	2 200	2 000	借	1 700
12	31			本季合计	2 960	3 000	借	1 700
12	31			本年合计	8 870	8 910	借	1 700

单红线 双红线

4.3.4 账簿的更换与保管

1.账簿的更换

为了保证账簿资料的连续性,在年度内订本式账簿记满时,应将旧账的借贷方发生额和余额转入新账有关栏次,在旧账摘要栏内注明“转入××账簿第×册”,同时在新账的第一页第一行内注明“从××账簿第×册转来”,便于日后查考。

在年终办理决算后,总分类账、日记账和大部分明细分类账均应更换账簿。只有变动较小的一小部分明细账,如固定资产明细卡片可继续使用,不必办理新年更换账簿手续。各种账簿在年度终了结账时,应在旧账账户最后一行数额下面注明“结转下年”,在新账有关账户第一行摘要栏内注明“上年结转”字样,并在余额栏登记上年结转的余额。新旧账有关账户之间的转记余额,无须编制记账凭证,但应核对相符。

2.账簿的保管

会计账簿是重要的会计资料,并且有些是需要保密的,因此,必须建立严格的账簿保管制度,妥善保管会计账簿。对会计账簿的管理包括以下几方面的内容。

(1)各种会计账簿要分工明确,指定专人管理。账簿经管人员既要负责记账、对账、结账等工作,又要负责保管会计账簿,使其安全、完整。

(2)会计账簿未经领导和会计机构负责人或者有关人员批准,非经管人员不得随意翻阅查看、摘抄和复制等。

(3)会计账簿除需要与外单位核对时,一般不得携带外出。对需要携带外出的账簿,通常由经管人员负责或会计主管人员指定专人负责。

(4)会计账簿不得随意交给其他人员管理,以保证账簿的安全,防止任意涂改、毁坏账簿等行为的发生。

(5)会计账簿的保管期限规定如下:

总账(包括日记总账):15 年;

明细账:15 年;

日记账:15 年(现金及银行存款日记账 25 年);

固定资产卡片在固定资产报废清理后:5 年;

辅助账簿(备查账):15 年。

(6)会计账簿保管期满,可以按照下列程序销毁。

①由本单位档案机构会同会计机构提出销毁意见,编制账簿档案销毁清册,列明销毁档案的名称、卷号、册数、起止年度和档案编号、应保管期限、已保管期限、销毁时间等内容。

②单位负责人在会计账簿销毁清册上签署意见。

③销毁会计账簿时,应当由档案机构和会计机构共同派员监销。国家机关销毁会计账簿时,应当由同级财政部门、审计部门派员参加监销。财政部门销毁会计账簿时应当由同级审计部门派员参加监销。

④监销人员在销毁会计账簿前应当按照会计账簿销毁清册所列内容清点核对所销毁的会计账簿;销毁后,应当在会计账簿销毁册上签名盖章,并将监销情况报告本单位负责人。

项目4.4 试算平衡表的编制

4.4.1 训练

1. 训练资料

项目 4.1、项目 4.2 所登记的总分类账。

2. 训练要求

根据所登记的总分类账编制总分类账户本期发生额及余额试算平衡表。

4.4.2 试算平衡的意义

试算平衡就是把一定会计期间内已汇总登账的凭证根据会计等式的平衡关系,按照记账规则的要求,通过编制试算平衡表,以检查各类账户记录是否正确、完整的验证方法。

在借贷记账法下,试算平衡公式有

全部账户本期借方发生额合计数 = 全部账户本期贷方发生额合计数

全部账户期初借方余额合计数 = 全部账户期初贷方余额合计数

全部账户期末借方余额合计数 = 全部账户期末贷方余额合计数

4.4.3 试算平衡的种类

根据试算平衡公式,试算平衡可以分为两种:发生额试算平衡法和余额试算平衡法。在实际工作中,可以编制在一张表上。如表 4.20 所示。

表 4.20 总分类账户试算平衡表

账户名称	期初余额		本期发生额		期末余额	
	借方	贷方	借方	贷方	借方	贷方
合计						

4.4.4 试算平衡的作用

试算平衡是通过借贷金额是否平衡来检查账户的记录是否正确。如果借贷不平衡，就可以肯定账户记录或计算有错,应查找原因并予以更正。当然,如果试算平衡,并不能完全肯定记账就没有错误,因为有些记账错误并不影响借贷双方的平衡。例如重记经济业务导致借贷双方都有记录或者漏记导致借贷双方都没有记录等错误就不能通过账户的平衡关系来检查。因此,为了保证账簿记录正确无误,还需要一些其他的方法来进行控制。

4.4.5 试算平衡表的编制

(1)湘诚服装有限责任公司 201×年 11 月份末账户余额如下：

账户名称	方向	金额	账户名称	方向	金额
库存现金	借	1 500	累计折旧	贷	450 000
银行存款	借	1 366 500.89	短期借款	贷	150 000
应收账款 ——宏伟公司 ——青云公司	借	67 800 27 800 40 000	应付账款 ——江山公司 ——兴旺公司	贷	56 000 45 000 11 000
应收票据	借	20 000	应付职工薪酬 ——工资	贷	63 560 63 560
其他应收款 ——王明	借	5 000 5 000	其他应付款 ——包装物押金	贷	5 000 5 000
在途物资 ——青布	借	60 000 60 000	应交税费 ——应交所得税 ——应交增值税 (末交增值税)	贷	36 675.89 10 600 26 075.89
原材料 ——蓝布 ——青布	借	149 400 95 400 54 000	应付股利	贷	68 440
生产成本	借	75 000	长期借款	贷	120 000
库存商品 ——西装	借	57 000 57 000	实收资本	贷	2 000 000
固定资产	借	1 856 000	资本公积	贷	122 500
无形资产	借	24 000	本年利润	贷	518 800
			利润分配 ——未分配利润	贷	91 225 91 225

(2)湘诚服装有限责任公司201×年12月份发生的经济业务记账凭证如下：

201×年		凭证		摘要	一级科目	明细科目	借方金额	贷方金额
月	日	字	号					
12	01	记	001	收到投资	银行存款		100 000	
					实收资本	红山公司		100 000
12	02	记	002	取得借款	银行存款		50 000	
					短期借款			50 000
12	03	记	003	提取现金	库存现金		2 000	
					银行存款			2 000
12	04	记	004	采购材料	在途物资	蓝布	32 000	
					应交税费	应交增值税(进)	5 440	
					银行存款			37 440
12	04	记	005	材料验收入库	原材料	蓝布	32 000	
					在途物资	蓝布		32 000
12	05	记	006	预借差旅费	其他应收款	张烨	2 000	
					库存现金			2 000
12	06	记	007	销售商品	应收账款	长沙中天天信公司	69 732	
					主营业务收入	西装		59 600
					应交税费	应交增值税(销)		10 132
12	07	记	008	报销差旅费	管理费用		4 800	
					库存现金		200	
					其他应收款	王明		5 000
12	08	记	009	采购材料	在途物资	青布	60 000	
					应交税费	应交增值税(进)	10 200	
					银行存款			70 200
12	08	记	010	支付材料运费	在途物资	青布	200	
					库存现金			200
12	08	记	011	原材料验收入库	原材料	青布	60 200	
					在途物资	青布		60 200
12	09	记	012	收回欠款	银行存款		69 732	
					应收账款	长沙中天天信公司		69 732
12	10	记	013	生产产品领用材料	生产成本	西装	46 000	
					原材料	蓝布		16 000
						青布		30 000
12	11	记	014	提取现金	库存现金	青布	63 560	
					银行存款			63 560
12	11	记	015	发放工资	应付职工薪酬		63 560	
					库存现金			63 560

续表

201×年		凭证		摘要	一级科目	明细科目	借方金额	贷方金额
月	日	字	号					
12	12	记	016	上交税款	应交税费	应交所得税	10 600	
						应交增值税(已交)	26 075.89	
					银行存款			36 675.89
12	13	记	017	支付广告费	销售费用	广告费	2 500	
					银行存款			2 500
12	14	记	018	销售产品	银行存款		80 000	
					应收账款	郴州通讯公司	18 280	
					主营业务收入	西装		84 000
					应交税费	应交增值税(销)		14 280
12	26	记	019	支付水电费	管理费用		810	
					制造费用	布料车间(水电费)	1 200	
						成衣车间(水电费)	4 400	
					银行存款			6 410
12	31	记	020	计算分配本月工资费用	生产成本	西装	54 320	
					制造费用	布料车间(工资)	4 000	
						成衣车间(工资)	6 000	
					管理费用		20 000	
					应付职工薪酬	工资		84 320
12	31	记	021	分配制造费用	生产成本	西装	15 600	
					制造费用	布料车间		5 200
					成衣车间			10 400
12	31	记	022	产品完工验收入库	库存商品	西装	160 000	
					生产成本	西装		160 000
12	31	记	023	结转已销商品成本	主营业务成本	西装	83 480	
					库存商品	西装		83 480
12	31	记	024	将本期收入转入本年利润	主营业务收入	西装	143 600	
					本年利润			143 600
12	31	记	025	将本期成本费用转入本年利润	本年利润		111 590	
					主营业务成本			83 480
					管理费用			25 610
					销售费用			2 500
12	31	记	026	计算本年所得税费用	所得税费用		132 194.4	
					应交税费	应交所得税		132 194.4
12	31	记	027	将所得税费用转入本年利润	本年利润		132 194.4	
					所得税费用			132 194.4

续表

201×年		凭证		摘要	一级科目	明细科目	借方金额	贷方金额
月	日	字	号					
12	31	记	028	结转本年利润	本年利润		418 615.6	
					利润分配	未分配利润		418 615.6
12	31	记	029	提取法定盈余公积金	利润分配	提取法定盈余公积	41 861.56	
					盈余公积	法定盈余公积金		41 861.56
12	31	记	030	向投资分配股利	利润分配	分配股利	400 000	
					应付股利			400 000

(3)登记总分类账如下(用"T"型账户):

库存现金

期初余额：　1 500	
本期借方发生额：	本期贷方发生额：
(003)2 000	(006)2 000
(008)200	(010)200
(014)63 560	(015)63 560
期末余额：　1 500	

银行存款

期初余额：　1 366 500.89	
本期借方发生额：	本期贷方发生额：
(001)100 000	(003)2 000
(002)50 000	(004)37 440
(012)69 732	(009)70 200
(018)80 000	(014)63 560
	(016)36 675.89
	(017)2500
	(019)6410
期末余额：　1 447 447	

应收票据

期初余额：　20 000	
本期借方发生额：	本期贷方发生额：
0	0
期末余额：　20 000	

在途物资

期初余额：　60 000	
本期借方发生额：	本期贷方发生额：
(004)32 000	(005)32 000
(009)60 000	(011)60 200
(010)200	
期末余额：　60 000	

原材料

期初余额：　149 400	
本期借方发生额：	本期贷方发生额：
(005)32 000	(013)46 000
(011)60 200	
期末余额：　195 600	

生产成本

期初余额：　75 000	
本期借方发生额：	本期贷方发生额：
(013)46 000	(022)160 000
(020)54 320	
(021)15 600	
期末余额：　30 920	

库存商品

期初余额： 57 000 本期借方发生额： (023)160 000	本期贷方发生额： (023)83 480
期末余额： 133 520	

固定资产

期初余额:1 856 000 本期借方发生额： 0	本期贷方发生额： 0
期末余额： 1 856 000	

无形资产

期初余额： 24 000 本期借方发生额： 0	本期贷方发生额： 0
期末余额： 24 000	

累计折旧

本期借方发生额： 0	期初余额:450 000 本期贷方发生额： 0
	期末余额:450 000

长期借款

本期借方发生额： 0	期初余额： 120 000 本期贷方发生额： 0
	期末余额： 120 000

实收资本

本期借方发生额：	期初余额:2 000 000 本期贷方发生额： (001)100 000
	期末余额:2 100 000

短期借款

本期借方发生额：	期初余额： 150 000 本期贷方发生额： (002)50 000
	期末余额： 200 000

应付账款

本期借方发生额： 0	期初余额:56 000 本期贷方发生额： 0
	期末余额:56 000

应付职工薪酬

本期借方发生额： (015)63 560	期初余额： 63 560 本期贷方发生额： (020)84 320
	期末余额： 84 320

其他应付款

本期借方发生额： 0	期初余额： 5 000 本期贷方发生额： 0
	期末余额:5 000

应交税费

	期初余额：　36 675.89
本期借方发生额： (004)5 440 (009)10 200 (016)36 675.89	本期贷方发生额： (007)10 132 (018)14 280 (026)132 194.4
	期末余额:140 966.4

应付股利

本期借方发生额： 0	期初余额:68 440 本期贷方发生额： (030)400 000
	期末余额:468 440

资本公积

本期借方发生额： 0	期初余额：　122 500 本期贷方发生额： 0
	期末余额：　122 500

本年利润

本期借方发生额： (025)111 590 (027)132 194.4 (028)418 615.6	期初余额:518 800 本期贷方发生额： (024)143 600
	期末余额:0

长期借款

本期借方发生额： 0	期初余额：　120 000 本期贷方发生额： 0
	期末余额：　120 000

实收资本

本期借方发生额：	期初余额:2 000 000 本期贷方发生额： (001)100 000
	期末余额:2 100 000

利润分配

本期借方发生额： (029)41 861.56 (030)400 000	期初余额:91 225 本期贷方发生额： (028)418 615.6
	期末余额:67 979.04

管理费用

期初余额：　0 本期借方发生额： (008)48 00 (019)810 (020)20 000	本期贷方发生额： (025)25 610
期末余额:0	

主营业务收入

本期借方发生额： (024)143 600	期初余额：　0 本期贷方发生额： (007)59 600 (018)84 000
	期末余额：　0

销售费用

期初余额：　0 本期借方发生额： (017)2 500	本期贷方发生额： (025)2 500
期末余额：　0	

主营业务成本

借方	贷方
期初余额： 0 本期借方发生额： (027)83480	本期贷方发生额： (025)83 480
期末余额： 0	

所得税费用

借方	贷方
期初余额： 0 本期借方发生额： (026)132 194.4	本期贷方发生额： (027)132 194.4
期末余额： 0	

盈余公积

借方	贷方
本期借方发生额： 0	期初余额： 0 本期贷方发生额： (029)41 861.56
	期末余额:41861.56

制造费用

借方	贷方
期初余额： 0 本期借方发生额： (019)5 600 (020)10 000	本期贷方发生额： (021)15 600
期末余额： 0	

(4)编制试算平衡表如下：

账户	期初余额		木期发生额		期末余额	
	借方	贷方	借方	贷方	借方	贷方
库存现金	1 500		65 760	65 760	1 500	
银行存款	1 366 500.89		299 732	218 785.89	1 447 447	
应收账款	67 800		88 012	69 732	86 080	
应收票据	20 000		0	0	20 000	
其他应收款	5 000		2 000	5 000	2 000	
在途物资	60 000		92 200	92 200	60 000	
原材料	149 400		92 200	46 000	195 600	
生产成本	75 000		115 920	160 000	30920	
库存商品	57 000		160 000	83 480	133 520	
固定资产	1 856 000		0	0	1 856 000	
累计折旧		450 000	0	0		450 000
无形资产	24 000		0	0	24 000	
短期借款		150 000	0	50 000		200 000
应付账款		56 000	0	0		56 000
应付职工薪酬		63 560	63 560	84 320		84 320
其他应付款		5 000	0	0		5 000
应交税费		36 675.89	52 315.89	156 606.4		140 966.4
应付股利		68 440	0	400 000		468 440
长期借款		120 000	0	0		120 000

续表

账户	期初余额		本期发生额		期末余额	
	借方	贷方	借方	贷方	借方	贷方
实收资本		2 000 000	0	100 000		2 100 000
资本公积		122 500	0	0		122 500
盈余公积			0	41 861.56		41 861.56
本年利润		518 800	662 400	143 600		
利润分配		91 225	441 861.56	418 615.6		67 979.04
制造费用			15 600	15 600		
主营业务收入			143 600	143 600		
主营业务成本			83 480	83 480		
管理费用			25 610	25 610		
销售费用			2 500	2 500		
所得税费用			132 194.4	132 194.4		
合计	3 682 200.89	3 682 200.89	2 538 945.85	2 538 945.85	3 857 067	3 857 067

项目4.5　错账的查找与更正

4.5.1　训练一

1. 训练资料

项目4.1、项目4.2、项目4.3、项目4.4所有资料。

2. 训练要求

查找错账。

4.5.2　训练二

1. 训练资料

账簿登记后，结账时，通过试算，假设查出以下错账。

【业务4.5.1】12月5日企业开出现金支票5 836元，用以支付以前欠甲公司货款。

借：应付账款——甲公司　　5 836

　贷：银行存款　　5 836

并据以登记入账，“应付账款——甲公司”明细账上的金额为5 836元，银行存款日记账上的金额为5 386元。

【业务4.5.2】10月30日，企业计提应由本月负担的银行借款利息1 000元。

填制记账凭证时，作如下记录，并据以登记入账。

借：管理费用　　1 000

　贷：应付利息　　1 000

【业务4.5.3】12月30日企业收到A公司偿还的货款70 200元，存入存款账户。

填制凭证时,作如下记录,并据以登记入账。

借:银行存款　　72 000

　贷:应收账款——A公司　　72 000

【业务4.5.4】12月8日企业开出一张转账支票,支付上月欠甲公司的货款86 000元。

填制记账凭证时,作如下记录,并已登记入账。

借:应付账款——甲公司　　68 000

　贷:银行存款　　68 000

2. 训练要求

指出以上错账类型。

4.5.3 错账的查找

错账,往往是记账和结算账户时发生的错误,如漏记账、记重账、记反账、记账串户、记错金额等等。为了迅速地更正错账,首先必须采用比较合理的方法和技巧查找错账。

结账时,如果试算不平衡,就可以肯定记账发生了错误,应迅速查找,不得拖延,更不允许伪造平衡,造成错上加错。查找错账可以通过下列方法进行。

1. 逆查法

逆查法是沿着"试算→结账→过账→制证"的逆账务处理程序,从尾到头进行的普遍检查。其步骤如下。

(1)检查试算平衡表本身。复核试算平衡表内各栏金额合计数是否平衡;检查表内各账户的期初余额加减本期发生额是否等于期末余额;核对表内该账户的各栏是否抄错。

(2)检查各账户的发生额及余额的计算是否正确。

(3)将记账凭证、原始凭证与账簿记录逐笔核对,检查记账有无错误。

(4)检查记账凭证的填制是否正确。

2. 顺查法

顺查法是沿着"制证→过账→结账→试算"的顺账务处理程序,从头到尾进行的普遍检查,其检查步骤如下。

(1)将记账凭证与原始凭证核对,检查有无制证错误。

(2)将记账凭证及所有原始凭证与账簿记录逐笔勾对,检查有无记账错误。

(3)结算各账户的发生额及期末余额,检查有无计算错误。

(4)检查试算平衡表上有无抄写和计算错误。

3. 重点抽查法

重点抽查法是在已初步掌握情况的基础上,有重点地抽取账簿记录中某些部分进行局部检查的方法。例如,两个数据核对时,只是元位不同,其余数位都相同,则只找元、角、分位数,其他数字则不必逐一检查。采用这种检查方法的目的是缩小查找范围,比较省力有效。

4. 偶合法

偶合法是根据账簿记录错误中最常见的规律,推测错账的类型与错账有关的记录进行查账的方法。常用的方法有以下几种。

1)差额检查法

差额检查法是直接从账账之间的差额数字来查找错误的方法。例如,库存现金日记账余额为32 600元,库存现金总账的余额为32 000元,相差600元。可直接根据账面记录数来查找。如果是一方漏登的话,则看有没有一笔或二笔业务的金额恰好是600元。如果是一方重登的话,则看有没有两个数相同且合计起来与这个差数(600元)相等。

2)差额除二法

差额除二法是将账账之间的差额数字除以二,按商数来查找错误的方法。这种方法适用于查找记反账的错误。例如,库存商品期初为5 000元,验收入库1 000元,但由于记错方向,库存商品期末余额只有4 000元,与实际相差2 000元。用这个差额数字2 000除以2,商数为1 000,便在账簿里查找有无1 000元的业务记反了账。

3)差额除九法

差额除九法是把账账之间的差额数字除以9,根据商数分析、判断查找错误的方法。这种方法适用于查找数字错位和邻数倒置所引起的错误。

数字错位是指在记账时,记错了数字的位数,如将150记成了1 500(由小变大);或将450记成了45(由大变小)。这就会使正确的数字扩大9倍或缩小0.9倍。数字错位所造成的差额总是9的倍数。如果由小变大,正确数与错误的差额是一个负数,这个差额数除以9所得的商数的绝对值就是正确的数,商数乘以10所得到的数的绝对值便是错写的数字。如前面150记成了1 500,导致差额为-1 350,除以9,商数为-150,其绝对值150就是正确的数字,-150乘以10得-1 500,其绝对值便是错写的数字。如果由大变小,正确数与错误的差额是一个正数,这个差额数除以9所得的商数便是记错的数字,将商数乘以10所得到的数就是正确的数字。如前面450记成了45,导致差额为405,除以9,商数为45,便是错写的数字,45乘以10得450,即是正确的数字。所以,可以根据这个道理来寻找错误可能发生在什么地方。

邻数倒置是指在记账时,把相邻的两个数互换了位置。如将1 480错记成1 840,或将1 840错记1 480。两个数字颠倒后,就会造成差额为9的倍数。如果前小后大颠倒为前大后小,正确数与错误数的差额则是一个负数。这个差额数除以9所得商数的有效数字就是相邻颠倒两数的差值。如前面将1 480错记成1 840,差额数-360除以9,商数为-40,有效数字就是-4,是相邻颠倒两数的差值(即4-8)。如果前大后小颠倒为前小后大,正确数与错误数的差额则是一个正数。这个差额数除以9所得商数的有效数字就是相邻颠倒两数的差值。如前面将1 840错记成1 480,差额数360除以9,商数为40,有效数字就是4,是相邻颠倒两数的差值(即8-4)。因此可以在差值相同的两个相邻数范围内去查找错误可能发生在什么地方。

4.5.4 错账类型

由于各种原因,记账错误是难免的,如果账簿记录发生错误,应首先判断错账类型,即错误的具体情况。

错账类型归纳起来有以下几种。

(1)记账凭证正确,根据记账凭证登记账簿发生错误,如金额写错、方向写错、余额计算错误等等。

(2)记账凭证错误,且根据错误的记账凭证已登记入账。这种情况又可以划分出以下几种情况。

①记账凭证所用会计科目错误,或者记账方向错误。如本应该借“银行存款”科目,而错为借“库存现金”科目,又如本应该借“银行存款”科目,而错为贷“银行存款”科目等。

②记账凭证所用会计科目和记账方向没有错误,但金额错误,如金额多记或者少记。

需要特别说明是:登账前发现原始凭证有错或记账凭证有错不列入这里的错账更正内容。

4.5.5 错账更正方法

错账的更正方法一般有画线更正法、红字更正法、补充登记法三种。

1. 画线更正法

画线更正法是指将错误的文字或数字画线注销再予以更正的方法。这种方法适用于记账凭证正确,只是由于登账时发生文字或数字错误。这种方法具体操作步骤如下。

(1)先将错误的文字或数字用一条单红线划去,表示注销。要注意的是文字错误可以只注销错字,但数字错误必须将整笔数字划掉,不能只划掉个别写错的数字。并且应保证被划去的数字、文字清晰可辨,以备考查。

(2)在红线的上方写上正确的文字或数字。

(3)更正人员在更正处盖章,以示负责。

【例4.1】 对账时发现记账凭证上的金额为7 345.60,登账时误记为7 845.60,则更正方法如下:

7 345.60

~~7 845.60~~(盖上印章)

2. 红字更正法

红字更正法也称红字冲账法,是指通过编制红字记账凭证冲销错误的记账凭证,以更正账簿记录的一种方法。这种方法可以分为全部冲销和部分冲销两种情况。

1)全部冲销

全部冲销适用于记账凭证中的科目错误或记账方向错误,并已根据错误的记账凭证登记入账。具体操作方法如下:

先填写一张与原错误记账凭证内容相同的红字记账凭证,并在摘要栏注明“注销×年×月×日第×号凭证”,并据以登账,冲销错误记录;

再用蓝字填写一张正确的记账凭证,在摘要内注明“订正×年×月×日第×号凭证”,并据以登账,更正错误记录。

【例4.2】 企业计提本月生产车间固定资产折旧费5 000元。编制凭证时误编为如下会计分录并已登账。

(1)借:管理费用 5 000

　　贷:累计折旧 5 000

当发现该错误时,先填制一张与错误凭证内容相同的红字凭证并据以登账,冲销错误记录。

(2)借:管理费用 [5 000]

　　贷:累计折旧 [5 000]

然后再用蓝字编制一张正确的记账凭证并据以登账。

(3)借:制造费用 5 000

　　贷:累计折旧 5 000

2)部分冲销

部分冲销适用于记账凭证中的科目、记账方向都没有错误,只是所记金额比应记金额多记并已登账。具体操作方法为:编一张红字凭证,应借应贷会计科目与错误的记账凭证相同,在摘要栏内注明“冲销×年×月×日第×号凭证多记金额”,并据以登账,冲销多记金额。

【例4.3】 企业结转本月已销商品成本40 000元,编制凭证时误编为如下会计分录并已登账。

(1)借:主营业务成本 400 000

　　贷:库存商品 400 000

当发现该错误时,应将多记的金额编制如下红字凭证并据以登账。

(2)借:主营业务成本 [360 000]

　　贷:库存商品 [360 000]

3. 补充登记法

补充登记法是指编制蓝字记账凭证补记错误凭证少记金额,以更正账簿记录的方法。这种方法适用于记账凭证中的科目、记账方向都没有错误,只是所记金额比应记金额少记并已登账。具体操作方法为:按少记金额用蓝字编制一张应借、应贷科目与错误记账凭证相同的记账,在摘要栏内注明“补记×年×月×日第×号凭证少记金额”,并据以登账,以补充少记的金额。

【例4.4】 企业以银行存款86 000元购买一台不需要安装的设备。编制记账凭证时,误编为如下会计分录,并已经登账。

(1)借:固定资产 68 000

　　贷:银行存款 68 000

当发现该错误时,应将少记的金额用蓝字编制如下记账凭证并据以登账。

(2)借:固定资产 18 000

　　贷:银行存款 18 000

本模块练习题

一、单项选择题

1. 按照经济业务发生或完成时间的先后顺序逐日逐笔连续登记的账簿是(　　)。

A. 明细分类账　　B. 总分类账　　C. 日记账　　D. 备查账

2. 用于分类记录单位的全部交易或事项,提供总括核算资料的账簿是(　　)。

A. 总分类账　　B. 明细分类账　　C. 日记账　　D. 备查账

3. 债权债务明细分类账一般采用(　　)。

A. 多栏式账簿　　B. 数量金额式账簿　　C. 横线登记式账簿　　D. 三栏式账簿

4. 收入、费用明细分类账一般采用(　　)。

A. 两栏式账簿　B. 多栏式账簿　C. 三栏式账簿　D. 数量金额式账簿

5. 下列明细分类账中,应采用数量金额式账簿的是(　　)。

A. 应收账款明细账　B. 管理费用明细账

C. 应付账款明细账　D. 库存商品明细账

6. 下列账簿中,必须采用订本式账簿的是(　　)。

A. 现金和银行存款日记账　B. 总账

C. 明细分类账　D. 备查账

7. 下列账簿中,可以采用卡片式账簿的是(　　)。

A. 固定资产总账　B. 固定资产明细账　C. 日记总账　D. 日记账

8. 下列明细分类账中,可以采用三栏式账页格式的是(　　)。

A. 管理费用明细账　B. 原材料明细账　C. 材料采购明细账　D. 应交税费明细账

9. 下列明细分类账,应采用横线登记式账页格式的是(　　)。

A. 生产成本明细账　B. 营业外支出明细账

C. 其他应收款明细账　D. 租入固定资产登记簿

10. 下列明细账中,不宜采用三栏式账页格式的是(　　)。

A. 应收账款明细账　B. 应付账款明细账

C. 生产成本明细账　D. 短期借款明细账

11. 现金日记账和银行存款日记账应当(　　)。

A. 定期登记　B. 序时登记　C. 汇总登记　D. 合并登记

12. 记账人员根据记账凭证登记完毕账簿后,要在记账凭证上注明已记账的符号,主要是为了(　　)。

A. 便于明确记账责任　B. 避免错行或隔页

C. 避免重记或漏记　D. 防止凭证丢失

13. 下列账簿中,要求必须逐日结出余额的是(　　)。

A. 现金日记账和银行存款日记账　B. 债权债务明细账

C. 财产物资明细账　D. 总账

14. 现金日记账和银行存款日记账,每一账页登记完毕结转下页时,结计"过次页"的本页合计数应当为(　　)的发生额合计数。

A. 本页　B. 自本月初起至本页末止

C. 本月　D. 自本年初起至本页末止

15. 记账凭证填制正确,记账时文字或数字发生笔误引起的错账,应采用(　　)进行更正。

A. 画线更正法　B. 重新登记法　C. 红字更正法　D. 补充登记法

16. 某企业通过银行收回应收账款 8 000 元,在填制记账凭证时,误将金额记为 6 000 元,科目并无错误,并已登记入账。当年发现记账错误,更正时应采用的更正方法是(　　)。

A. 重编正确的收款凭证　B. 画线更正法

C. 红字更正法　D. 补充登记法

17. 记账人员在登记账簿后,发现所依据的记账凭证中使用的会计科目有误,则更正时应采用的更正方法是(　　)。

A. 涂改更正法　B. 画线更正法　C. 红字更正法　D. 补充登记法

18. 企业结账的时间应为(　　)。

A. 每项交易或事项办理完毕时　B. 每一个工作日终了时

C. 一定时期终了时　D. 会计报表编制完成时

19. 借贷记账法下的发生额平衡是由(　　)决定的。

A. “有借必有贷,借贷必相等”的记账规则　B. 账户的结构

C. “资产 = 权益”的会计等式　D. 平行登记要点

20. 借贷记账法下,采用发生额试算平衡法时,试算平衡公式是(　　)。

A. 全部账户借方发生额合计等于全部账户贷方发生额合计

B. 每个账户借方发生额合计等于该账户贷方发生额合计

C. 全部资产类账户借方发生额合计等于全部负债类账户贷方发生额合计

D. 全部资产类账户借方发生额合计等于全部所有者权益账户贷方发生额合计

21. 下列错误中,能够通过试算平衡查找的是(　　)。

A. 重记经济业务　B. 漏记经济业务　C. 借贷方向相反　D. 借贷金额不等

二、多项选择题

1. 会计账簿按用途分为(　　)。

A. 日记账　B. 分类账　C. 备查账　D. 总账

2. 会计账簿按外形特征分类,可分为(　　)。

A. 多栏式账簿　B. 订本式账簿　C. 活页式账簿　D. 卡片式账簿

3. 下列账簿的账页,可采用三栏式的有(　　)。

A. 应收账款明细账　B. 应付利息明细账　C. 管理费用明细账　D. 应付账款明细账

4. 下列账簿中,应采用横线登记式账簿的有(　　)。

A. 材料采购明细账　B. 生产成本明细账　C. 应收账款明细账　D. 其他应收款明细账

5. 下列账簿中,应采用数量金额式账簿的有(　　)。

A. 材料采购明细账　B. 原材料明细账　C. 库存商品明细账　D. 固定资产明细账

6. 记账错误主要表现为漏记、重记和错记三种。错记又表现为(　　)等。

A. 会计科目错记　B. 记账方向错记　C. 金额错记　D. 记账墨水错用

7. 下列错账更正方法中,可用于更正因记账凭证错误而导致账簿记录错误的方法有(　　)。

A. 画线更正法　B. 重新编制法　C. 红字更正法　D. 补充登记法

8. 下列对账工作中,属于账账核对的有(　　)。

A. 银行存款日记账与银行对账单的核对

B. 总账账户与所属明细账户的核对

C. 应收款项明细账与债务人账项的核对

D. 会计部门的财产物资明细账与财产物资保管、使用部门明细账的核对

9. 账实核对的主要内容包括(　　)。

A. 现金日记账账面余额与现金实际库存数核对

B. 银行存款日记账账面余额与银行对账单余额核对

C. 财产物资明细账账面结存数与财产物资实存数核对

D. 各种应收款项明细账账面余额与有关债务单位或个人核对

10. 下列账簿中,可以跨年度连续使用的有(　　)。

A. 银行存款日记账　　B. 应付账款明细账

C. 固定资产卡片账　　D. 租入固定资产登记簿

11. 活页账的主要优点有(　　)。

A. 可以根据实际需要随时插入空白账页　B. 可以防止账页散失

C. 可以防止记账错误　　D. 便于分工记账

12. 下列差错中,通过试算平衡不能发现其错误的有(　　)。

A. 漏记或重记

B. 记账方向错误

C. 错用会计科目

D. 借贷双方中一方多计金额,另一方少计金额

13. 总分类账户与明细分类账户平行登记的要点包括(　　)。

A. 依据相同　　B. 方向相同　　C. 期间相同　　D. 金额相同

14. 总分类账账户和明细分类账户的关系是(　　)

A. 总分类账户提供总括核算资料、明细分类账户提供详细核算资料

B. 总分类账户统驭、控制明细分类账户

C. 总分类账户和明细分类账户平行登记

D. 明细分类账户补充说明与其相关的总分类账户

三、判断题

1. 会计账簿的记录是编制会计报表的前提和依据,也是检查、分析和控制单位经济活动的重要依据。(　　)

2. 各单位不得违反会计法和国家统一的会计制度的规定私设会计账簿。(　　)

3. 活页式账簿便于账页的重新排列和记账人员的分工,但账页容易散失和被随意抽换。(　　)

4. 多栏式账簿主要适用于既需要记录金额,又需要记录实物数量的财产物资明细账户。(　　)

5. 日记账应逐日逐笔顺序登记,总账可以逐笔登记,也可以汇总登记。(　　)

6. 登记现金日记账的依据是现金收付款凭证和银行收付款凭证。(　　)

7. 在材料采购明细账中,如果同一行内借方、贷方均有记录,则说明该项交易已处理完毕,采购的材料已验收入库。(　　)

8. 总账不论采用何种形式,都必须采用订本式账簿,以保证总账记录的安全和完整。(　　)

9. 会计账簿登记中,如果不慎发生隔页,应立即将空页撕掉,并更改页码。(　　)

10. 记账凭证正确,因登记时的笔误而引起的账簿记录错误,可以采用划线更正法予以更正。(　　)

11. 根据具体情况,会计人员可以使用铅笔、圆珠笔、钢笔、蓝黑墨水或红色墨水填制会计凭证,登记账簿。(　　)

12. 在期末结账前发现账簿记录中文字出现错误,可以用红字更正法更正。(　　)

13. 对账,就是核对账目,即对各种会计账簿之间相对应记录进行核对。(　　)

14. 年终结账时有余额的账户,其余额结转下年的方法是:将余额直接记入下一会计

年度新建会计账簿同一账户的第一行余额栏内，并在摘要栏注明“上年结转”字样。(　　)

15. 在每个会计期间可多次登记账簿，但结账一般只能进行一次。(　　)

16. 若发现记账凭证上应记科目和金额错误，并已登记入账，则可将填错的记账凭证销毁，并另填一张正确的记账凭证，据以入账。(　　)

四、思考题

1. 会计账簿的基本内容是什么?

2. 简述现金日记账和银行存款日记账的内容和登记方法。

3. 明细分类账账页有哪些格式? 各自的适用范围是什么?

4. 简述账簿的登记要求。

5. 更正错账的方法有哪几种? 各自的适用范围是什么?

6. 什么是结账? 如何结账?

7. 什么是对账? 对账的具体内容是什么?

五、业务题

1. 业务题一

(1)目的：日记账登记。

(2)资料：

① 模块3业务题一编制的记账凭证。

② “库存现金”账户期初余额为1 500元，“银行存款”期初余额为45 800元。

(3)要求：根据收、付款凭证登记库存现金、银行存款日记账。

2. 业务题二

(1)目的：总账和明细账的平行登记。

(2)资料：

① 模块3业务题一编制的记账凭证。

② “原材料”总账余额为144 000元。其中蓝布8 000米，每米15元；青布1 500米，每米8元；花布1 000米，每米12元。“生产成本”总账余额为5 420元。其中西装：直接材料2 000元，直接人工300元，制造费用100元；唐装：直接材料2 500元，直接人工400元，制造费用120元。

(3)要求：根据收、付、转记账凭证登记“原材料”、“生产成本”总账和所属明细账。

3. 业务题三

(1)目的：错账更正

(2)资料：

湘诚服装有限责任公司201×年1月发生下列经济业务：

① 总经理出差借支差旅费4 000元，财务科开具现金支票一张予以支付。

② 布料车间领用蓝布56 000元用于生产西装。

③ 生产车间固定资产计提本月负担的折旧40 000元。

④ 预提本月应负担的银行借款利息1 000元。

⑤ 以现金支付职工薪酬57 000元。

⑥ 分配结转本月发生的制造费用6 900元。

⑦ 开出转账支票3 000元支销售产品广告费。

根据上述业务编制如下会计分录:

① 借:其他应收款 4 000
　　贷:库存现金 4 000

② 借:制造费用 56 000
　　贷:原材料 56 000

③ 借:管理费用 40 000
　　贷:累计折旧 40 000

④ 借:应付利息 1 000
　　贷:财务费用 1 000

⑤ 借:应付职工薪酬 5 700
　　贷:库存现金 5 700

⑥ 借:生产成本 9 600
　　贷:制造费用 9 600

⑦ 借:销售费用 3 000
　　贷:银行存款 3 000

已根据以上会计分录登记入账,其中第⑦笔业务在登记“销售费用”时,误将 3 000 元写成了 30 000 元。

(3)要求:审查上述记账是否错误,如有错误采取正确的更正方法进行更正。

4. 业务题四

(1)目的:试算平衡。

(2)资料:模块 3 业务题一编制的记账凭证。

(3)要求:编制发生额试算平衡表,进行试算平衡。

模块 5

财产清查

——账簿记录正确性控制措施

模块能力目标

通过该模块的学习，能采取正确的方法对库存现金、银行存款、实物资产、往来款项等进行清查，会对清查结果进行账务处理。

模块知识目标

通过该模块的学习，了解财产清查的意义和分类，熟悉财产清查的步骤，理解永续盘存制和实地盘存制两种盘存制度，掌握库存现金、银行存款、实物资产和往来款项的清查方法及其清查结果的账务处理；掌握银行存款余额调节表的编制方法。

项目 5.1 库存现金清查及处理

5.1.1 训练

1. 训练资料

库存现金日记账要求做到日清月结,在出纳员自身对库存现金进行检查清查的基础上,为了加强对出纳工作的监督,及时发现可能发生的现金差错或丢失,防止贪污、盗窃、挪用公款等不法行为的发生,确保库存现金安全完整,各单位应加强对库存现金的清查,由有关领导和专业人员组成清查小组,定期或不定期地对库存现金情况进行清查盘点。湘诚服装有限责任公司 2018 年 5 月 31 日库存现金日记账和库存现金总账反映的库存现金余额都是 1 500 元,但通过对库存现金进行清查,发现库存现金实有数为 1 520 元,经反复核查,账簿记录没有错误,长款原因未明。

2. 训练要求

根据以上清查结果,填写“库存现金盘点报告表”,如表 5.1 所示。

表 5.1 库存现金盘点报告表

库存现金盘点报告表

单位名称: 年 月 日 金额单位:元

实存金额	账存金额	实存账存对比结果		备注
		盘盈	盘亏	

5.1.2 财产清查的意义

通过以上训练情况可以了解,在实际工作中,由于各种主客观原因,会导致账簿记录和财产物资的实有数不相符。

(1)各种财产物资在运输、保管过程中,发生干耗、升重等自然损耗或升溢。

(2)各种财产物资在收发过程中发生差异,如由于计量器具不准确或者计量、保管人员工作疏忽发生差错。

(3)由于规章制度不健全,管理不善或者工作人员失职造成财产物资损坏、变质和短缺以及货币资金的差错。

(4)不法分子贪污盗窃、营私舞弊而造成财产物资短缺。

(5)自然灾害或人为事故造成财产损失。

以上这些造成账实不符的原因有的是主观的,有的是客观的,有的是可避免的,有的是不可避免的,它们使得财产物资账实数额发生差异。为了掌握财产物资的真实情况,保证会计资料的准确可靠,有必要进行财产清查工作。

财产清查就是通过盘点实物,核对账目来确定各项财产物资的实有数额,并查明实存数与账面结存数额是否相符的一种专门方法。财产清查是会计核算的基本方法之一,企业在会计期末编制财务报表之前必须进行财产清查。

财产清查的意义表现为以下几点。

(1)确保会计核算资料真实可靠。通过财产清查可以查明各项财产物资的实存数额与账存数额是否相符,找出差异并及时调整账面记录,以达到账实相符。使会计核算资料具有真实性,从而提高会计信息的质量。

(2)维护财经纪律,保护财产物资安全完整。通过财产清查可以促使企业遵守财经纪律和结算纪律,及时查明各项财产物资是否完整无缺,各项物资保管是否妥善安全等等,以便及时发现问题,研究改进措施,消除不安全因素的隐患,保护财产物资完好无损。

(3)提高财产物资的使用效率。通过财产清查,可以摸清家底,在掌握各项财产物资实有数的同时,查明它们的使用情况以便采取措施,及时处理积压物资和未使用财产,减少损失浪费,节约使用资金,充分挖掘现有财产物资的潜力,促进财产物资的有效使用。

(4)建立和健全有关规章制度。通过财产清查,可以及时发现各项财产物资在收入、发出、保管等方面存在的问题,有针对性地改进管理办法,完善管理措施,建立健全有关管理制度,提高管理水平。

5.1.3 财产清查的种类

1. 按财产清查的范围分类

财产清查,按照财产清查对象范围,可以分为全面清查和局部清查。

1)全面清查

全面清查是对所有的财产进行全面彻底的清查盘点与核对。一般包括下列各项:货币资金和有价证券;在途材料、原材料、在产品、库存商品等存货;房屋与建筑物、机器设备、运输设备等固定资产;应收、应付、预收、预付等债权债务;等等。全面清查的内容全面,范围广泛,投入的人力多,且工作量大、费用高、时间长,为不影响正常生产经营活动,一般只在下列情况下进行:

(1)为确保年终决算时会计资料正确性,在年终决算时;

(2)企业破产、撤销、合并和改变隶属关系时;

(3)按规定进行清产核资时;

(4)企业主要负责人调离或离任时。

2)局部清查

局部清查是指根据需要对部分财产进行的盘点和核对。由于全面清查费时费力,难以经常进行,因此企业时常采用局部清查。局部清查一般在下列情况下进行:

(1)库存现金由出纳人员在每日营业终了自行清查一次;

(2)银行存款每月至少同银行核对一次;

(3)贵重物资至少每月盘点一次;

(4)各种债权债务每年至少同对方核对一至二次。

2. 按财产清查的时间分类

财产清查按照清查的时间可划分为定期清查和不定期清查。

1)定期清查

定期清查是指按照预先计划安排的时间进行的盘点和核对。这种清查一般在年末、季末、月末结账时进行,可以进行全面清查,也可以进行局部清查,多数情况下,年末进行全面清查,季末、月末进行局部清查。

2)不定期清查

不定期清查是指预先并无规定的时间,而是根据实际需要临时进行的盘点和核对。一般在下列情况下进行:

(1)为明确责任,更换财产保管人员时;

(2)为查明损失情况,发生自然灾害和意外事故时;

(3)监管部门对企业进行审计查账时;

(4)按规定进行临时清产核资时。

不定期清查通常为局部清查,如有必要时也可进行全面清查。

5.1.4 财产清查的步骤

1. 成立清查小组

财产清查工作,尤其是全面清查工作,涉及面较广,工作量大,必须成立专门的财产清查小组,具体负责财产清查的组织和管理。财产清查小组由企业领导、会计人员和与清查内容相关的技术人员、保管人员和职工代表等构成。必要时还可以将清查小组分为清查领导小组和清查工作组。

2. 制订清查计划

根据清查的性质、种类和范围,拟定清查计划,确定清查的内容、方法、时间进度及相关的准备工作,确定具体工作人员的分工和职责。

3. 作好清查前的准备工作

1)账簿记录准备

在进行财产清查之前,会计人员必须将所有已发生的经济业务登记入账并结出余额,通过认真核对账目,做到账证相符、账账相符,为检查是否账实相符提供准确的账簿记录。

2)实物整理准备

财产的保管和使用部门应对实物存放现场进行必要的整理,以方便盘点和核对。

3)度量衡的准备

准备好在清查工作中需要用到各种工具仪器和用于记录的各种表格。

4. 组织盘点清查

保管人员、出纳人员、债权债务经管人员均应在场并做好盘点记录和有关手续。

5.1.5 库存现金清查方法和步骤

为了及时如实地反映库存现金的余额,加强对出纳工作的监督,企业应经常对库存现金进行核对和清查。库存现金的清查包括出纳人员每日的清点核对和清查小组定期或不定期的清查。库存现金清查的基本方法是实地盘点。

实地盘点是指在财产物资存放现场通过点数或运用计量仪器等,逐一确定被清查财产物资实有数量的一种方法。

一般来说,现金清查多采用突击盘点方法,不预先通知出纳员,以防预先做手脚,盘点时间最好在一天业务没有开始之前或一天业务结束后,这样可以避免干扰正常的业务。通过对库存现金的实地盘点数与现金日记账余额相核对,以查明库存现金是否账实相符。

其步骤如下。

(1)在盘点前,出纳人员应先将现金收、付凭证全部登记入账,并结出余额。

(2)盘点时,出纳人员必须在场,现金应逐张清点,如发现盘盈盘亏,必须会同出纳人员核实清楚。盘点时,除查明账实是否相符外,还要查明有无白条抵库存现金、有无私借公款、有无挪用公款、有无账外资金等违反现金管理制度规定的行为。

(3)盘点结束后,应根据盘点结果,及时填制“库存现金盘点报告表”,并由检查人员和出纳人员签名盖章。“库存现金盘点报告表”具有双重性质,它既是盘存单,也是账存实存对比表;既是反映现金实存数,用以调整账簿记录的重要原始凭证,也是分析账实发生差异原因、明确经济责任的依据。

5.1.6 库存现金清查结果处理

1. 清查账务处理

通过清查,如盘点的库存现金数与库存现金日记账的余额相符,则无需账务处理;如库存现金有盈亏,除了设法查明原因外,还应根据“库存现金盘点报告表”进行账务处理。查明原因之前,记入“待处理财产损益——待处理流动资产损益”,待查明原因后再进行转账处理。

【例5.1】 某企业在库存现金清查中实存金额为1 360元,而库存现金日记账的账存金额为1 378元,出现短缺,会计处理为:

借:待处理财产损益——待处理流动资产损益　　18
　贷:库存现金　　18

【例5.2】 如某企业在库存现金清查中实存金额为2 088元,而库存现金日记账的账存金额为2 045元,则出现溢余,会计处理为:

借:库存现金　　43
　贷:待处理财产损益——待处理流动资产损益　　43

【例5.3】 承【例5.1】,①如短缺现金由责任人赔偿,收到款项时:

借:库存现金　　18
　贷:待处理财产损益——待处理流动资产损益　　18

②如果短缺现金无法查明原因,经有关部门确认和批准可作“管理费用”

借:管理费用　　18
　贷:待处理财产损益——待处理流动资产损益　　18

【例5.4】 承【例5.2】库存现金溢余系无法查明原因,经批准处理作“营业外收入”。

借:待处理财产损益——待处理流动资产损益　　43
　贷:营业外收入　　43

项目5.2 银行存款的清查及处理

5.2.1 训练

1. 训练资料

湘诚服装有限责任公司201×年12月28日至31日银行存款日记账和银行转来的银行对账单内容如下。

银行存款日记账

201×年		凭证号数	摘要	结算凭证		借方	贷方	余额
月	日			种类	号数			
12	27		余额					34 667.00
	28	311	提现备用	现金支票	#564781		150.00	
	28	314	购进材料	转账支票	#227543		23 750.00	
	28	317	收到销货款	转账支票		14 950.00		
	29	324	付电费	委托收款			168.00	
	29	328	收到销货款	转账支票		1 395.00		
	29	330	收到货款	汇票		14 326.00		
	30	332	邮购款	汇兑	#01401		6 000.00	
	30	335	付包装物款	转账支票	#227544		156.00	
	30	337	代垫运杂费	委托收款			70.00	
	30	339	收到货款	本票		5 000.00		
	31	341	购进材料	转账支票	#227545		35 000.00	
	31	342	购进材料	转账支票	#227546		9 366.00	
	31	345	收到销货款	转账支票		7 650.00		3 328.00

银行对账单

201×年12月31日

201×年		摘要	结算凭证号数	收入	支出	存或欠	余额
月	日						
12	27	余额				存	34 667.00
	28		转支#227543		23 750.00		
	28	代付电费	委托收款		168.00		
	28		现支#564781		150.00		
	28		汇票	14 326.00			
	29		转支	14 950.00			
	29	代付运杂费	委托收款		70.00		
	29		转支	1 395.00			

续表

201×年		摘要	结算凭证号数	收入	支出	存或欠	余额
月	日						
	30		本票	5 000.00			
	30		汇兑		6 000.00		
	31		转账支票	7 650.00			
	31		转支#227544		165.00		
	31	代付水费	委托收款		310.00		
	31		转支#227545		35 000.00	存	12 375.00

假定银行对账单记载内容完全无误，即反映的银行存款余额为12 375元，经逐笔核对，发现银行存款日记账中12月30日支付购包装物款165元，登账时误记为156元。

2. 训练要求

指出银行存款日记账余额与银行对账单余额不一致的原因。

5.2.2 银行存款的清查方法与步骤

银行存款的清查方法一般采取核对法，即将企业银行存款日记账与其开户银行提供的银行对账单逐笔进行核对。具体步骤如下。

(1)在核对账目前，企业应事先检查银行存款日记账记录是否完整正确，逐一核对银行存款的收款凭证和付款凭证是否全部入账并登记正确，以保证账证相符，如发现错误，应及时更正。

(2)在收到银行送来的银行对账单后，应将银行存款日记账上的每笔业务与银行对账单上每笔业务进行核对。

(3)银行每月提供给企业对账单上的存款余额，在大多数情况下与企业银行存款日记账上的余额不相符合，应查明原因。双方余额不一致，除了双方记账错误会导致余额不一致外，还可能存在由于凭证传递时间上的差异引起一方已记账而另一方尚未入账的未达账项。

所谓未达账项就是指由于收、付款的结算凭证在传递时间上不一致而导致的一方已经入账，另一方没有接到凭证尚未入账的收付款项。未达账项一般发生在月末。未达账项不是错账，但可能是造成银行对账单余额与企业银行存款日记账余额不一致的主要原因，应编制“银行存款余额调节表”进行调整。

未达账项可以划分以下几种情况：

①企业已经收款入账，银行尚未收款入账；

②企业已经付款入账，银行尚未付款入账；

③银行已经收款入账，企业尚未收款入账；

④银行已经付款入账，企业尚未付款入账。

当发现上述①、④两种情况时，企业银行存款账面余额将大于银行对账单余额；当发现②、③两种情况时，企业银行存款账面金额将小于银行对账单。企业银行存款账面余额、银行对账单余额和未达账项的关系为

企业银行存款日记账余额＋银行已收而企业未收的款项－银行已付而企业未付

的款项=银行对账单余额+企业已收而银行未收的款项-企业已付而银行未付的款项

(4)编制银行存款余额调节表。银行存款余额调节表,是在银行对账单余额与企业银行存款日记账账面余额的基础上,各自加上对方已收、本单位未收账项数额,减去对方已付、本单位未付账项数额,以调整双方余额使其一致的一种调节方法。

举例说明如下。

【例5.5】 某企业201×年12月31日银行存款日记账的余额为84 000元,银行对账单的余额为111 000元,经过逐笔核对有如下未达账项。

(1)12月29日,企业收到购货单位转账支票3 000元,已记入企业银行存款账户,但支票尚未送存银行,因而银行尚未记账。

(2)12月30日,企业开出现金支票支付购料款27 000元,企业已记账,但持票人尚未到银行取款,故银行尚未记账。

(3)12月30日,银行收到企业委托代收销货款15 000元,已收存银行,但企业因未收到收款通知而未记账。

(4)12月31日,银行计算企业应付银行借款利息12 000元,银行已划账,企业因未收付款通知而未记账。

根据上述未达账项编制"银行存款余额调节表"如表5.2所示。

表5.2 银行存款余额调节表

银行存款余额调节表

201×年12月31日　　　　单位:元

项　目	金　额	项　目	金　额
企业银行存款账面余额	84 000	银行对账单账面余额	111 000
加:银行已收,企业未收	15 000	加:企业已收,银行未收	3 000
减:银行已付,企业未付	12 000	减:企业已付,银行未付	27 000
调节后的存款余额	87 000	调节后的存款余额	87 000

5.2.3 银行存款清查结果处理

通过核对调节,"银行存款余额调节表"上的双方余额相等,一般可以说明双方记账没有差错。如果经调节仍不相等,要么是未达账项未全部查出,要么是一方或双方记账出现差错,需要进一步采用对账方法查明原因,加以更正。调节相等后的银行存款余额是当日可以动用的银行存款实有数,但不需要根据"银行存款调节表"进行账务处理,调整账户记录。"银行存款余额调节表"不是原始凭证,对于银行已经划账,而企业尚未入账的未达账项,要待银行结算凭证到达后,才能据以入账。

项目5.3 实物资产的清查及处理

5.3.1 训练

1. 训练资料

湘诚服装有限责任公司于201×年末组织了一次财产清查,财产清查结果如下:

盘　点　表

单位名称：湘诚服装有限责任公司　　盘点时间：201×年12月31日　　金额单位：元

编号	资产名称	规格型号	计量单位	数量	单价	金额	备注
001	蓝布		米	2 000	32	64 000	
002	青布		米	1 500	30	45 000	
003	西装	大码	套	2 150	290	623 500	
004	西装	中码	套	1 950	280	546 000	
005	西装	小码	套	2 452	258	632 616	
006	唐装		件	300	150	45 000	
007	缝纫机	上海飞鹰	台	200	2 500	500 000	
008	机床	江苏维柴	组	4	25 000	100 000	
合计	略						

盘点人员签章：李××　　保管人员签章：王××

假设上面有关财产的账面余额分别如下：蓝布2 100米、青布1 400米、大码西装2 145套、中码西装1 952套、小码西装2 450套、唐装300件、缝纫机195台、机床4组。

2. 训练要求

根据盘点实有数与账存数资料编制实存账存对比表，如表5.3所示。

表5.3　实存账存对比表

实存账存对比表

单位名称：　　年　月　日　　金额单位：元

编号	名称及型号	计量单位	单价	实存		账存		差异				备注
				数量	金额	数量	金额	盘盈		盘亏		
								数量	金额	数量	金额	

填表人签章：

5.3.2　实物清查方法和步骤

实物清查包括具体实物形态的各种财产的清查，如固定资产、原材料、在产品、产成品等的清查。清查盘点时，实物保管人员必须在场，并参加清查盘点工作。实物清查要根据实物的不同特点采用不同的方法，通常采用实地盘点法、技术推算法和抽样盘点法。

实地盘点法是对各项实物通过逐一清点，或用计量器具确定其实存数量的方法。这种方法适用范围较广泛,要求严格,数字准确可靠,清查质量高,但工作量大。如果事先按财产物资的实物形态进行科学的码放,如五五排列、三三制码放等,则有助于提高清查的速度。大部分财产物资都采用这种方法。

技术推算法是通过量方、计尺等技术方法推算有关财产物资实有数量的方法。这种方法适用于大量成堆,难以逐一清点的财产物资的清查,如堆存的煤或油罐中的油等。

抽样盘点法是指从总体中选取所需要的个体,再通过盘点个体的数量,推断出总体数量的方法。这种方法适用于价值小、数量多、重量均匀的实物资产的清查。

具体步骤如下。

(1)盘点实物。要由清查人员协同实物保管人员在现场对实物采用相应的清查方法进行盘点,确定其实有数量。进行实物盘点时,不仅要清查实物的数量,同时还要注意质量以及所有权是否属于本单位。检查有无缺损、霉烂、变质等情况;有无代其他单位保管的财产物资等。

(2)填写"盘点表"、"盘存单"。对盘点的结果要如实地登记在"盘点表"或"盘存单"上,并由盘点人员和实物保管人员签章,以明确经济责任。盘存单既是记录实物盘点结果的书面证明,又是反映实物资产在盘点日期实有数的原始凭证。

(3)编制"实存账存对比表"。根据"盘点表"、"盘存单"和相应的实物账簿记录填制"账存实存对比表"。"账存实存对比表"是调整账簿记录的原始依据,也是分析账实不符的原因和划分经济责任的原始证明材料。

5.3.3 实物清查结果的处理

1. 盘存制度

财产物资的盘存制度,是指通过对财产物资的实物盘查、核对来确定其实际结存情况的一种制度。不同的盘存制度,财产物资盘点的目的和用途不同。财产物资的盘存制度一般有两种:永续盘存制和实地盘存制。

1)永续盘存制

永续盘存制又称账面盘存制,是指平时对各项财产物资的增加数和减少数都须根据有关凭证连续记入有关账簿,并随时结出账面结存数额。其计算公式为

$$账面期末余额 = 账面期初余额 + 本期增加额 - 本期减少额$$

通过财产物资盘点得到的实存数与账存数进行对比来确定盘盈和盘亏。如果实存大于账存,为盘盈;如果实存小于账存,为盘亏。因此需要进一步查明账实不符的原因,并进行盘盈和盘亏的处理,调整账面记录,保证账实相符。

永续盘存制的优点是核算手续严密,能及时反映各项财产物资的收、发、结存情况,有利于加强对各项财产物资的管理,保护财产物资的安全与完整;其缺点是核算工作量大。这种盘存制度为各企业单位广泛采用。

2)实地盘存制

实地盘存制指平时只根据凭证在账簿中登记财产物资的增加数,而不登记减少数,到月末结账时,根据实地盘点的实存数来倒计出本月的减少数,再据以登记有关账簿。其计算公式为

$$本期减少数 = 账面期初余额 + 本期增加数 - 期末实际结存数$$

在实地盘存制下,对各项财产物资进行盘点的结果,只是作为登记财产物资账减少的

依据，而不能用来核对账实是否相符。

实地盘存制的优点是核算工作比较简单，工作量较小。其缺点是手续不够严密，不能通过账簿随时反映和监督各项财产物资的收、发、结存情况，反映的数字不精确，仓库管理中尚有多发少发、物资毁损、盗窃、丢失等情况，在账面上均无反映，而全部隐藏在本期的发出数内，这样不利于检查监督。因此，实地盘存制是一种不完善的物资管理办法。只有小型企业、经营鲜活商品的零售企业等不能办理出库手续、商品质量不稳定的个别企业采用。

因此，以下实物清查结果的处理内容，其前提是采用永续盘存制。

2. 账户设置

为了核算和监督财产清查过程中出现的财产物资盘盈、盘亏和损毁及其处理情况，应设置"待处理财产损益"账户。该账户还应设置"待处理固定资产损益"和"待处理流动资产损益"两个明细账户。"待处理财产损益"账户属于资产类账户。借方登记待处理财产的盘亏、损毁金额和批准转销待处理财产盘盈金额；贷方登记待处理财产的盘盈数金额和批准转销的待处理财产盘亏和毁损金额。期末，该账户如果有借方余额，表示待处理财产物资的净损失，即盘亏或毁损大于盘盈的金额；如果有贷方余额，则表示待处理财产物资的净溢余，即盘亏或毁损小于盘盈的金额。如果期末的结果全部处理完毕，该账户应无余额。"待处理财产损益"账户结构如下：

借方　　　　待处理财产损益　　　　贷方

借方	贷方
待处理财产盘亏或毁损金额 批准转销的待处理财产盘盈金额	待处理财产盘盈金额 批准转销的待处理财产盘亏或毁损金额
期末余额：待处理财产物资净损失	期末余额：待处理财产物资净溢余

3. 流动资产清查结果的处理

1）流动资产盘盈

当发现原材料、在产品、产成品等流动资产盘盈时，应根据"实存账存对比表"，将盘盈流动资产的价值记入有关账户的借方，同时记入"待处理财产损益——待处理流动资产损益"账户的贷方；按照规定程序批准转销时，借记"待处理财产损益——待处理流动资产损益"账户，贷记"管理费用"账户。

【例5.6】 某企业在财产清查中发现多余A材料100千克，该材料单价为20元，上述情况业已报请领导批准。

审批前，会计部门应根据"实存账存对比表"做分录如下：

借：原材料——A材料　　　　2 000

　贷：待处理财产损益——待处理流动资产损益　　　　2 000

审批后，根据批准处理意见，做分录如下：

借：待处理财产损益——待处理流动资产损益　　　　2 000

　贷：管理费用　　　　2 000

2）流动资产盘亏和毁损

对于流动资产的各项目的盘亏和毁损，应在发现当时记入"待处理财产损益——待处理流动资产损益"账户的借方，同时计入有关账户的贷方。待有关部门批准后，应根据不同的盘亏和毁损原因作出不同的处理:能够收回的残料记入“原材料”、“银行存款”等账户的借方;由保险公司赔偿的部分或由责任人赔偿的部分,未收到之前记入“其他应收款”账户的借方;盘亏和毁损总额扣除以上几部分后的净损失,若属于非常损失,记入“营业外支出”账户的借方,若属于一般经营损失或自然损耗,记入“管理费用”账户的借方;同时记入“待处理财产损益——待处理流动资产损益”账户的贷方。

【例5.7】 某企业在财产清查中,发现库存B材料盘亏2 400元,经查明,系计量仪器不准出现计量误差累计所致;毁损C材料12 000元,属非常损失,该损失保险公司同意赔偿8 400元。上述情况已经报请有关部门批准(假设购进材料不考虑增值税)。

会计部门根据“实存账存对比表”做分录如下:

借:待处理财产损益——待处理流动资产损益 14 400
　贷:原材料——B材料 2 400
　　　　　——C材料 12 000

根据批准处理意见,做如下分录:

借:管理费用 2 400
　　其他应收款 8 400
　　营业外支出 3 600
　贷:待处理财产损益——待处理流动资产损益 14 400

4. 固定资产清查结果处理

1)盘盈

固定资产盘盈大都是由于企业的自制固定资产交付使用后未及时入账所造成的。固定资产一般按市场价(重置完全价值)减折旧后的净值作入账价值,固定资产盘盈的金额根据盘盈的实质原因作为前期会计差错经批准后应调整以前年度损益。

【例5.8】 某企业在固定资产清查中账外设备一台,按重置完全价值估价为5 000元,估计已提折旧为2 000元,已将上述情况报请有关部门批准。

审批前,会计部门应根据“实存账存对比表”做分录如下:

借:固定资产 3 000
　贷:待处理财产损益——待处理固定资产损益 3 000

审批后,根据批准处理意见,做分录如下:

借:待处理财产损益——待处理固定资产损益 3 000
　贷:以前年度损益调整 3 000

2)盘亏

当发现固定资产盘亏时,按固定资产账面原始价值贷记“固定资产”账户,按账面已提折旧借记“累计折旧”账户,按账面原始价值减去累计折旧的差额借记“待处理财产损益——待处理固定资产损益”账户。报经批准后,根据处理意见将其损失数计入“营业外支出”账户的借方。

【例5.9】 某企业在清查中发现少了一台设备,其原值为6 000元,已提折旧2 800元。上述情况已经报请领导批准。

审批前,会计部门应根据“实存账存对比表”做分录如下:

借:待处理财产损益——待处理流动资产损益 3 200
　　累计折旧 2 800
　贷:固定资产 6 000

审批后，根据批准处理意见，作分录如下：

借：营业外支出　　3 200

　贷：待处理财产损益——待处理固定资产损益　　3 200

项目5.4 往来款项的清查及处理

5.4.1 往来款项清查方法和步骤

往来款项的清查，包括各种应收款、应付款、预收款、预付款的清查。往来款项的清查与银行存款清查一样，也是采用与对方核对账目的方法。

清查时，首先将各项应收、应付等往来款项正确、完整地登记入账。然后，逐户编制一式两联的对账单，送交对方单位进行核对，如对方单位核对有误，应在回单上注明不符原因后退回发出单位或者另抄对账单退回，作为进一步核对的依据，发出单位收到对方的回单后，对错误的账目应及时查明原因，并按规定的手续和方法加以更正。最后，再根据清查结果编制"往来款项清查报告单"，如表5.5所示。

表5.5　往来款项清查报告表

往来款项清查报告表

总分类账户		明细分类账户		清查结果		核对不符原因			备注
名称	余额	名称	余额	核对相符金额	核对不符金额	未达账项金额	有争议款项金额	其他	
应收账款	20 000	甲公司	16 000						
		乙公司	4 000		4 000	4 000			
应付账款	30 000	丙公司	30 000	20 000	10 000	10 000			

5.4.2 往来款项清查结果处理

1. 无法收回的应收款项的账务处理

在财产清查中发现长期不能结清的往来款项，应及时处理，经有关部门批准后予以核销。核销不通过"待处理财产损益"账户，在报经批准后，应当冲减坏账准备金。

【例5.10】　某企业在财产清查中查明应收甲公司的贷款30 000元，因甲公司撤销无法收回。该企业采取备抵法核算。报经批准后，冲销已提取的坏账准备金，作分录如下：

借：坏账准备　　30 000

　贷：应收账款——甲公司　　30 000

2. 无法偿付的债务的账务处理

对于企业无法偿还的债务，经有关部门批准后，直接记入营业外收入。

【例5.11】　某企业在财产清查中，查明前欠乙公司货款10 000元，因乙公司解散，确实无法支付，经批准后作分录如下：

借：应付账款——乙公司　　10 000

　贷：营业外收入　　10 000

本模块练习题

一、单项选择题

1. 对库存现金进行清查应采用的方法是(　　)。

A. 实地盘点法　B. 抽查检验法　C. 查询核对法　D. 技术推算法

2. 对于财产清查中所发现的财产物资盘盈、盘亏和毁损,财会部门进行账务处理依据的原始凭证是(　　)。

A. 银行存款余额调节表　B. 实存账存对比表

C. 盘存单　D. 入库单

3. 下列凭证中,不可以作为记账原始依据的是(　　)。

A. 发货票　B. 银行存款余额调节表

C. 收料票　D. 差旅费报销单

4. 银行存款的清查一般采用的方法是(　　)。

A. 实地盘点　B. 技术推算　C. 核对账目　D. 抽查盘点

5. “待处理财产损益”账户属于(　　)账户。

A. 损益类　B. 资产类　C. 成本类　D. 所有者权益类

6. 某企业期末银行存款日记账余额为 80 000 元,银行送来的对账单余额为 82 425 元,经对未达账项调节后的余额为 83 925 元,则该企业在银行的实有存款是(　　)元。

A. 82 425　B. 80 000　C. 83 925　D. 24 250

7. 在记账无误的情况下,银行对账单与银行存款日记账账面余额不一致的原因是(　　)。

A. 存在应付账款　B. 存在应收账款　C. 存在外埠存款　D. 存在未达账项

8. 下列项目的清查应采用向有关单位发函询证核对账目的方法的是(　　)。

A. 原材料　B. 应收账款　C. 实收资本　D. 短期投资

9. 下列财产物资中,可以采用技术推算法进行清查的是(　　)。

A. 现金　B. 固定资产　C. 煤炭等大宗物资　D. 应收账款

10. 下列情况中,适合采用局部清查的方法进行财产清查的是(　　)。

A. 年终决算时　B. 企业合并时

C. 进行清产核资时　D. 现金和银行存款的清查

二、多项选择题

1. 下列情况中,需要进行全面财产清查的有(　　)。

A. 年终决算之前　B. 清产核资

C. 单位撤销、合并　D. 资产重组或改变隶属关系

2. 财产清查按清查时间可分为(　　)。

A. 定期清查　B. 全面清查　C. 不定期清查　D. 局部清查

3. 财产清查中查明的各种流动资产盘亏或毁损数,根据不同的原因,报经批准后可能列入的账户有(　　)。

A. 管理费用　B. 营业外收入　C. 营业外支出　D. 其他应收款

4. 对银行存款进行清查的方法是将企业银行存款日记账与银行对账单相核对,如果

两者不符,其可能的原因有(　　)。

A. 企业账务记录有误　　B. 银行账务记录有误
C. 企业已记账,银行未记账　　D. 银行已记账,企业未记账

5. 未达账项通常有(　　)。

A. 企业已记存款增加而银行尚未记账　　B. 企业已记存款减少而银行尚未记账
C. 银行已记存款增加而企业尚未记账　　D. 银行已记存款减少而企业尚未记账

6. 企业银行存款日记账账面余额大于银行对账单余额的原因有(　　)

A. 企业账簿记录有差错　　B. 银行账簿记录有差错
C. 企业已作收入入账,银行未达　　D. 银行已作支出入账,企业未达

7. 实物财产清查常用的方法有(　　)。

A. 实地盘点法　　B. 抽查盘点法　　C. 技术推算盘点法　　D. 核对账目法

8. 不定期清查一般是在(　　)时进行。

A. 年末结账　　B. 月末结账
C. 更换财产物资保管人员　　D. 发生非常损失

9. 下列可作为原始凭证,据以调整账簿记录的有(　　)。

A. 现金盘点报告表　　B. 银行存款余额调节表
C. 银行对账单　　D. 实存账存对比表

10. 财产清查按清查的范围可分为(　　)。

A. 定期清查　　B. 全面清查　　C. 不定期清查　　D. 局部清查

11. 下列各项中,应采用实地盘点法进行清查的有(　　)。

A. 固定资产　　B. 库存商品　　C. 银行存款　　D. 库存现金

三、判断题

1. 一般情况下,全面清查是定期清查,局部清查是不定期清查。(　　)

2. 银行存款日记账与银行对账单余额不一致的主要原因是由于记账错误和未达账项所造成的。(　　)

3. 对于未达账项应编制银行存款余额调节表进行调节,同时将未达账项编制记账凭证登记入账。(　　)

4. 对于财产清查结果的账务处理一般分两步进行,即审批前先调整有关账面记录,审批后转入有关账户。(　　)

5. 企业在银行的实有存款应是银行对账单上列明的余额。(　　)

6. “待处理财产损益”账户是损益类账户。(　　)

7. 财产清查就是对各种实物财产进行的清查盘点。(　　)

8. 库存现金和银行存款的清查均应采用实地盘点的方法进行。(　　)

9. 未达账项仅指银行已经记账,而企业因未接到有关凭证而尚未记账的款项。(　　)

10. 清查盘点库存现金时,出纳员必须回避。(　　)

11. 对实物财产清查时,既要清查数量又要检验质量。(　　)

12. 现金清查结束后,应填写“现金盘点报告表”,并由盘点人和出纳人员签名或盖章。(　　)

13. “银行存款余额调节表”不能作为调整银行存款账面余额的原始凭证。(　　)

四、思考题

1. 为什么要进行财产清查？财产清查有何意义？

2. 试比较永续盘存制和实地盘存制。

3. 试述“待处理财产损益”账户的结构和用途。

4. 试述实物清查的注意事项。

五、业务题

1. 业务题一

(1)目的:编制银行存款余额调节表。

(2)湘诚服装有限责任公司201×年9月30日银行存款日记账余额为329 200元,银行对账单上的余额为328 400元,经逐笔核对后,查明有以下几笔未达账项:

① 公司于9月30日从其他单位收到转账支票一张,计36 000元,银行尚未入账。

② 公司于9月30日开出的转账支票6 400元,持票人尚未到银行办理转账,银行尚未入账。

③ 公司委托银行代收外埠销货款31 200元,银行已收到入账,但公司尚未收到银行的收款通知,没有入账。

④ 银行代付的电话费4 000元,公司尚未收到银行的付款通知,没有入账。

⑤ 银行计算的存款利息1 600元,已记入公司存款户,但公司尚未入账。

(3)要求:根据上述资料编制“银行存款余额调节表”。

2. 业务题二

(1)目的:财产清查结果的会计处理。

(2)资料:湘诚服装有限责任公司201×年12月31日进行财产清查,发现下列情况:

① 对现金和有价证券进行实地盘点,发现现金长款10元,企业上月临时购进的C公司债券短缺100元。经反复核查,长款未查明原因,债券短缺系出纳的责任,应由其赔偿。

② 对原材料仓库进行全面盘点。通过实地盘点,发现账外棉布4 000米,价值16 000元;采用技术推算法发现C材料亏损2 500元,经查明,棉布盘盈系计量仪器不准,出现计量误差累计所致;C材料的亏损,2 100元为定额内的自然损耗,另400元为管理不善所造成,属于保管员李四的责任。

③ 在财产清查中,发现账外机器1台,其重置价值为4 800元,估计折旧为1 000元;发现盘亏设备1台,其原价为8 000元,已提折旧1 500元。

④ 公司应付某单位货款4 300元,因该单位撤销而无法支付,经批准进行处理。

⑤ 公司应收某单位货款8 000元,因债务人死亡,确实无法收回,经批准作坏账处理。(采用备抵法)

(3)要求:根据以上资料编制相关审批前和审批后会计分录。

模块 6 会计报表

——账簿信息的高度浓缩、会计工作的“最终产品”

模块能力目标

通过该模块的学习，能编制资产负债表和利润表。

模块知识目标

通过该模块的学习，了解会计报表的意义、种类和编制要求；理解资产负债表、利润表的概念与作用，编制的理论依据；掌握资产负债表和利润表的基本结构和内容；掌握资产负债表和利润表的编制方法。

项目6.1 资产负债表的编制

6.1.1 训练

1. 训练资料

(1)项目4.2登记的湘诚服装有限责任公司12月份的总账和明细账。

(2)项目4.4编制的试算平衡表,如表6.1所示。

表6.1 项目4.4总分类账户本期发生额及余额试算平衡表

账户	期初余额		本期发生额		期末余额	
	借方	贷方	借方	贷方	借方	贷方
库存现金	1 500		65 760	65 760	1 500	
银行存款	1 366 500.89		299 732	218 785.89	1 447 447	
应收账款	67 800		88 012	69 732	86 080	
应收票据	20 000		0	0	20 000	
其他应收款	5 000		2 000	5 000	2 000	
在途物资	60 000		92 200	92 200	60 000	
原材料	149 400		92 200	46 000	195 600	
生产成本	75 000		115 920	160 000	30 920	
库存商品	57 000		160 000	83 480	133 520	
固定资产	1 856 000		0	0	1856 000	
累计折旧		450 000	0	0		450 000
无形资产	24 000		0	0	24 000	
短期借款		150 000	0	50 000		200 000
应付账款		56 000	0	0		56 000
应付职工薪酬		63 560	63 560	84 320		84 320
其他应付款		5 000	0	0		5 000
应交税费		36 675.89	52 315.89	156 606.4		140 966.4
应付股利		68 440	0	400 000		468 440
长期借款		120 000	0	0		120 000
实收资本		2 000 000	0	100 000		2 100 000
资本公积		122 500	0	0		122 500
盈余公积			0	41 861.56		41 861.56
本年利润		518 800	662 400	143 600		
利润分配		91 225	441 861.56	418 615.6		67 979.04
制造费用			15 600	15 600		
主营业务收入			143 600	143 600		
主营业务成本			83 480	83 480		

续表

账户	期初余额		本期发生额		期末余额	
	借方	贷方	借方	贷方	借方	贷方
管理费用			25 610	25 610		
销售费用			2 500	2 500		
所得税费用			132 194. 4	132 194. 4		
合计	3 682 200. 89	3 682 200. 89	2 538 945. 85	2 538 945. 85	3 857 067	3 857 067

2. 训练要求

根据以上资料编制湘诚服装有限责任公司 12 月份的资产负债表。资产负债表格式如表 6. 2 所示。

表 6. 2　资产负债表(账户式)

资产负债表(账户式)　　会企 01 表

编制单位：　　年　月　日　　单位:元

资　　产	期末余额	年初余额	负债和所有者权益（或股东权益）	期末余额	年初余额
流动资产：			流动负债：		
货币资金			短期借款		
交易性金融资产			交易性金融负债		
衍生金融资产			衍生金融负债		
应收票据及应收账款			应付票据及应付账款		
预付账款			预收账款		
其他应收款			合同负债		
存货			应付职工薪酬		
合同资产			应交税费		
持有待售资产			其他应付款		
一年内到期的非流动资产			持有待售负债		
其他流动资产			一年内到期的非流动负债		
流动资产合计			其他流动负债		
非流动资产：			流动负债合计		
债权投资			非流动负债：		
其他债权投资			长期借款		
长期应收款			应付债券		
长期股权投资			其中:优先股		
其他权益工具投资			永续债		
其他非流动金融资产			长期应付款		
投资性房地产			预计负债		
固定资产			递延收益		

续表

资　产	期末余额	年初余额	负债和所有者权益 (或股东权益)	期末余额	年初余额
在建工程			递延所得税负债		
生产性生物资产			其他非流动负债		
油气资产			非流动负债合计		
无形资产			负债合计		
开发支出			所有者权益(或股东权益):		
商誉			实收资本(或股本)		
长期待摊费用			其他权益工具		
递延所得税资产			其中:优先股		
其他非流动资产			永续债		
非流动资产合计			资本公积		
			减:库存股		
			其他综合收益		
			盈余公积		
			末分配利润		
			所有者权益(或股东收益)合计		
资产合计			负债及所有者权益(或股东权益)总计		

6.1.2 会计报表的概念和种类

1. 会计报表的概念

会计报表是指企业对外提供的、综合反映其在某一特定日期财务状况及某一会计期间经营成果和现金流量成果和现金流量的书面文件。会计报表是企业对外提供财务会计信息的最主要形式,编制会计报表是会计核算的一种专门方法,也是会计核算的结果和最后环节。

企业在生产经营活动中,发生了大量的经济业务,会计部门根据经济业务的原始凭证编制了记账凭证,并分门别类地登记到各个会计账簿中,然后再将分散在会计凭证、会计账簿中的数据,进行归类、整理、分析后,定期地编制会计报表。可见,会计数据的加工处理过程经过了三个阶段:①凭证:一张凭证只记录了一条经济业务发生的数据,凭证分散,数据未经加工归类;②账簿:对会计数据进行了分类、汇总和计算,会计数据已经汇入若干本"账簿"之中,这样,不仅可以反映个别信息,还可以反映某类或总体的信息,方便查询和使用;③会计报表:会计报表是账簿数据的进一步提炼和高度浓缩。会计报表把最重要的、基本的会计信息集中在几张表格上,方便报表的使用者在最短的时间内了解企业。

2. 会计报表的种类

1)按会计报表反映的经济内容分类

按会计报表反映的经济内容可将会计报表分为财务状况的报表、经营成果的报表、现金流量的报表、收支情况的报表和成本费用的报表等。

企业的财务状况主要通过企业的资产、负债、所有者权益等会计要素反映出来，这类报表有资产负债表。企业的经营成果主要通过企业的收入、费用、利润等会计要素反映出来，这类报表有利润表、利润分配表。反映企业现金流量情况的报表主要有现金流量表。反映企业收支情况的报表有主营业务收支明细表。反映企业成本费用的报表有产品生产成本明细表。

2）按会计报表反映的资金运动状态分类

按会计报表反映的资金运动状态可将会计报表分为静态会计报表和动态会计报表。

静态会计报表是反映企业某一时点的资产、负债、所有者权益等财务状况报表。资产负债表就属于静态会计报表。

动态会计报表是反映企业某一时期（一月、一年）情况的报表。利润表、现金流量表就属于动态会计报表。

3）按会计报表的报送对象分类

按会计报表的报送对象可将会计报表分为对外会计报表和对内会计报表。

对外会计报表是企业按照会计制度的统一规定编制的，供企业外部的政府部门、投资者和债权人等使用的会计报表。资产负债表、利润表、现金流量表等必须对外报送。

对内会计报表主要是根据企业内部管理的需要自行规定、自行设计的为企业内部管理者提供必要会计信息的报表。主营业务收支明细表、产品生产成本明细表等一般不对外公开。

4）按会计报表的编制主体分类

按会计报表的编制主体可将会计报表分为个别会计报表、合并会计报表和汇总会计报表。

个别会计报表是反映基层单位财务状况和经营成果的报表，是各独立核算单位根据本单位会计账簿资料加工编制而成的报表。

合并会计报表是指以母公司和子公司组成的企业集团为一个会计主体，以母公司和子公司单独编制的个别会计报表为基础，由母公司编制的综合反映企业集团经营成果、财务状况及变动情况的会计报表，如合并资产负债表、合并利润表、合并现金流量表等。

汇总会计报表是由上级主管单位根据所属各单位会计报表汇总编制的反映某一系统或某一地区的财务状况和经营成果的报表。

5）按会计报表的编制时间分类

按会计报表的编制时间可将会计报表分为年度会计报表和中期会计报表。

年度会计报表是指年度终了后按会计年度编制和报送的会计报表。资产负债表、利润表、利润分配表、现金流量表等就需要按年度编制。

中期会计报表又可以分为半年度、季度、月度会计报表。半年度会计报表是指在每个会计年度的前6个月结束后编制的会计报表；季度会计报表是指一个季度结束后按季度编制和报送的会计报表；月度会计报表是指月度结束后按月度编制和报送的会计报表，资产负债表、利润表等就还需要按月编制。

为了满足管理的特殊需要，有时单位还要求编制日报、时报等报表。按照国际会计惯例，企业编制的会计报表主要是资产负债表、损益表、现金流量表以及有关附表附注。我国《企业会计制度》规定的会计报表的名称、编报期如表6.3所示。

表6.3 会计报表的名称和编报期

编号	会计报表名称	编报期
会企01表	资产负债表	中期报表、年度报表
会企02表	利润表	中期报表、年度报表
会企03表	现金流量表	年度报表
会企04表	所有者权益变动表	年度报表

6.1.3 会计报表的组成

会计报表一般由表头、表体、表尾和附表组成。表头部分列示报表的名称、编制单位、编报时间、报表编号、货币单位等;表体部分是报表的主体和核心,主要列示报表的主要项目,由报表内容决定;表尾部分主要是对表体内容的补充说明,它提供企业和有关部门需要了解的有关指标的详细内容。附表是对主表的补充说明,是另一张报表,如利润分配表是利润表的附表。报表组成部分如表6.4所示。

表6.4 会计报表的组成

资产负债表(账户式) 会企01表 }表头

编制单位: 年 月 日 单位:元

资　　产	期末余额	年初余额	负债和所有者权益（或股东权益）	期末余额	年初余额
流动资产			流动负债		
货币资金			短期借款		
(略)			(略)		
资产总计			权益总计		

}表体

制表人: 制表日期: }表尾

6.1.4 会计报表的编制要求

为了确保会计报表信息的可靠性,提高会计报表数据的相关性,使其真正成为有助于报表使用者作出正确决策的有用信息,各单位在对账、结账和财产清查基础上,以登记完整、核对无误的会计账簿记录为主要依据,编制会计报表。为了保证会计报表的质量,企业编制会计报表时要做到内容完整、计算准确、数字真实、编报及时。

内容完整是指会计报表要提供全面的会计信息,不得少报、漏报。对于应当填列的,无论是表内项目还是表外项目,都应填报齐全。对于一些重要信息,应以适当形式予以披露。

计算准确是指会计报表要做到数字准确,不得用估计数代替实际数。企业应当依照国家统一的会计制度规定,对会计报表中各项会计要素进行合理的确认和计量,不得随意改变会计要素的确认和计量标准。在日常的会计核算中,会计人员要严格遵守会计准则和各项会计法规制度。企业会计要按权责发生制确认有关业务,要以科学的分配标准,来正确计算成本、费用和利润。要做好清查盘点工作，经常进行账证核对、账账核对、账表核对，以保证账实相符，计算准确。

数字真实是指会计报表反映的各种数据要真实可靠，不得弄虚作假、掩盖真相。任何组织或者个人不得授意、指使、强令企业编制和对外提供虚假的或者隐瞒重要事实的会计报表。会计报表之间、会计报表各项目之间，凡有对应关系的数字，应当相互一致；会计报表中本期与上期的有关数字应当相互衔接。

编报及时是指会计报表要按规定的时间和方式及时转送相关部门。会计报表所提供的会计资料有很强的时效性，如果编报不及时，很有可能就会失去它应有的价值。一般情况下，月度会计报表应于月份终了后6天内报出（节假日顺延，下同）；季度会计报表应于季度终了15日内报出；半年度会计报表应于年度中期结束后60天内对外报出；年度会计报表应于年度终了后4个月内报出。

6.1.5 资产负债表的概念和作用

1. 资产负债表的概念

资产负债表是总括反映企业某一特定日期（月末、季末或年末）全部资产、负债和所有者权益情况的会计报表。资产负债表是根据“资产 = 负债 + 所有者权益”的会计基本等式编制而成的，是反映企业静态财务状况的一种基本报表。一般要求按月、按年编制。

2. 资产负债表的作用

资产负债表是会计报表分析的主要信息来源，是进行各项经济活动分析的基础。资产负债表能够反映企业在特定时点拥有的资产及其分布状况的信息；能够反映企业的财务实力、支付能力和偿债能力；能够反映在特定时点投资人所拥有的净资产及其形成的原因；能够反映企业财务发展状况的趋势。因此，它对于一切会计信息使用者都具有十分重要的意义。

1）反映资产及其分布状况

资产负债表能够反映企业在特定时点拥有的资产及其分布状况的信息。它表明企业在特定时点所拥有的资产总量有多少，各项资产的分布状况，例如流动资产有多少，固定资产有多少，长期投资有多少，无形资产有多少等。通过资产负债表可以了解企业所拥有的各种经济资源及其分布、配置情况，经营者据此可以分析企业资源分布是否合理。

2）反映企业的财务实力、支付能力和偿债能力

资产负债表能够表明企业在特定时点所承担的债务、偿还时间及偿还对象。如果是流动负债，就必须在1年内偿还；如果是长期负债，偿还期限就可以超过1年。投资者和债权人可以根据偿债能力中各项资产与各项负债的对比分析，可以评价企业的支付能力和偿债能力，并做出相应的决策。

3）反映净资产及其形成原因

资产负债表能够反映在特定时点投资人所拥有的净资产及其形成的原因。净资产即股东权益，在某一个特定时点，资产应该等于负债加股东权益，因此，净资产就是资产减负债。在资产负债表里除了反映所有者投入的实收资本，还反映所有者所享有的资本公积、盈余公积和未分配利润。

4）反映企业财务发展状况趋势

资产负债表能够反映企业财务发展状况趋势。当然，孤立地看一个时点数，也许反映

的问题不够明显,但是如果把几个时点数排列在一起,企业财务发展状况的趋势就很明显了。例如企业的应收账款,第1年是10万元,第2年是20万元,第3年是30万元,第4年是40万元。如果把这4年的时点数字排在一起,就很容易发现,这个企业的应收账款呈逐年上升的趋势。应收账款逐年上升的趋势表明,或者销售环节没有管好应收账款,或者说明企业做好了,市场扩大了,相应的应收账款也增加了。通过资产负债表前后期的对比分析,经营者、投资人、债权人据此可以分析企业未来的财务发展趋势。

6.1.6 资产负债表的内容和格式

1. 资产负债表的内容

资产负债表是反映企业财务状况的报表。其构成内容主要包括资产、负债和所有者权益三大类会计要素。

1)资产

资产是指过去的交易、事项形成并由企业拥有或者控制的资源,该资源预期会给企业带来经济利益。资产包括流动资产和非流动资产。其中流动资产项目包括货币资金、应收票据及应收账款、预付账款、其他应收款、存货等;非流动资产项目包括固定资产、在建工程、无形资产、长期待摊费用等。

2)负债

负债是指过去的交易、事项形成的现时义务,履行该义务预期会导致经济利益流出企业。负债包括流动负债、非流动负债等两大项。流动负债项日包括短期借款、应付票据及应付账款、预收账款、应付职工薪酬、应交税费、其他应付款等;非流动负债项目包括长期借款、应付债券、长期应付款、预计负债等。

3)所有者权益

所有者权益是指所有者在企业净资产中享有的经济利益,其金额为资产减去负债后的余额。所有者权益包括实收资本(或者股本)、资本公积、盈余公积、未分配利润等四大项。

2. 资产负债表的格式

资产负债表的格式一般有两种,即账户式资产负债表和报告式资产负债表。

1)账户式资产负债表

一般为左右对照的账户形式。左边列示企业的资产项目,资产按照其流动性大小分类分项列示,先排流动资产,后排非流动资产。右边列示企业的负债和所有者权益项目,负债按照其债务偿还期的长短分类分项列示,偿还期短的负债排列在前,偿还期长的负债排列在后;所有者权益按照权益永久程度的高低分类分项列示,永久程度高的权益排列在前面,永久程度低的权益排列在后面。根据“资产 = 负债 + 所有者权益”的会计恒等式,左方的资产总额等于右方的负债和所有者权益总额。账户式资产负债表的参考格式如表6.2所示。

2)报告式资产负债表

报告式资产负债表采用资产、负债和所有者权益从上到下依次垂直排列的方式。上面列示资产项目,下面列示负债和所有者权益项目,并根据“资产 - 负债 = 所有者权益”的公式进行编制。报告式资产负债表的格式如表6.5所示。

表6.5　资产负债表的格式(报告式)

资产负债表

（简化式）

会企01表

编制单位：　　　　年　月　日　　　　单位:元

项　目	金　额
一、资产	
流动资产	
非流动负债	
资产合计	
二、负债	
流动负债	
非流动负债	
负债合计	
所有者权益	
实收资本	
资本公积	
盈余公积	
未分配利润	
三、所有者权益合计	

6.1.7　资产负债表的编制方法

1.资产负债表的资料来源

通常,资产负债表的各项目均需填列“年初余额”和“期末余额”两栏。其中“年初数”栏内各项数字,应根据上年末资产负债表的“期末余额”栏内所列数字填列。如果本年度资产负债表规定资产负债表各项目的名称和内容与上年度不一致,则应对上年年末资产负债表各项目的名称和数字按照本年度的规定进行调整,填入本表“年初余额”栏内。

“期末余额”则可分月末、季末或年末的数字,其资料来源有以下几个方面:

(1)直接根据总账科目的余额填列;

(2)根据几个总账科目的余额计算填列;

(3)根据有关明细账计算填列;

(4)根据总账和明细账两者的余额分析计算填列;

(5)根据有关资产账户与其备账户抵消后的净额填列。

2.资产负债表部分项目内容和填列方法

(1)“货币资金”项目,反映企业库存现金、银行结算户存款、外埠存款、银行汇票存款、银行本票存款、信用卡存款、信用证保证金存款等的合计数。本项目应根据“库存现金”、“银行存款”、“其他货币资金”科目期末余额合计填列。

(2)“交易性金融资产”项目,反映资产负债表日企业分类为以公允价值计量且其变动计入当期损益的金融资产,以及企业持有的直接指定为以公允价值计量且其变动计入当期损益的金融资产的期末账面价值。该项目应根据“交易性金融资产”科目的相关明细科目期末余额分析填列。

(3)“应收票据及应收账款”项目,反映资产负债表日以摊余成本计量的,企业因销售商品、提供服务等经营活动应收取的款项,以及收到的商业汇票,包括银行承兑汇票和商业承兑汇票。该项目根据“应收票据”科目的期末余额以及“应收账款”和“预收账款”科目所属的相关明细科目的期末贷方余额合计数,减去“坏账准备”科目中相关坏账准备期末余额后的金额填列。

(4)“预付账款”项目,反映企业预付给供货单位或供应劳务单位的款项。本项目应根据“预付账款”和“应付账款”账户所属各明细账户的期末借方余额合计数减去“坏账准备”科目中有关坏账准备期末余额后的金额填列。如果“预付账款”账户所属各明细账户期末有贷方余额的,应在本表“应付账款”项目内填列。如果“应付账款”账户所属明细账户有借方余额的,也应包括在本项目内。

(5)“其他应收款”项目,应根据“应收利息”、“应收股利”和“其他应收款”科目的期末余额合计数,减去“坏账准备”科目中相关坏账准备期末余额后的金额填列。

(6)“存货”项目,反映企业期末在库、在途和在加工中的各种存货的可变现净值。本项目应根据“在途物资”、“原材料”、“材料成本差异”、“库存商品”、“发出商品”、“商品进销差价”、“生产成本”等科目的期末余额计算填列。

(7)“固定资产”项目,反映资产负债表日企业固定资产期末账面价值和企业尚未清理完毕的固定资产清理净损益。该项目应根据“固定资产”科目的期末余额,减去“累计折旧”和“固定资产减值准备”科目的期末余额后的金额,以及“固定资产清理”科目的期末余额填列。

(8)“在建工程”项目,反映资产负债表日企业尚未达到预定使用状态的在建工程的期末账面价值和企业为在建工程准备的各种物资的期末账面价值。该项目应根据“在建工程”科目的期末余额,减去“在建工程减值准备”科目的期末余额后的金额,以及“工程物资”科目的期末余额,减去“工程物资减值准备”科目的期末余额后的金额填列。

(9)“无形资产”项目,反映企业各项无形资产的期末可收回金额。本项目应根据“无形资产”账户的期末余额减去“无形资产累计摊销”、“无形资产减值准备”账户期末余额后的金额填列。

(10)“短期借款”项目,反映企业借入尚未归还的一年期以下(含一年)的借款。本项目应根据“短期借款”账户的期末余额填列。

(11)“应付票据及应付账款”项目,反映资产负债表日企业因购买材料、商品和接受服务等经营活动应支付款项,以及开出、承兑的商业汇票,包括银行承兑汇票和商业承兑汇票。该项目根据“应付票据”科目的期末余额以及“应付账款”和“预付账款”科目所属的相关明细科目的期末贷方余额合计数填列。

(12)“预收账款”项目,反映企业预收购买单位的账款。本项目应根据“预收账款”,账户所属各明细账户的期末贷方余额合计数填列。如果“预收账款”账户所属各明细账户期末有借方余额的,应在本表“应收账款”项目内填列。如果“应收账款”账户所属明细账户有贷方余额的,也应包括在本项目内。

(13)“应付职工薪酬”项目,反映企业应付未付的各种职工薪酬。本项目应根据“应付职工薪酬”科目所属各明细账户的期末贷方余额合计数填列。

(14)“应交税费”项目,反映企业期末未交、多交或未抵扣的各种税费。本项目应根据“应交税费”科目所属明细账户的期末贷方余额合计数填列。如果“应交税费”科目期末为借方余额,应以“-”号填列。

(15)“其他应付款”项目,应根据“应付利息”、“应付股利”和“其他应付款”科目的期末余额合计数填列。

(16)“实收资本”项目,反映企业各投资者实际投入的资本总额。本项目应根据“实收资本”科目的期末余额填列。

(17)“资本公积”项目,反映企业资本公积的期末余额。本项目应根据“资本公积”科目的期末余额填列。

(18)“盈余公积”项目,反映企业盈余公积的期末余额。本项目应根据“盈余公积”科目的期末余额填列。

(19)“未分配利润”项目,反映企业尚未分配的利润。本项目应根据“本年利润”科目和“利润分配”科目的余额计算填列。未弥补的亏损,在本项目内以“-”号填列。

3. 资产负债表编制方法举例

【例6.1】 (1)资料:湘诚服装有限责任公司201×年12月31日的总分类账户余额如表6.6所示。

表6.6 201×年12月31日企业科目余额表

201×年12月31日　　单位:元

科目名称	借方余额	科目名称	贷方余额
库存现金	2 000	短期借款	100 000
银行存款	866 000	应付票据	50 000
其他货币资金	7 500	应付账款	936 000
应收票据	124 000	其他应付款	50 000
应收账款	580 000	应付职工薪酬	182 000
预付账款	100 000	应交税费	206 600
其他应收款	15 000	应付股利	42 215
材料采购	79 250	坏账准备(据应收账款计提)	2 900
原材料	245 000	累计折旧	190 000
生产成本	59 750	累计摊销(属无形资产摊销)	50 000
库存商品	1 417 750	长期借款	1 140 000
固定资产	3 901 000	其中:一年内到期的长期借款	600 000
无形资产	1 078 000	实收资本	5 000 000
		资本公积	200 000
		盈余公积	131 035
		利润分配(未分配利润)	194 500
合计	8 475 250	合计	9 075 250

(2)根据以上资料编制的湘诚服装有限责任公司201×年12月31日的资产负债表见表6.7所示。

说明:根据上述表6.6总分类账户期末余额表资料,在编制资产负债表时,要注意以下项目的填列:

① 货币资金=2 000+866 000+7 500 = 875 500元

② 应收票据及应收账款=124 000+580 000-2 900=701 100元

③ 存货 = 79 250 + 245 000 + 59 750 + 1 417 750 = 1 801 750元

④ 固定资产 = 3 901 000 -190 000 = 3 711 000元

⑤ 无形资产=1 078 000-50 000=1 028 000元

⑥应付票据及应付账款=50 000+936 000=986 000

⑦其他应付款=50 000+42 215=92 215

⑧ 长期借款=1 140 000-600 000=540 000元

资产负债表其他项目的数额可根据总账余额直接填列。

表6.7 201×年12月31日资产负债表(账户式)

资产负债表

会企01表

编制单位:湘诚服装有限责任公司　　201×年12月31日　　单位:元

资　产	期末余额	年初余额	负债和所有者权益(或股东权益)	期末余额	年初余额
流动资产:		(略)	流动负债:		(略)
货币资金	875 500		短期借款	100 000	
交易性金融资产			交易性金融负债		
衍生金融资产			衍生金融负债		
应收票据及应收账款	701 100		应付票据及应付账款	986 000	
预付款项	100 000		预收款项		
其他应收款	15 000		合同负债		
存货	1 801 750		应付职工薪酬	182 000	
合同资产			应交税费	206 600	
持有待售资产			其他应付款	92 215	
一年内到期的非流动资产			持有待售负债		
其他流动资产			一年内到期的非流动负债	600 000	
流动资产合计	3 493 350		其他流动负债		
非流动资产:			流动负债合计	2 166 815	
债权投资			非流动负债:		
其他债权投资			长期借款	540 000	
长期应收款			应付债券		
长期股权投资			其中:优先股		
其他权益工具投资			永续债		
其他非流动金融资产			长期应付款		

续表

资　　产	期末余额	年初余额	负债和所有者权益（或股东权益）	期末余额	年初余额
投资性房地产			预计负债		
固定资产	3 711 000		递延收益		
在建工程			递延所得税负债		
生产性生物资产			其他非流动负债		
油气资产			非流动负债合计	540 000	
无形资产	1 028 000		负债合计	2 706 815	
开发支出			所有者权益（或股东权益）：		
商誉			实收资本（或股本）	5 000 000	
长期待摊费用			其他权益工具		
递延所得税资产			其中：优先股		
其他非流动资产			永续债		
非流动资产合计	4 739 000		资本公积	200 000	
			减：库存股		
			其他综合收益		
			盈余公积		
			未分配利润	194 500	
			所有者权益（或股东权益）合计	5 525 535	
资产合计	8 232 350		负债及所有者权益（或股东权益）总计	8 232 350	

项目6.2　利润表的编制

6.2.1　训练

1. 训练资料

湘诚服装有限责任公司12月份有关损益类账户发生额见项目6.1。

2. 训练要求

根据以上资料编制12月的利润表。利润表格式如表6.8所示。

表6.8　利润表的格式（多步式）

利　润　表

会企02表

编制单位：　　　　年　　月　　　　单位：元

项　　目	本期金额	上期金额
一、营业收入		
减：营业成本		
税金及附加		

续表

项　　目	本期金额	上期金额
销售费用		
管理费用		
研发费用		
财务费用		
其中:利息费用		
利息收入		
资产减值损失		
加:其他收益		
投资收益(损失以"-"填列)		
其中:对联营企业和合营企业的投资收益		
公允价值变动收益(损失以"-"填列)		
资产处置收益(损失以"-"填列)		
二、营业利润(亏损以"-"填列)		
加:营业外收入		
减:营业外支出		
三、利润总额(亏损总额以"-"填列)		
减:所得税费用		
四、净利润(净亏损以"-"填列)		
(一)持续经营净利润(净亏损以"-"填列)		
(二)终止经营净利润(净亏损以"-"填列)		
五、其他综合收益的税后净额		
(一)不能重分类进损益的其他综合收益		
(二)将重分类进损益的其他综合收益		
六、综合收益总额		
七、每股收益		
(一)基本每股收益		
(二)稀释每股收益		

6.2.2 利润表的概念和作用

1. 利润表的概念

利润表,又称损益表,是反映企业在一定期间(月度、季度、半年度、年度)收入、费用和经营成果情况的会计报表。利润表是以"收入-费用=利润"或以"利润总额=营业利润+营业外收支净额"为理论依据编制而成的。一般要求按月、按年编制。

2. 利润表的作用

利润表作为一种动态会计报表,揭示了企业利润(或亏损)的实际形成情况,对投资人、债权人、政府部门和其他会计资料的使用者全面了解企业的经营业绩具有十分重要的意义。

(1)通过利润表可以考核企业生产经营业绩。利润表提供了企业一段时期的营业利润、利润总额、净利润和每股收益等各项损益指标,便于全面评价企业的经营能力和经营成果,考核企业生产经营的工作业绩。

(2)通过利润表可以考核企业的管理水平。利润表提供了企业的收入、各种费用支出情况,便于了解企业的销售情况及市场前景,考核企业成本费用开支水平,便于管理者分析企业的盈利能力变动的具体原因,从而控制和降低成本费用开支水平,提高企业经济效益。

(3)通过利润表可以反映企业的获利能力。利润表可以帮助企业外部的投资人和债权人分析企业的盈利能力,预测企业在未来一段时期的盈利趋势,并据此作出是否进一步投资和信贷的决策。

(4)利润表提供的数据是税收部门征收所得税的主要依据。国家税收部门以利润表上的利润总额为基础,计算企业应纳税所得额,并按此计算应交所得税。在没有纳税调整项目的情况下,利润表上的利润总额可以作为计算应交所得税的依据。

6.2.3 利润表的格式

利润表按反映利润形成的过程不同主要有两个格式:一种是单步式利润表,另一种是多步式利润表。

1. 单步式利润表

单步式利润表是当期全部收入抵减当期全部支出,一次计算出当期损益的一种利润表。单步式利润表是以"收入 - 费用 = 利润"这一公式为理论基础,将收入、费用、利润三大要素分别列示,反映出企业利润的形成过程。因此计算只有一个相减的步骤,故称单步式利润表。其格式如表6.9所示。

单步式利润表的优点是收入费用归类清楚,经营成果的确认比较直观,报表编制方法简单;不足之处是利润表中的收入和费用不能配比,无法揭示利润中各要素之间的内在联系,不便于对企业经营成果进行分析和评价。

2. 多步式利润表

多步式利润表是按照利润的性质,分层次计算利润的一种利润表。多步式利润表是以"利润总额 = 营业利润 + 营业外收入 - 营业外支出"这一公式为理论基础,将企业利润的构成内容分别列示,反映出企业利润的形成过程。多步式利润表一般按以下几步计算利润。

第一步,计算营业利润。从营业收入出发,减去为取得营业收入发生的相关营业成本、税金、销售费用、管理费用、财务费用、资产减值损失后,再加上公允价值变动净收益和投资净收益后计算得出。

第二步,计算利润总额。在营业利润基础上,加上营业外收入、减去营业外支出后计算得出。

第三步,计算净利润。在利润总额的基础上,减去本期所得税费用后计算得出。其格式如表6.8所示。

多步式利润表的优点是按利润的性质分步计算利润,利润表中的收入和费用合理配比,反映了净利润各要素之间的内在联系,便于报表使用者进行盈利分析和预测企业的盈利能力;不足之处是报表编制方法比较复杂。根据我国企业会计准则应用指南规定,企业利润表应当采用多步式利润表格式。

表 6.9 利润表的格式(单步式)

利 润 表

会企 02 表

编制单位: 年 月 单位:元

项 目	本期金额	上期金额
一、收入		
主营业务收入		
其他业务收入		
投资收益		
营业外收入		
收入合计		
二、费用		
主营业务成本		
税金及附加		
其他业务成本		
管理费用		
财务费用		
销售费用		
营业外支出		
所有税费用		
费用合计		
三、净利润		

6.2.4 利润表的编制方法

如表 6.8 所示,利润表的“上期金额”栏内各项数字,应根据上期利润表“本期金额”栏内所列数字填列。如果上期利润表的各个项目的名称和内容与本期不相一致,应对上期利润表各项目的名称和数字按本期的规定进行调整,填入“上期金额”栏内。

本表“本期金额”栏内各项数字一般应反映以下内容。

(1)“营业收入”项目,反映企业主营业务和其他业务所确认的收入总额。本项目应根据“主营业务收入”、“其他业务收入”等科目的发生额分析填列。如果该科目借方记录有销售退回等,应抵减本期的销售收入,按其销售收入净额填列本项目。

(2)“营业成本”项目,反映企业主营业务和其他业务发生的实际成本总额。本项目应根据“主营业务成本”、“其他业务成本”科目发生额分析填列。

(3)“税金及附加”项目,反映企业经营业务应负担的消费税、城市维护建设税、资源税、土地增值税和教育费附加税等,但不包括增值税。本项目应根据“税金及附加”科目的发生额分析填列。

(4)“销售费用”项目,反映企业在销售商品过程中发生的包装费、广告费等和为销售本企业商品而专设的销售机构的职工薪酬、业务费等经营费用。“管理费用”项目,反映企业组织和管理生产经营发生的管理费用。“财务费用”项目,反映企业筹集生产经营所需资金等而发生的筹资费用。应根据相关科目的发生额分析填列。

(5)“资产减值损失”项目,反映企业各项资产发生的减值损失。本项目应根据“资产减值损失”科目发生额分析填列。

(6)“公允价值变动收益”项目,反映企业按照相关准则规定应当计入当期损益的资产或负债公允价值变动净收益,本项目应根据“公允价值变动损益”科目发生额分析填列。如交易性金融资产当期公允价值的变动净额为净损失,以“ - ”号填列。

(7)“投资收益”项目,反映企业以各种方式对外投资所取得的扣除投资损失后的净损益。本项目应根据“投资收益”科目发生额分析填列。企业持有的交易性金融资产处置和出售时,处置收益部分应当自“公允价值变动损益”项目转出,列入本项目。

(8)“营业外收入”项目和“营业外支出”项目,反映企业发生的与生产经营无直接关系的各项收入和支出。这两个项目分别根据“营业外收入”和“营业外支出”科目的发生额分析填列。

(9)“利润总额”项目,反映企业实现的利润。如为亏损,以“ - ”号填列。

(10)“所得税费用”项目,反映企业从当期损益中扣除的所得税。本项目应根据“所得税费用”科目的发生额分析填列。

(11)“净利润”项目,反映企业交纳所得税后的利润。如为亏损,以“ - ”号填列。

6.2.5 利润表编制举例

【例 6.2】 (1)资料:湘诚服装有限责任公司 201 × 年 12 月各损益账户发生额资料如表 6.10 所示。

表 6.10 各损益类账户发生额

账户名称	本月借方发生额	本月贷方发生额
主营业务收入		1 600 000
其他业务收入		80 000
主营业务成本	900 000	
其他业务成本	25 000	
营业税金及附加	20 000	
销售费用	5 000	
管理费用	21 000	
财务费用	2 000	
投资收益		14 000
营业外收入		5 000
营业外支出	4 000	
所得税费用	238 260	

(2)编制利润表如表6.11所示。

表6.11　201×年12月利润表

利　润　表

会企02表

编制单位:湘诚服装有限责任公司　　201×年　12　月　　单位:元

项　　目	本期金额	上期金额
一、营业收入	1 680 000	(略)
减:营业成本	925 000	
税金及附加	2 000	
销售费用	5 000	
管理费用	21 000	
研发费用		
财务费用	2 000	
其中:利息费用		
利息收入		
资产减值损失		
加:其他收益		
投资收益(损失以“-”填列)	14 000	
其中:对联营企业和合营企业的投资收益		
公允价值变动收益(损失以“-”填列)		
资产处置收益(损失以“-”填列)		
二、营业利润(亏损以“-”填列)	721 000	
加:营业外收入	5 000	
减:营业外支出	4 000	
三、利润总额(亏损总额以“-”填列)	722 000	
减:所得税费用	238 260	
四、净利润(净亏损以“-”填列)	483 740	
(一)持续经营净利润(净亏损以“-”填列)		
(二)终止经营净利润(净亏损以“-”填列)		
五、其他综合收益的税后净额		
(一)不能重分类进损益的其他综合收益		
(二)将重分类进损益的其他综合收益		
六、综合收益总额		
七、每股收益		
(一)基本每股收益		
(二)稀释每股收益		

本模块练习题

一、单选题

1. 下列会计报表中,反映企业在某一特定日期财务状况的是(　　)。
A. 现金流量表　B. 利润表　C. 资产负债表　D. 利润分配表
2. 月度报表不包括(　　)。
A. 资产负债表　B. 产品生产成本明细表
C. 利润表　D. 现金流量表
3. 根据我国统一会计制度的规定,企业资产负债表的格式是(　　)。
A. 报告式　B. 账户式　C. 多步式　D. 单步式
4. 在利润表中,从利润总额中减去(　　),得出净利润。
A. 应交所得税　B. 利润分配数　C. 营业费用　D. 所得税费用
5. 下列会计报表中,属于静态报表的是(　　)。
A. 利润表　B. 利润分配表　C. 现金流量表　D. 资产负债表
6. 最关心企业的偿债能力和支付利息能力的会计报表使用者是(　　)。
A. 政府机构　B. 债权人　C. 投资者　D. 企业职工

二、多项选择题

1. 财务会计报告分为(　　)。
A. 年度财务会计报告　B. 季度财务会计报告
C. 半年度财务会计报告　D. 月度财务会计报告
2. 企业会计报表按其反映的经济内容分为(　　)。
A. 资产负债表　B. 利润表
C. 现金流量表　D. 主营业务收入明细表
3. 下列各项中,属于中期财务会计报告的有(　　)。
A. 月度财务会计报告　B. 季度财务会计报告
C. 半年度财务会计报告　D. 年度财务会计报告
4. 按照《企业会计制度》的规定,月份终了需编制和报送的会计报表有(　　)。
A. 资产负债表　B. 利润表　C. 利润分配表　D. 现金流量表
5. 我国企业的利润表采用多步式,分步计算的利润指标有(　　)等。
A. 营业利润　B. 利润总额　C. 净利润　D. 每股利润
6. 下列资产负债表中的部分项目,属于所有者权益的有(　　)。
A. 实收资本　B. 资本公积　C. 盈余公积　D. 未分配利润
7. 下列各项中不能直接用总账余额直接填列的项目有(　　)。
A. 应收账款　B. 应收票据　C. 固定资产　D. 无形资产
8. 会计信息的使用者包括(　　)。
A. 企业投资者　B. 企业债权人
C. 政府及其相关机构　D. 企业管理者

三、判断题

1. 资产负债表是反映企业在一定时期内财务状况的报表。(　　)

2. 会计报表应当根据经过审核的会计账簿记录和有关资料编制。(　　)

3. 根据利润表,可以分析、评价企业的盈利状况并预测企业未来的损益变化趋势及获利能力。(　　)

4. 半年度财务会计报告是指在每个会计年度的前六个月结束后对外提供的财务会计报告。(　　)

5. 资产负债表中的“流动资产”各项目是按照资产的流动性由弱到强排列的。(　　)

四、思考题

1. 编制会计报表的要求有哪些?

2. 会计报表如何分类?

3. 资产负债表和利润表的编制的理论依据是什么?

五、业务题

1. 业务题一

(1)目的:编制资产负债表。

(2)资料:湘诚服装有限责任公司 201×年 6 月 30 日有关账户的余额如下表所示:

总分类账户期末余额表

201×年 6 月 30 日

账户名称	借方余额	账户名称	贷方余额
库存现金	20 000	短期借款	30 000
银行存款	115 000	应付票据	24 000
交易性金融资产	14 000	应付账款	45 000
应收票据	10 000	其他应付款	34 000
应收账款	23 000	应付职工薪酬	56 900
预付账款	4 700	应交税费	62 000
其他应收款	9 000	应付股利	20 000
材料采购	12 000	坏账准备(据应收账款计提)	5 000
原材料	27 000	累计折旧	60 000
生产成本	6 000	累计摊销(属无形资产摊销)	5 000
库存商品	30 000	长期借款	30 000
周转材料	6 000	其中:一年内到期的长期借款	6 000
持有至到期投资	102 000	实收资本	546 222
长期股权投资	18 000	资本公积	10 000
工程物资	15 000	盈余公积	15 689
固定资产	500 000	利润分配(未分配利润)	21 889
在建工程	20 000		
无形资产	34 000		
合　计	965 700		965 700

(3)根据上列资料编制 201×年 6 月 30 日的资产负债表。

2. 业务题二

(1)目的:编制利润表。

(2)资料:湘诚服装有限责任公司201×年6月有关损益账户的发生额如下表所示:

各损益类账户发生额

201×年6月

账户名称	本月借方发生额	本月贷方发生额
主营业务收入		1 450 000
其他业务收入		49 000
主营业务成本	670 000	
其他业务成本	18 600	
营业税金及附加	16 000	
销售费用	6 700	
管理费用	20 700	
财务费用	4 000	
投资收益		17 000
营业外收入		3 000
营业外支出	2 100	

(3)要求:根据上列资产编制201×年6月份利润表(所得税费用按利润总额的25%计算)。

模块
7

账务处理程序

——凭证、账簿、会计报表的组织形式

模块能力目标

通过该模块的学习，能正确运用记账凭证账务处理程序和科目汇总表账务处理程序。

模块知识目标

通过该模块的学习，了解各种账务处理程序的概念及其意义，理解各种账务处理程序的特点、优缺点及适用范围，掌握记账凭证账务处理程序和科目汇总表账务处理程序的核算要求。

项目7.1　记账凭证账务处理程序

7.1.1　训练

1. 训练资料

(1)项目1.1提供的原始凭证。

(2)项目3.2编制的收、付、转记账凭证。

(3)项目4.1登记的库存现金日记账和银行存款日记账。

(4)项目4.2登记的各种总分类账和明细账。

(5)项目6.1编制的资产负债表。

(6)项目6.2编制的利润表。

2. 训练要求

学会运用记账凭证账务处理程序。

7.1.2　账务处理程序的意义

会计核算工作是从会计凭证到会计账簿再到会计报表一步一步地开展。会计凭证、会计账簿、会计报表等会计核算工具与会计核算方法紧密结合,形成一个全面、连续、系统的会计核算体系。在实际工作上,不同行业、不同规模的核算单位由于业务繁简程度不同,对会计凭证、会计账簿、会计报表的组织要求有所不同,于是形成了不同的会计账务处理程序。

会计账务处理程序即会计核算形式,又称会计核算程序,是指采用专门方法,整理、汇总原始凭证,编制记账凭证、登记账簿,直至编制财务会计报表的方法和步骤。

在手工处理方式下,科学合理的会计账务处理程序有利于规范会计核算组织工作,加强岗位责任制,使会计工作有条不紊地开展;有利于提高会计核算工作效率和质量;有利于发挥会计核算工作的作用,更好地为企业经营管理服务;有利于降低会计核算成本。

任何单位都需要根据企业会计准则应用指南的规定,结合本单位的实际情况选择合适的账务处理程序。具体要求如下:

(1)与本单位经济活动的性质、特点、规模大小、业务繁简程度、核算管理要求相适应;

(2)提供正确、及时、完整的会计资料,以满足本单位内部及外部信息使用者对会计信息的需要;

(3)在保证会计资料正确、及时、完整的基础上,力求简化核算手续,节约人力、财力和物力,提高会计工作效益;

(4)有利于促进单位会计工作岗位责任制,有利于会计人员分工协作。

7.1.3　账务处理程序的种类

目前,我国企业、事业、机关等单位常用的会计账务处理程序主要有以下五种:

(1)记账凭证账务处理程序;

(2)科目汇总表账务处理程序;

(3)汇总记账凭证账务处理程序；

(4)日记总账账务处理程序；

(5)多栏式日记账账务处理程序。

各种账务处理程序的主要区别在于对汇总凭证、登记总分类账的依据和方法不同。随着会计电算化的发展,许多单位已采用电算化会计账务处理程序。

本教材着重介绍前两种主要的会计账务处理程序。

7.1.4 记账凭证账务处理程序的概念

记账凭证账务处理程序是根据原始凭证(或原始凭证汇总表)填制记账凭证,并根据记账凭证直接登记总分类账的一种账务处理程序。

记账凭证账务处理程序是一种最基本的账务处理程序,其他各种账务处理程序是在此基础上根据经济管理的需要发展形成的。

7.1.5 记账凭证账务处理程序的核算要求

在记账凭证账务处理程序下,凭证可采用通用记账凭证,也可以分别设置收款凭证、付款凭证、转账凭证三种格式。在记账凭证账务处理程序下,账簿的登记一般有日记账、明细账和总分类账。

7.1.6 记账凭证账务处理程序的核算步骤

记账凭证账务处理程序如图 7.1 所示。

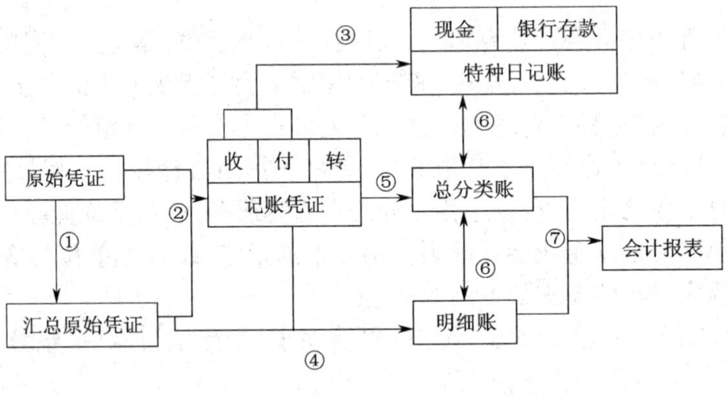

图 7.1 记账凭证账务处理程序图

可以表述为以下内容：

① 记账起点或依据是原始凭证和原始凭证汇总表；

② 根据原始凭证或者原始凭证汇总表填制收款凭证、付款凭证、转账凭证(或通用记账凭证)；

③ 根据收款凭证和付款凭证(或者有库存现金和银行存款科目的通用记账凭证)逐笔序时登记库存现金日记账和银行存款日记账；

④ 根据收款凭证、付款凭证、转账凭证(或通用记账凭证)及所附的原始凭证或原始凭证汇总表登记各种明细分类账；

⑤ 根据收款凭证、付款凭证、转账凭证(或通用记账凭证)逐笔登记总分类账；

⑥ 定期将日记账余额、各明细分类账余额与相应的总分类账余额核对并编制试算平衡表；

⑦ 期末根据总分类账、明细分类账的资料编制财务会计报表。

7.1.7　记账凭证账务处理程序的特点

记账凭证账务处理程序的主要特点是直接根据记账凭证逐笔登记总账。因此核算程序简单明了，易于掌握；同时，由于总分类账是根据记账凭证逐笔登记的，它更加详细地反映了经济业务的发生情况及账户对应关系，便于查账。但是，该种账务处理程序登记总分类账的工作量大，不便于对会计核算工作进行分工；其次该种账务处理程序产生较多的冗余会计信息。比如，现金日记账和现金总账提供相同的信息，银行存款日记账和银行存款总账提供相同的信息。

该种账务处理程序主要适用于规模小、业务量小、每月记账凭证不多的单位。

项目7.2　科目汇总表账务处理程序

7.2.1　训练

1. 训练资料

(1)项目1.1提供的原始凭证。

(2)项目3.2编制的收、付、转记账凭证。

2. 训练要求

根据以上收、付、转记账凭证按月编制科目汇总表。

7.2.2　科目汇总表账务处理程序的概念

科目汇总表账务处理程序是根据科目汇总表登记总分类账的一种账务处理程序。

科目汇总表是指根据一定时期内全部收款凭证、付款凭证、转账凭证(或通用记账凭证)，按总账科目归类、汇总，以"T"型账户计算每一总账科目的本期借方发生额和贷方发生额，用以作为登记总分类账依据的一种凭证。科目汇总表可以按期汇总，一次编一张，也可以按旬汇总、按月编制。

科目汇总表的编制方法是：

(1)将汇总记账凭证涉及的会计科目填列于科目汇总表"会计科目"栏中；

(2)计算借、贷方发生额填列于科目汇总表"借方发生额"、"贷方发生额"栏中；

(3)计算借、贷方发生额合计填列于科目汇总表"合计"栏中并进行试算平衡，平衡无误后才可作为登记总分账的依据。

7.2.3　科目汇总表账务处理程序的核算要求

科目汇总表账务处理程序与记账凭证账务处理程序相同，对凭证的设置可采用通用记账凭证或分别设置收款凭证、付款凭证、转账凭证。而对账簿的登记可采用日记账、明细分类账、总分类账。

7.2.4 科目汇总表账务处理程序的核算步骤

科目汇总表账务处理程序如图7.2所示。

可以表述为以下内容:

① 记账起点或依据是原始凭证和原始凭证汇总表;

② 根据原始凭证或者原始凭证汇总表填制收款凭证、付款凭证、转账凭证(或通用记账凭证);

③ 根据收款凭证和付款凭证(或者有库存现金和银行存款科目的通用记账凭证)逐笔序时登记库存现金日记账和银行存款日记账;

④ 根据收款凭证、付款凭证、转账凭证(或通用记账凭证)及所附的原始凭证或原始凭证汇总表登记各种明细分类账;

⑤ 根据收款凭证、付款凭证、转账凭证(或通用记账凭证)编制科目汇总表;

⑥ 根据科目汇总表登记总分类账;

⑦ 月末将日记账余额、各明细分类账余额与相应的总分类账余额核对;

⑧ 月末根据总分类账、明细分类账的资料编制财务会计报表。

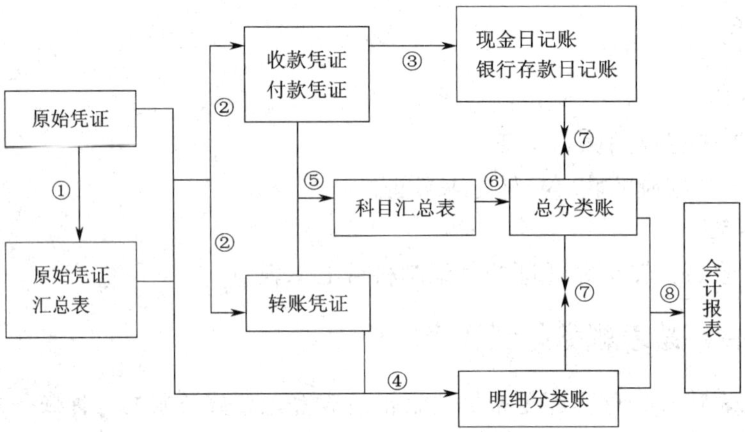

图7.2 科目汇总表账务处理程序图

7.2.5 科目汇总表账务处理程序的特点

科目汇总表账务处理程序的主要特点是:定期(一般为5天或10天)根据记账凭证编制科目汇总表,并根据科目汇总表登记总分类账。由于科目汇总表的编制和使用比较简单,根据科目汇总表定期登记总分类账,大大减轻了登记总分类账的工作量,并且能在入账前进行试算平衡,保证总账登记的准确性。但是,科目汇总表只汇总会计科目的本期借、贷方发生额,不进行对应科目的汇总,不能反映科目间的对应关系,加上总账上面是一个汇总的数据,不便于查对账目。

该种账务处理程序一般适用于经济业务量较多的单位。

7.2.6 科目汇总表账务处理程序应用

(1)湘诚服装有限责任公司201×年12月发生的经济业务已编制记账凭证如下:

201×年		凭证		摘要	一级科目	明细科目	借方金额	贷方金额
月	日	字	号					
12	01	记	001	收到投资	银行存款		100 000	
					实收资本	红山公司		100 000
12	02	记	002	取得借款	银行存款		50 000	
					短期借款			50 000
12	03	记	003	提取现金	库存现金		2 000	
					银行存款			2 000
12	04	记	004	采购材料	在途物资	蓝布	32 000	
					应交税费	应交增值税(进)	5 440	
					银行存款			37 440
12	04	记	005	材料验收入库	原材料	蓝布	32 000	
					在途物资	蓝布		32 000
12	05	记	006	预借差旅费	其他应收款	张烨	2 000	
					库存现金			2 000
12	06	记	007	销售商品	应收账款	长沙中天天信公司	69 732	
					主营业务收入	西装		59 600
					应交税费	应交增值税(销)		10 132
12	07	记	008	报销差旅费	管理费用		4 800	
					库存现金		200	
					其他应收款	王明		5 000
12	08	记	009	采购材料	在途物资	青布	60 000	
					应交税费	应交增值税(进)	10 200	
					银行存款			70 200
12	08	记	010	支付材料运费	在途物资	青布	200	
					库存现金			200
12	08	记	011	原材料验收入库	原材料	青布	60 200	
					在途物资	青布		60 200
12	09	记	012	收回欠款	银行存款		69 732	
					应收账款	长沙中天天信公司		69 732
12	10	记	013	生产产品领用材料	生产成本	西装	46 000	
					原材料	蓝布		16 000
						青布		30 000
12	11	记	014	提取现金	库存现金		63 560	
					银行存款			63 560
12	11	记	015	发放工资	应付职工薪酬		63 560	
					库存现金			63 560

续表

201×年		凭证		摘要	一级科目	明细科目	借方金额	贷方金额
月	日	字	号					
12	12	记	016	上交税款	应交税费	应交所得税	10 600	
						应交增值税(已交)	26 075.89	
					银行存款			36 675.89
12	13	记	017	支付广告费	销售费用	广告费	2 500	
					银行存款			2 500
12	14	记	018	销售产品	银行存款		80 000	
					应收账款	郴州通讯公司	18 280	
					主营业务收入	西装		84 000
					应交税费	应交增值税(销)		14 280
12	26	记	019	支付水电费	管理费用		810	
					制造费用	布料车间(水电费)	1 200	
						成衣车间(水电费)	4 400	
					银行存款			6 410
12	31	记	020	计算分配本月工资费用	生产成本	西装	54 320	
					制造费用	布料车间(工资)	4 000	
						成衣车间(工资)	6 000	
					管理费用		20 000	
					应付职工薪酬	工资		84 320
12	31	记	021	分配制造费用	生产成本	西装	15 600	
					制造费用	布料车间		5 200
						成衣车间		10 400
12	31	记	022	产品完工验收入库	库存商品	西装	160 000	
					生产成本	西装		160 000
12	31	记	023	结转已销商品成本	主营业务成本	西装	83 480	
					库存商品	西装		83 480
12	31	记	024	将本期收入转入本年利润	主营业务收入	西装	143 600	
					本年利润			143 600
12	31	记	025	将本期成本费用转入本年利润	本年利润		111 590	
					主营业务成本			83 480
					管理费用			25 610
					销售费用			2 500
12	31	记	026	计算本年所得税费用	所得税费用		132 194.4	
					应交税费	应交所得税		132 194.4

续表

201×年		凭证		摘要	一级科目	明细科目	借方金额	贷方金额
月	日	字	号					
12	31	记	027	将所得税费用转入本年利润	本年利润		132 194.4	
					所得税费用			132 194.4
12	31	记	028	结转本年利润	本年利润		418 615.6	
					利润分配	未分配利润		418 615.6
12	31	记	029	提取法定盈余公积金	利润分配	提取法定盈余公积	41 861.56	
					盈余公积	法定盈余公积金		41 861.56
12	31	记	030	向投资分配股利	利润分配	分配股利	400 000	
					应付股利			400 000

(2)在草稿纸上画“T”型账户汇总总分类账户发生额如下：

库存现金

(003)2 000	(006)2 000
(008)200	(010)200
(014)63 560	(015)63 560
本期发生额:65 760	本期发生额:65 760

银行存款

(001)100 000	(003) 2 000
(002)50 000	(004)37 440
(012)69 732	(009)70 000
(018)80 000	(014)63 560
	(016)36 675.89
	(017)2 500
	(019)6 440
本期发生额:299 732	本期发生额:218 785.89

其他应收款

(006)2 000	(008)5 000
本期发生额:2 000	本期发生额:5 000

应收账款

(007)69 732	(012)69 732
(018)18 280	
本期发生额:88 012	本期发生额:69 732

在途物资

(004)32 000	(005)32 000
(009)60 000	(011)60 200
(010)200	
本期发生额:92 200	本期发生额:92 200

短期借款

	(002)50 000
本期发生额:0	本期发生额:50 000

生产成本

(013)46 000 (020)54 320 (021)15 600	(022)160 000
本期发生额:115 920	本期发生额:160 000

制造费用

(019)5 600 (020)10 000	(021)15 600
本期发生额:15 600	本期发生额:15 600

应付股利

	(030)400 000
本期发生额:0	本期发生额:400 000

原材料

(005)32 000 (011)60 200	(013)46 000
本期发生额:92 200	本期发生额:46 000

管理费用

(008)4 800 (019)810 (020)20 000	(025)25 610
本期发生额:25 610	本期发生额:25 610

管理费用

(004) 5 440 (009)10 200 (016)36 675. 89	(007) 10 432 (018)14 280 (026)132 194. 4
本期发生额:52 315. 89	本期发生额:156 606. 4

应付职工薪酬

(015)63 560	(020)84 320
本期发生额:63 560	本期发生额:84 320

主营业务成本

(027)83 480	(025)83 480
本期发生额:83 480	本期发生额:83 480

所得税费用

(026)132 194. 4	(027)132 194. 4
本期发生额:132 194. 4	本期发生额:132 194. 4

利润分配

(029)41 861. 56 (030)400 000	(028)418 615. 6
本期发生额:441 861. 56	本期发生额:418 615. 6

实收资本

	(001)100 000
本期发生额:0	本期发生额:100 000

销售费用

(017)2 500	(025)2 500
本期发生额:2 500	本期发生额:2 500

盈余公积

	(029)41 861.56
本期发生额:0	本期发生额:41 861.56

库存商品

(022)160 000	(023)83 480
本期发生额:160 000	本期发生额:83 480

本年利润

(025)111 590 (027)132 194.4 (028)418 615.6	(024)143 600
本期发生额:662 400	本期发生额:143 600

主营业务收入

(024)143 600	(007)59 600 (018)84 000
本期发生额:143 600	本期发生额:143 600

(3)编制科目汇总表如下:

科目汇总表

会企01表

201×年12月1日至201×年12月31日

第001号

会计科目	本期发生额																			
	借方发生额									账页或√	贷方发生额									账页或√
	百	十	万	千	百	十	元	角	分		百	十	万	千	百	十	元	角	分	
库存现金			6	5	7	6	0	0	0				6	5	7	6	0	0	0	
银行存款		2	9	9	7	3	2	0	0			2	1	8	7	8	5	8	9	
应收账款			8	8	0	1	2	0	0				6	9	7	3	2	0	0	
其他应收款				2	0	0	0	0	0					5	0	0	0	0	0	
在途物资			9	2	2	0	0	0	0				9	2	2	0	0	0	0	
原材料			9	2	2	0	0	0	0				4	6	0	0	0	0	0	
生产成本		1	1	5	9	2	0	0	0			1	6	0	0	0	0	0	0	
库存商品		1	6	0	0	0	0	0	0				8	3	4	8	0	0	0	
短期借款													5	0	0	0	0	0	0	
应付职工薪酬			6	3	5	6	0	0	0				8	4	3	2	0	0	0	
应交税费			3	6	6	7	5	8	9				5	2	3	1	5	8	9	

续表

会计科目	本期发生额																			
	借方发生额									账页或√	贷方发生额									账页或√
	百	十	万	千	百	十	元	角	分		百	十	万	千	百	十	元	角	分	
应付股利												4	0	0	0	0	0	0	0	
实收资本												1	0	0	0	0	0	0	0	
盈余公积													4	1	8	6	1	5	6	
本年利润		6	6	2	4	0	0	0	0			1	4	3	6	0	0	0	0	
利润分配		4	4	1	8	6	1	5	6			4	1	8	6	1	5	6	0	
制造费用			1	5	6	0	0	0	0			1	5	6	0	0	0	0	0	
主营业务收入		1	4	3	6	0	0	0	0			1	4	3	6	0	0	0	0	
主营业务成本			8	3	4	8	0	0	0				8	3	4	8	0	0	0	
管理费用			2	5	6	1	0	0	0				2	5	6	1	0	0	0	
销售费用				2	5	0	0	0	0					2	5	0	0	0	0	
所得税费用		1	3	2	1	9	4	4	0			1	3	2	1	9	4	4	0	
合计	2	5	3	8	9	4	5	8	5		2	5	3	8	9	4	5	8	5	

(4)根据科目汇总表登记总分类账如下：

总分类账

账户名称:库存现金

201×年		凭证		摘　要	借方	贷方	借或贷	余额
月	日	字	号					
12	01			期初余额			借	1 500
12	31	汇	001	1～31 日汇总过入	65 760	65 760	借	1 500
	31			本月合计	65 760	65 760	借	1 500

总分类账

账户名称:银行存款

201×年		凭证		摘　要	借方	贷方	借或贷	余额
月	日	字	号					
12	01			期初余额			借	1 366 500.89
12	31	汇	001	1～31 日汇总过入	299 732	218 785.89	借	1 447 447
	31			本月合计	299 732	218 785.89	借	1 447 447

总分类账

账户名称:应收账款

201×年		凭证		摘 要	借方	贷方	借或贷	余额
月	日	字	号					
12	01			期初余额			借	67 800
12	31	汇	001	1~31日汇总过入	88 012	69 732	借	86 080
	31			本月合计	88 012	69 732	借	86 080

总分类账

账户名称:其他应收款

201×年		凭证		摘 要	借方	贷方	借或贷	余额
月	日	字	号					
12	01			期初余额			借	5 000
12	31	汇	001	1~31日汇总过入	2 000	5 000	借	2 000
	31			本月合计	2 000	5 000	借	2 000

总分类账

账户名称:在途物资

201×年		凭证		摘 要	借方	贷方	借或贷	余额
月	日	字	号					
12	01			期初余额			借	60 000
12	31	汇	001	1~31日汇总过入	92 200	92 200	借	60 000
	31			本月合计	92 200	92 200	借	60 000

总分类账

账户名称:原材料

201×年		凭证		摘 要	借方	贷方	借或贷	余额
月	日	字	号					
12	01			期初余额			借	149 400
12	31	汇	001	1~31日汇总过入	92 200	46 000	借	195 600
	31			本月合计	92 200	46 000	借	195 600

总分类账

账户名称:生产成本

201×年		凭证		摘 要	借方	贷方	借或贷	余额
月	日	字	号					
12	01			期初余额			借	75 000
12	31	汇	001	1～31 日汇总过入	115 920	160 000	借	30 920
	31			本月合计	115 920	160 000	借	30 920

总分类账

账户名称:库存商品

201×年		凭证		摘 要	借方	贷方	借或贷	余额
月	日	字	号					
12	01			期初余额			借	57 000
12	31	汇	001	1～31 日汇总过入	160 000	83 480	借	133 520
	31			本月合计	160 000	83 480	借	133 520

总分类账

账户名称:短期借款

201×年		凭证		摘 要	借方	贷方	借或贷	余额
月	日	字	号					
12	01			期初余额			贷	150 000
12	31	汇	001	1～31 日汇总过入	0	50 000	贷	200 000
	31			本月合计	0	50 000	贷	200 000

总分类账

账户名称:应付职工薪酬

201×年		凭证		摘 要	借方	贷方	借或贷	余额
月	日	字	号					
12	01			期初余额			贷	63 560
12	31	汇	001	1～31 日汇总过入	63 560	84 320	贷	84 320
	31			本月合计	63 560	84 320	贷	84 320

总分类账

账户名称:应交税费

201×年		凭证		摘 要	借方	贷方	借或贷	余额
月	日	字	号					
12	01			期初余额			贷	36 675.89
12	31	汇	001	1~31日汇总过入	52 315.89	156 606.4	贷	140 966.4
	31			本月合计	52 315.89	156 606.4	贷	140 966.4

总分类账

账户名称:应付股利

201×年		凭证		摘 要	借方	贷方	借或贷	余额
月	日	字	号					
12	01			期初余额			贷	68 440
12	31	汇	001	1~31日汇总过入	0	400 000	贷	468 440
	31			本月合计	0	400 000	贷	468 440

总分类账

账户名称:实收资本

201×年		凭证		摘 要	借方	贷方	借或贷	余额
月	日	字	号					
12	01			期初余额			贷	2 000 000
12	31	汇	001	1~31日汇总过入	0	100 000	贷	2 100 000
	31			本月合计	0	100 000	贷	2 100 000

总分类账

账户名称:盈余公积

201×年		凭证		摘 要	借方	贷方	借或贷	余额
月	日	字	号					
12	01			期初余额			平	0
12	31	汇	001	1~31日汇总过入	0	41 861.56	贷	41 861.56
	31			本月合计	0	41 861.56	贷	41 861.56

总分类账

账户名称:本年利润

201×年		凭证		摘 要	借方	贷方	借或贷	余额
月	日	字	号					
12	01			期初余额			贷	518 800
12	31	汇	001	1～31 日汇总过入	662 400	143 600	平	0
	31			本月合计	662 400	143 600	平	0

总分类账

账户名称:利润分配

201×年		凭证		摘 要	借方	贷方	借或贷	余额
月	日	字	号					
12	01			期初余额			贷	91 225
12	31	汇	001	1～31 日汇总过入	441 861. 56	418 615. 6	贷	67 979. 04
	31			本月合计	441 861. 56	418 615. 6	贷	67 979. 04

总分类账

账户名称:制造费用

201×年		凭证		摘 要	借方	贷方	借或贷	余额
月	日	字	号					
12	01			期初余额			平	0
12	31	汇	001	1～31 日汇总过入	15 600	15 600	平	0
	31			本月合计	15 600	15 600	平	0

总分类账

账户名称:主营业务收入

201×年		凭证		摘 要	借方	贷方	借或贷	余额
月	日	字	号					
12	01			期初余额			平	0
12	31	汇	001	1～31 日汇总过入	143 600	143 600	平	0
	31			本月合计	143 600	143 600	平	0

总分类账

账户名称:主营业务成本

201×年		凭证		摘 要	借方	贷方	借或贷	余额
月	日	字	号					
12	01			期初余额			平	0
12	31	汇	001	1～31 日汇总过入	83 480	83 480	平	0
	31			本月合计	83 480	83 480	平	0

总分类账

账户名称:管理费用

201×年		凭证		摘 要	借方	贷方	借或贷	余额
月	日	字	号					
12	01			期初余额			平	0
12	31	汇	001	1～31 日汇总过入	25 610	25 610	平	0
	31			本月合计	25 610	25 610	平	0

总分类账

账户名称:销售费用

201×年		凭证		摘 要	借方	贷方	借或贷	余额
月	日	字	号					
12	01			期初余额			平	0
12	31	汇	001	1～31 日汇总过入	2 500	2 500	平	0
	31			本月合计	2 500	2 500	平	0

总分类账

账户名称:所得税费用

201×年		凭证		摘 要	借方	贷方	借或贷	余额
月	日	字	号					
12	01			期初余额			平	0
12	31	汇	001	1～31 日汇总过入	132 194.4	132 194.4	平	0
	31			本月合计	132 194.4	132 194.4	平	0

(5)根据记账凭证登记现金日记账、银行存款日记账和明细分类账同记账凭证账务处理程序。(略)

本模块练习题

一、单选题

1. 企业的会计凭证、会计账簿、会计报表相结合的方式称为(　　)。

A. 账簿组织　B. 账务处理程序　C. 记账工作步骤　D. 会计组织形式

2. 记账凭证账务处理程序的主要特点是(　　)。

A. 根据各种记账凭证编制汇总记账凭证　B. 根据各种记账凭证逐笔登记总分类账

C. 根据各种记账凭证编制科目汇总表　D. 根据各种汇总记账凭证登记总分类账

3. 记账凭证账务处理程序的适用范围是(　　)。

A. 规模较大、经济业务量较多的单位　B. 采用单式记账的单位

C. 规模较小、经济业务量较少的单位　D. 会计基础工作薄弱的单位

4. 各种账务处理程序的主要区别是(　　)。

A. 登记明细分类账的依据和方法不同　B. 登记总分类账的依据和方法不同

C. 总账的格式不同　D. 编制会计报表的依据不同

5. 下列各项中,属于最基本的账务处理程序的是(　　)。

A. 记账凭证账务处理程序　B. 汇总记账凭证账务处理程序

C. 科目汇总表账务处理程序　D. 日记总账账务处理程序

6. 会计凭证方面,科目汇总表账务处理程序比记账凭证账务处理程序增设了(　　)。

A. 原始凭证汇总表　B. 汇总原始凭证　C. 科目汇总表　D. 汇总记账凭证

7. 科目汇总表账务处理程序的缺点是(　　)。

A. 登记总分类账的工作量大　B. 程序复杂,不易掌握

C. 不能对发生额进行试算平衡　D. 不便于查账、对账

二、多选题

1. 记账凭证账务处理程序的优点有(　　)。

A. 登记总分类账的工作量较小　B. 账务处理程序简单明了,易于理解

C. 总分类账登记详细,便于查账、对账　D. 适用于规模大、业务量多的大中型企业

2. 科目汇总表能够(　　)。

A. 作为登记总账的依据　B. 起到试算平衡的作用

C. 反映各科目之间的对应关系　D. 反映各科目的余额

3. 记账凭证核算形式需要设置的凭证有(　　)。

A. 收款凭证　B. 付款凭证　C. 转账凭证　D. 汇总凭证

三、判断题

1. 记账凭证账务处理程序的特点是直接根据汇总记账凭证逐笔登记总分类账和明细分类账,它是最基本的账务处理程序。(　　)

2. 编制财务会计报告是企业账务处理程序的组成部分。(　　)

3. 任何会计核算形式的第一步都是根据原始凭证或原始凭证汇总表编制记账凭证。

( )

4. 科目汇总表不仅可以起到试算平衡的作用，而且可以反映账户之间的对应关系。( )

5. 不同账务处理程序之间的主要区别在于登记总分类账的依据和方法不同。( )

四、思考题

1. 简述记账凭证账务处理程序的核算步骤。

2. 如何编制科目汇总表?

3. 简述科目汇总表账务处理程序的核算步骤。

五、业务题

(1)目的:编制科目汇总表

(2)资料:湘诚服装有限责任公司201×年8月份1~10日发生下列经济业务:

① 1日，从银行提取现金2 000元备用。

② 2日，购进蓝布一批，货款20 000元，增值税3 400元，货款税款尚未支付，材料已验收入库。

③ 2日，销售给向阳公司西装一批，货款10 000元，增值税1 700元，货款税款尚未收到。

④ 3日，厂部的王永民出差，借支差旅费1 000元，以现金付讫。

⑤ 4日，布料车间生产西装领用蓝布一批，价值4 000元。

⑥ 5日，销售给华远公司唐装一批，货款20 000元，增值税3 400元，货款税款收存银行。

⑦ 6日，从江南布艺购进花布一批，货款8 000元，增值税1 360元，款项尚未支付。

⑧ 6日，办公室李青出差，借支差旅费800元，用现金付讫。

⑨ 7日，以银行存款8 900元，偿还前欠华丰布业有限责任公司材料款。

⑩ 8日，从银行提出现金1 000元备用。

⑪ 8日，接银行通知，向阳公司汇来前欠货款税款11 700元，已收妥入账。

⑫ 9日，布料车间领用花布5 000元用于生产唐装。

⑬ 9日，以银行存款偿还前欠江南布艺货款9 360元。

(3)要求:① 根据以上经济业务编制记账凭证。

② 根据所编制的记账凭证编制科目汇总表。

科目汇总表

201×年8月1日至201×年8月10日

会计科目	本期发生额	
	借方发生额	贷方发生额

续表

会计科目	本期发生额	
	借方发生额	贷方发生额
合计		

模块
8

综合能力训练

模块能力目标

通过该模块的学习,具备会计基本上岗综合能力。

模块知识目标

通过该模块的学习,掌握会计核算的基本原理和方法。

综合能力训练项目

实训资料

1. 企业背景

(1)企业名称:郴州床罩厂。

(2)法人代表:张跃进。

(3)会计主管:刘兵。

(4)地址:苏仙路48号。

(5)开户银行及账号:工行北湖支行9558858985899991111。

(6)纳税人员识别号:31100880099123。

(7)发出库存商品的计价采用先进先出法

2. 201×年11月30日有关总分类账户和部分明细分类账户的发生额及余额等资料

(1)有关总分类账户11月30日的余额如表8.1所示。

表8.1 有关总分类账户11月30日的余额

会计科目	借 方	贷 方
库存现金	7 200	
银行存款	300 000	
应收账款	180 000	
其他应收款	6 600	
原材料	320 000	
生产成本	40 000	
库存商品	480 000	
固定资产	600 000	
无形资产	149 300	
累计折旧		56 000
短期借款		400 000
应付账款		120 000
应付职工薪酬		17 600
应付利息		3 066
应交税费		7 000
实收资本		1 000 000
盈余公积		100 844
本年利润		289 300
利润分配(未分配利润)		89 290
合 计	2 083 100	2 083 100

(2)有关损益账户 1～11 月累计发生额如表 8.2 所示。

表 8.2　有关损益账户 1～11 月累计发生额

账户名称	1～11 月累计借方发生额	1～11 月累计贷方发生额
主营业务收入		1 100 000
其他业务收入		70 000
主营业务成本	800 000	
其他业务成本	35 000	
税金及附加	18 000	
销售费用	4 000	
管理费用	22 000	
财务费用	2 700	
营业外收入		3 000
营业外支出	2 000	

(3)有关明细分类账余额如表 8.3 所示。

表 8.3　有关明细分类账余额

总账科目	明细科目	借或贷	数量	单价	金额
原材料	花布	借	40 000	6	240 000
	白布	借	25 000	3.2	80 000
库存商品	双人床罩	借	1 600	175	280 000
	单人床罩	借	2 000	100	200 000
应收账款	红叶公司	借			120 000
	晨光公司	借			60 000
应付账款	东林公司	贷			20 000
	宏达公司	贷			100 000
其他应收款	李军	借			1 600
	张飞	借			5 000
应付职工薪酬	工资	贷			14 000
	社会保险费	贷			3 600
应交税费	应交城市维护建设税	贷			2 800
	教育费附加	贷			1 200
	应交增值税（未交增值税）	贷			3 000
总账科目	明细科目	成本项目			合计
		直接材料	直接人工	制造费用	
生产成本	双人床罩	12 000	6 000	7 000	25 000
	单人床罩	8 000	3 000	4 000	15 000

(4)“管理费用”明细账户1～11月累计发生额如表8.4所示。

表8.4 “管理费用”明细账户1～11月累计发生额

总账科目	明细项目						
	物料消耗	工资	福利费	办公费	折旧费		合计
管理费用	5 000	5 000	700	2 300	9 000		22 000

3. 201×年12月份发生的经济业务及其填制或取得的原始凭证

(1)提取现金,原始凭证见1-1。

(2)采购材料,原始凭证见2-1、2-2。

1-1

中国工商银行现金支票存根

支票号码　094888990

科　　目__________

对方科目__________

出票日期 201×年 12 月 01 日

收款人:郴州床罩厂
金额:¥600.00
用途:备用
备注

单位主管:　　　会计:

复核:　　　　　记账:

2-1

中国工商银行现金支票存根

支票号码　094888991

科　　目__________

对方科目__________

出票日期 201×年 12 月 02 日

收款人:宏达公司
金额:¥51 175.80
用途:购买材料
备注

单位主管:　　　会计:

复核:　　　　　记账:

2-2

湖南省增值税专用发票

全国统一发票监制章 国家税务总局监制

430700206454　　　　发票联　　　　NO000131875

开票日期:201×年 12 月 02 日

<table>
<tr><td rowspan="4">购货单位</td><td colspan="4">名称:郴州床罩厂</td><td rowspan="4">密码区</td><td colspan="3" rowspan="4">(略)</td></tr>
<tr><td colspan="4">纳税人员识别号:3110088099123</td></tr>
<tr><td colspan="4">地址、电话:苏仙路 48 号</td></tr>
<tr><td colspan="4">开户及账号:工行北湖支行 9558858985899999111</td></tr>
<tr><td colspan="2">货物或应税劳务名称</td><td>规格型号</td><td>单位</td><td>数量</td><td>单价</td><td>金额</td><td>税率</td><td>税额</td></tr>
<tr><td colspan="2">花布</td><td>宽 1.2</td><td>米</td><td>5000</td><td>6.14</td><td>30700.00</td><td rowspan="2">17%</td><td>5219.00</td></tr>
<tr><td colspan="2">白布</td><td>宽 1.3</td><td>米</td><td>4000</td><td>3.26</td><td>13040.00</td><td>2216.80</td></tr>
<tr><td colspan="2">合计</td><td></td><td></td><td></td><td></td><td>43740.00</td><td></td><td>7435.80</td></tr>
<tr><td colspan="2">价税合计(大写)</td><td colspan="7">伍万壹仟壹佰柒拾伍元捌角整　　　　(小写)51175.80</td></tr>
<tr><td rowspan="4">销货单位</td><td colspan="6">名称:宏达公司</td><td colspan="2" rowspan="4">备注</td></tr>
<tr><td colspan="6">纳税人员识别号:(略)</td></tr>
<tr><td colspan="6">地址、电话:(略)</td></tr>
<tr><td colspan="6">开户及账号:(略)</td></tr>
</table>

收款人:　　　复核:　　　开票人:××　　　销货单位(章)(略)

第二联:抵扣联　购货方记账凭证

(3)支付材料运费,原始凭证见3-1、3-2。

3-1

公路、内河货物运输业统一发票

发票联 发票代码:104525000034565

开票日期 201×年12月02日　　　　发票号码:000005074

收货人及纳税人识别号	郴州床罩厂 31100880099123		承运人及纳税人识别号	长沙佳佳运输公司 102800339658370	
发货人及纳税人识别号	宏达公司		主管税务机关及代码	地税局 305230047	
运输项目及金额	货物名称 数量 运费金额 布匹 1包 360		其他项目及金额		备注(手写无效) 代开单位盖章
运费小计	¥360.00		其他费用小计		现金付讫
合计(大写)	人民币:叁佰陆拾元整			(小写)¥360.00	

第二联发票联付款人记账凭证

(印章:全国统一发票监制章 湖南 国家税务总局监制)

3-2

材料运杂费分配表

第001号

201×年12月2日　　　　金额单位:元

材料名称	材料数量(米)	分配率(元/米)	应分费用
花布	5000		200.00
白布	4000		160.00
合计	9000	0.04	360.00

会计主管:刘兵　　　　制单:刘韬

(4)材料验收入库,原始凭证见4-1、4-2。

4-1

材 料 入 库 单

供应单位:宏达公司　　　　编号:0036

发票号码:N0000131875　　　　仓库:材料仓库

201×年12月02日

材料类别	材料名称	规格型号	单位	数量		单价	金额
				应收	实收		
主要材料	花布	宽1.2	米	5000	5000	6.18	30900.00
	白布	宽1.3	米	4000	4000	3.30	13200.00
备注					合计		44100.00

第二联:会计部门

收料人(签章):张全

4-2

材料采购成本计算表

第 001 号

201×年 12 月 2 日

单位:元

项目		买　　价	采购费用	采购总成本
花布	总成本	30 700.00	200.00	30 900.00
	单位成本	6.14	0.04	6.18
白布	总成本	13 040.00	160.00	13 200.00
	单位成本	3.26	0.04	3.30
成本合计		43 740.00	360.00	44 100.00

会计主管:刘兵　　　　制单:刘韬

(5)购买办公用品直接交付办公室使用(验收人:张朋),原始凭证见 5-1、5-2。

5-1

××市商业零售统一发票

全国统一发票监制章　湖南　国家税务总局监制

发　票　联

NO:08384454

客户名称:郴州床罩厂

201×年 12 月 5 日

货号	品名及规格	单位	数量	单价	金额
	打印纸	包	10	19.00	190.00
	签字笔	合	5	8.00	40.00
	打印机	台	1	1120.00	1120.00
合计金额	壹仟叁佰伍拾元零角零分				¥1350.00
结算方式	转账支票	开户银行及账号			

第一百货公司 财务公章

2 报销凭证

收款单位(盖章有效)　　收款人:金宁　　开票人:王生

5-2

中国工商银行转账支票存根

支票号码 094888987

科　　目__________

对方科目__________

出票日期 201×年 12 月 05 日

收款人:第一百货公司
金额:¥1350.00
用途:购买办公用品
备注

单位主管:　　会计:

复核:　　记账:

(6)生产产品领料,原始凭证见6-1、6-2。

6-1

领 料 单

领料单位:双人床罩生产车间　　　　编号:0023

用　　途:生产双人床罩　　　　仓库:材料仓库

201×年12月06日

材料类别	材料名称	规格型号	单位	数量		单价	金额
				应收	实收		
主要材料	花布	宽1.2	米	4 000	4 000	6.00	24 000.00
	白布	宽1.3	米	4 000	4 000	3.20	12 800.00
备注					合计		36 800.00

第二联:记账联

发料人:孙静　　　　领料人:高凡　　　　记账:向阳

6-2

领 料 单

领料单位:单人床罩生产车间　　　　编号:0024

用　　途:生产单人床罩　　　　仓库:材料仓库

201×年12月06日

材料类别	材料名称	规格型号	单位	数量		单价	金额
				应收	实收		
主要材料	花布	宽1.2	米	2 000	2 000	6.00	12 000.00
	白布	宽1.3	米	2 000	2 000	3.20	6 400.00
备注					合计		18 400.00

第二联:记账联

发料人:孙静　　　　领料人:高凡　　　　记账:向阳

(7)收到上月销货款,原始凭证见7-1。

7-1

委托收款凭证(收款通知)　　委收号码:465465

委邮

委托日期:201×年11月30日　　付款日期201×年12月07日　　5

付款人	全称	红叶公司	收款人	全称	郴州床罩厂
	账号或地址	90056008940035		账号或地址	955885898589999111
	开户银行	工商行长沙支行		开户银行	工商行北湖支行

委收金额	人民币(大写)	壹拾贰万元整	千	百	十	万	千	百	十	元	角	分
				¥	1	2	0	0	0	0	0	0

款项内容	货款和税款	委托收款凭据名称		附寄单证张数	

付款人注意:

1. 应于见票当日通知开户银行划款。
2. 如需拒付,应在规定期限内,将拒付理由书并附责务证明交退开户银行。

(印章:中国工商银行北湖支行 1×.12.07 业务章)

单位主管　　会计　　复核　　记账　　付款人员开户银行盖章　　年　月　日

此联是收款人开户银行给收款人的按期收款通知

(8)销售产品,原始凭证见8-1、8-2。

8-1

湖南省增值税专用发票

(印章:全国统一发票监制章 国家税务总局监制)

发票联

430700206545　　N0000132567

开票日期:201×年12月08日

购货单位	名称:西关百货公司 纳税人员识别号:(略) 地址、电话:(略) 开户及账号:(略)				密码区	(略)		
货物或应税劳务名称	规格型号	单位	数量	单价	金额	税率	税额	
双人床罩	2×3	个	800	288	230 400.00	17%	39 168.00	
单人床罩	2×1.5	个	1 000	138	138 000.00		23 460.00	
合　计					¥368 400.00		¥62 628.00	
价税合计(大写)	肆拾叁万壹仟零贰拾捌元整					(小写)¥431 028.00		
销货单位	名称:郴州床罩厂 纳税人员识别号:3110088099123 地址、电话:苏仙路48号 开户及账号:工行北湖支行955885898589999111				备注			

(印章:郴州床罩厂 财务公章)

收款人:　　复核:　　开票人:××　　销货单位(章)

第三联:记账联　销货方记账凭证

8-2

中国工商银行进账单(收账通知) 01321450

填制日期 201×年 12 月 08 日

付款人	全　称	西关百货公司	收款人	全　称	郴州床罩厂
	账　号	略		账　号	955885898589999111
	开户银行	略		开户银行	工商银行北湖支行

人民币（大写）		千	百	十	万	千	百	十	元	角	分
	肆拾叁万壹仟零贰拾捌元整		¥	4	3	1	0	2	8	0	0

票据种类	转账支票	收款人开户行盖章
票据张数	一份	
单位主管　会计　复核　记账		

此联是收款人开户银行给收款人的收款通知

(9)支付上月材料款,原始凭证见 9-1。

9-1

托收承付凭证(付款通知)

委邮

委托日期:201×年 11 月 30 日　　4 付款日期 201×年 12 月 09 日

付款人	全称	郴州床罩厂	收款人	全称	宏达公司
	账号或地址	955885898589999111		账号或地址	略
	开户银行	工商行北湖支行		开户银行	略

委收金额	人民币（大写）		千	百	十	万	千	百	十	元	角	分
		壹拾万元整		¥	1	0	0	0	0	0	0	0

款项内容	材料款	委托收款凭据名称		附寄单证张数	

付款人注意:

1. 应于见票当日通知开户银行划款。
2. 如需拒付,应在规定期限内,将拒付理由书并附债务证明交退开户银行。

中国工商银行北湖支行 1×.12.09 业务章

单位主管　　会计　　复核　　记账　　付款人员开户银行盖章　　201×年 12 月 09 日

此联是付款人开户银行给付款人按期付款的通知

(10)预借差旅费,原始凭证见 10-1。

10-1

借 款 单

201×年 12 月 10 日

借款部门	采购部		借款人	张达	
借款金额	人民币(大写)贰仟元整			2 000.00	
借款事由	去长沙出差			现金收讫	
领导审批	同意	会计主管	刘兵	借款人签章	张达

(11)支付广告费,原始凭证见 11-1、11-2。

11-1

××市广告业统一发票

发 票 联

NO:384938

客户名称:郴州床罩厂　　　　201×年 12 月 11 日

项目	单位	数量	单价	金额
电视广告播放费	分	1	500	500.00
电视广告录像费	平方厘米	1	700	700.00
合计金额	壹仟贰佰零拾零元零角零分			¥1 200.00

2 报销凭证

收款单位(盖章有效)　　　　收款人:赵青　　　　开票人:王有

11-2

中国工商银行现金支票存根

支票号码　094888988

科　　目__________

对方科目__________

出票日期 201×年 12 月 11 日

收款人:郴州电视台
金额:¥1200.00
用途:电视广告费
备注

单位主管:　　　　会计:

复核:　　　　记账:

（12）支付税费，原始凭证见 12-1、12-2、12-3。

12-1

中华人民共和国　　国税

隶属关系：　　**税收缴款书**　　NO0000053165

经济类型：有限责任公司　　填发日期：201×年 12 月 12 日　　收入机关：北湖国税局

缴款单位（人）	代码	4308714563002	预算科目	编码	400001
	全称	郴州床罩厂		名称	增值税
	开户银行	工商银行北湖支行		级次	市级
	账号	958858985899999111	收款国库		市国库
税款所属时期：201×年 11 月 21 日－30 日			税款限缴日期：201×年 12 月 15 日		

品目名称	课税数量	计税金额或销售收入	税率或单位税额	已缴或扣除额	实缴税额									
					仟	佰	拾	万	仟	佰	拾	元	角	分
工业			17%						3	0	0	0	0	0
金额合计	（大写）叁仟元整							¥	3	0	0	0	0	0

缴款单位（人）（盖章）经办人（章）	税务机关（盖章）填票人（盖章）	上列款项已收妥并划转收款单位账户 国库（银行）盖章 201×年 12 月 12 日	备注

国家税务局北湖分局 业务章　　中国工商银行北湖支行 1×.12.12 业务章

第一联（收据）国库（银行）收款盖章后退缴单位（人）作完税凭证

12-2

中华人民共和国　　国税

隶属关系：　　**税收缴款书**　　NO0000053166

经济类型：有限责任公司　　填发日期：201×年 12 月 12 日　　收入机关：北湖国税局

缴款单位（人）	代码	4308714563002	预算科目	编码	400002
	全称	郴州床罩厂		名称	城市维护建设税
	开户银行	工商银行北湖支行		级次	市级
	账号	958858985899999111	收款国库		市国库
税款所属时期：201×年 11 月 01 日－30 日			税款限缴日期：201×年 12 月 15 日		

品目名称	课税数量	计税金额或销售收入	税率或单位税额	已缴或扣除额	实缴税额									
					仟	佰	拾	万	仟	佰	拾	元	角	分
工业			7%						2	8	0	0	0	0
金额合计	（大写）贰仟捌佰元整							¥	2	8	0	0	0	0

缴款单位（人）（盖章）经办人（章）	税务机关（盖章）填票人（盖章）	上列款项已收妥并划转收款单位账户 国库（银行）盖章 201×年 12 月 12 日	备注

国家税务局北湖分局 业务章　　中国工商银行北湖支行 1×.12.12 业务章

第一联（收据）国库（银行）收款盖章后退缴单位（人）作完税凭证

12-3

中华人民共和国　　　　国税

隶属关系：　　　　**税收缴款书**　　　　NO0000053167

经济类型：有限责任公司　　　填发日期：201×年12月12日　　　收入机关：北湖国税局

缴款单位（人）	代码	4308714563002	预算科目	编码	400003
	全称	郴州床罩厂		名称	教育费附加
	开户银行	工商银行北湖支行		级次	市级
	账号	958858985899999111	收款国库		市国库
税款所属时期：201×年11月01日－30日			税款限缴日期：201×年12月15日		

品目名称	课税数量	计税金额或销售收入	税率或单位税额	已缴或扣除额	实缴税额 仟	佰	拾	万	仟	佰	拾	元	角	分
工业			3%						1	2	0	0	0	0
金额合计	（大写）壹仟贰佰元整							¥	1	2	0	0	0	0
缴款单位（人）（盖章）经办人（章）	税务机关（盖章）填票人（盖章）		上列款项已收妥并划转收款单位账户 国库（银行）盖章 201×年12月12日							备注				

国家税务局北湖分局 业务章

中国工商银行北湖支行 1×.12.12 业务章

第一联（收据）国库（银行）收款盖章后退缴款单位（人）作完税凭证

（13）销售产品，尚未收到货款，原始凭证见13-1、13-2。

13-1

湖南省增值税专用发票

全国统一发票监制章 国家税务总局监制

430700206545　　　　发票联　　　　NO000132568

开票日期：201×年12月13日

购货单位	名称：红叶公司 纳税人员识别号：（略） 地址、电话：（略） 开户及账号：（略）				密码区	（略）	
货物或应税劳务名称	规格型号	单位	数量	单价	金额	税率	税额
双人床罩 单人床罩	2×3 2×1.5	个 个	200 200	288 138	57 600.00 27 600.00	17%	9 792.00 4 692.00
合计					85 200.00		14 484.00
价税合计（大写）	玖万叁仟陆佰捌拾肆元整						（小写）93 684.00
销货单位	名称：郴州床罩厂 纳税人员识别号：3110088099123 地址、电话：苏仙路48号 开户及账号：工行北湖支行 955885898589999111 1				备注	郴州床罩厂 财务公章	

收款人：　　　复核：　　　开票人：××　　　销货单位（章）

第三联：记账联　销货方记账凭证

13-2

委托收款凭证(回单)　　委收号码:465467

委邮

委托日期:201×年12月13日　　**1**

付款人	全称	红叶公司	收款人	全称	郴州床罩厂
	账号或地址	900560058940035		账号或地址	95588589858999111
	开户银行	工商行长沙支行		开户银行	工商行北湖支行

			千	百	十	万	千	百	十	元	角	分
委收金额	人民币(大写)	玖万叁仟陆佰捌拾肆元整			¥	9	3	6	8	4	0	0

款项内容	货款和税款	委托收款凭据名称		附寄单证张数	

付款人注意:
1. 应于见票当日通知开户银行划款。
2. 如需拒付,应在规定期限内,将拒付理由书并附债务证明交退开户银行。

(印章:中国工商银行北湖支行 1×.12.07 业务章)

单位主管　　会计　　复核　　记账　　付款人员开户银行盖章　　年　　月　　日

此联是付款人开户银行给付款人按期付款的通知

(14)购进材料,款未付。原始凭证见14-1、14-2。

14-1

湖南省增值税专用发票

(印章:全国统一发票监制章 国家税务总局监制 发票联)

43070035454　　NO000447576

开票日期:201×年12月14日

购货单位	名称:郴州床罩厂 纳税人员识别号:3110088099123 地址、电话:苏仙路48号 开户及账号:工行北湖支行95588589858999111	密码区	(略)

货物或应税劳务名称	规格型号	单位	数量	单价	金额	税率	税额
花布	宽1.2	米	500	6.14	3 070.00	17%	521.90
白布	宽1.3	米	400	3.26	1 304.00		221.68
合计					4374.00		743.58
价税合计(大写)	伍仟壹佰壹拾柒元伍角捌分						(小写)5117.58

销货单位	名称:宏达公司 纳税人员识别号:略 地址、电话:略 开户及账号:略	备注	

收款人:　　复核:　　开票人:××　　销货单位(章)(略)

第二联:抵扣联　销货方记账凭证

14-2

材料入库单

供应单位：宏达公司　　　　编号：0037

发票号码：N0000447576　　　　仓库：材料仓库

201×年 12 月 14 日

材料类别	材料名称	规格型号	单位	数量		单价	金　额
				应收	实收		
主要材料	花布	宽 1.2	米	500	500	6.14	3070.00
	白布	宽 1.3	米	400	400	3.26	1304.00
备注					合计		4374.00

第二联：会计部门

收料人(签章)：张全

(15)支付上月欠款。原始凭证见 15-1。

15-1

中国工商银行现金支票存根

支票号码 094888989

科　　目__________

对方科目__________

出票日期 201×年 12 月 15 日

收款人：东林公司
金额：¥20000.00
用途：购材料款
备注

单位主管：　　会计：

复核：　　记账：

(16)收到欠款。原始凭证见16-1。

16-1

中国工商银行进账单(收账通知)　　01321457

填制日期 201×年12月16日

付款人	全　称	晨光公司	收款人	全　称	郴州床罩厂
	账　号	略		账　号	955885898589999111
	开户银行	略		开户银行	工商银行北湖支行

人民币(大写)	陆万元整	千	百	十	万	千	百	十	元	角	分
				¥	6	0	0	0	0	0	0

票据种类	转账支票	收款人开户行盖章(签)
票据张数	一份	
单位主管　会计　复核　记账		

此联是收款人开户银行给收款人的收款通知

中国工商银行北湖支行
1×.12.16
业务章

(17)李军报销差旅费。原始凭证见17-1、17-2。

17-1

差旅费报销单

部门名称:财务部　　填报日期　201×年12月17日　　单位:元

姓名		李军	职级	科长		出差事由		开会	出差时间	计划　10天 实际　8天	备注
日期		起止地点		飞机、车、船票		其他费用					
月	日	起	止	类别	金额	项目		标准	计算天数	核报金额	
11	25	郴州	长沙	客车	100.00	住宿费	包干报销	150.00	8	1200.00	
12	2	长沙	郴州	客车	100.00		限额报销				
						出差补助		45.00	8	450.00	
						会务费					
						其他杂支					
小计					200.00	小计				1650.00	
总计金额		人民币:壹仟捌佰伍拾元整				预借1600.00 核销1850.00 退补250.00					

主管:刘兵　　部门:　　审核:王青　　填报人:王明

17-2

领　　条

201×年 12 月 17 日　　　　　　　　　　第 23 号

<table>
<tr><td colspan="9">今领到 出差补助费</td><td rowspan="5">第三联 记账联</td></tr>
<tr><td rowspan="2">人民币(大写)贰佰伍拾元整</td><td>十</td><td>万</td><td>千</td><td>百</td><td>十</td><td>元</td><td>角</td><td>分</td></tr>
<tr><td></td><td></td><td>¥</td><td>2</td><td>5</td><td>0</td><td>0</td><td>0</td></tr>
<tr><td rowspan="2">事由:</td><td colspan="8">现金 现金付讫
支票　　　　号</td></tr>
<tr><td colspan="8"></td></tr>
</table>

付款单位:郴州床罩厂　　　　　　会计主管:刘兵　　　　　　收款人:李军

(18)发放上月工资。原始凭证见 18-1。

18-1

中国工商银行现金支票存根

支票号码 094888990

科　　目__________

对方科目__________

出票日期 201×年 12 月 18 日

收款人:郴州床罩厂
金额:¥14000.00
用途:支付工资
备注

单位主管:　　　　会计:

复核:　　　　　　记账:

（19）购买设备，原始凭证见 19-1、19-2、19-3。

19-1

上海市增值税专用发票

43070035468　　　　全国统一发票监制章　　　　N00004348978

发票联

开票日期：201×年12月19日

国家税务总局监制

购货单位	名称：郴州床罩厂 纳税人员识别号：3110088099123 地址、电话：苏仙路 48 号 开户及账号：工行北湖支行 9558858985899999111				密码区	（略）		
货物或应税劳务名称		规格型号	单位	数量	单价	金额	税率	税额
飞跃锁眼机		TY－781	台	50	1000	50 000.00	17%	8 500.00
合计						50 000.00		8 500.00
价税合计（大写）		伍万捌仟伍佰元整						（小写）58 500.00
销货单位	名称：上海飞跃有限责任公司 纳税人员识别号：略 地址、电话：略 开户及账号：略				备注			

收款人：　　　　复核：　　　　开票人：××　　　　销货单位（章）

第二联：抵扣联　购货方记账凭证

19-2

公路、内河货物运输业统一发票

全国统一发票监制章

发票联　发票代码：1045230[illegible]00454675

湖南

开票日期 201×年12月19日　　　　发票号码：00004348978

国家税务总局监制

收货人及纳税人识别号	郴州床罩厂 3110088099123		承运人及纳税人识别号	上海佳佳运输公司 102800339658370	
发货人及纳税人识别号	上海飞跃有限责任公司 略		主管税务机关及代码	地税局 305230047	
运输项目及金额	货物名称　数量　运费金额 锁眼机　50 台　1000.00		其他项目及金额		备注（手写无效） 代开单位盖章
运费小计	¥1000.00		其他费用小计		
合计（大写）	人民币：壹仟元整			（小写）¥1000.00	
代开单位及代码	地税局　237030503		扣缴税额、税率完税凭证号码		

19-3

中国工商银行电汇凭证(回单)　　01321450

填制日期 201×年 12 月 19 日

付款人	全　称	郴州床罩厂	收款人	全　称	上海飞跃有限责任公司
	账　号	955885898589999111		账　号	955876788760000098
	汇出行名称	工商行北湖支行		汇入行名称	工商行上海分行

人民币（大写）	伍万玖仟伍佰元整	千	百	十	万	千	百	十	元	角	分
				¥	5	9	5	0	0	0	0

汇款用途:付购设备款和运费	中国工商银行北湖支行 07.12.19 业务章
单位主管　会计　复核　记账	付款人开户行盖章

此联是付款人开户银行给借款人的回单

(20)取得借款,原始凭证见 20-1。

20-1

工商企业借款借据(收账通知)

借款企业名称:郴州床罩厂　201×年 12 月 20 日

贷款种类	长期借款	贷款账号	132	账号	955885898589999111

贷款金额	人民币(大写):叁拾万元整	千	百	十	万	千	百	十	元	角	分
			¥	3	0	0	0	0	0	0	0

贷款用途:扩建厂房	
约定还款期:期限 36 个月	
上列借款已批准发放,转入你单位存款账户。 中国工商银行北湖支行 1×.12.20 业务章 单位　银行签章	单位分录: (借) (贷) 主管　会计　复核　记账 201×年 12 月 20 日

中国工商银行借款合同

借　款　方:郴州床罩厂

法定代表人:张跃进

地　　址:苏仙路 48 号

贷　款　方:中国工商银行北湖支行

法定代表人:刘玉龙

地　　址:北湖路 12 号

根据国家法律规定,借款方为进行基本建设所需贷款,经贷款方审查发放。为明确双方责任,恪守信用,特签订本

合同,共同遵守。

借款用途:用于扩建厂房

第二条　借款金额:借款方向贷款方借款人民币叁拾万元整(大写)。

第三条　借款利率:自支用贷款之日起,按实际支用数计算利息,并计算复利。在合同规定的借款期内,年息为 5%. 借款方如果不按期归还贷款,如逾期部分加收利率 20%.

第四条　借款期限:借款方保证从 201×年 1 月起至 201×(向后推 2 年)年 12 月止,就国家规定的还款资金偿还全部贷款。贷款逾期不还的部分,贷款方有权限期追回贷款,或者商请借款单位的其他开户银行代为扣款清偿。

第五条　因国家调整计划、产品价格、税率,以及修正概算等原因,需要变更合同条款时,由双方签订变更合同的文件,作为本合同的组成部分。

第六条　贷款方保证按照本合同的规定供应资金。因贷款方责任未按期提供贷款,应按违约数额和延期天数,付给借款方违约金。违约金的计算与银行规定的加收借款方的罚息计算相同。

第七条　贷款方有权检查、监督贷款的使用情况,了解借款方的经营管理、计划执行、财务活动、物资库存等情况。借款方应提供有关的统计、会计报表及资料。

借款方如果不按合同规定使用贷款,贷款方有权收回部分贷款,并对违约使用部分按照银行规定加收罚息。借款方提前还款的,应按规定减收利息。

第八条　本合同条款以外的其他事项,双方遵照《中华人民共和国合同法》的有关规定办理。

第九条　本合同经过签章后生效,贷款本息全部清偿后失效。本合同一式五份,签章各方各执一份,报送主管部门、总行、分行各一份。

借款方:郴州床罩厂 财务专用章(盖章)　　　　贷款方:中国工商银行北湖支行 1×.12.20 业务章(盖章)

代表人:________　　　　代表人:________

201×年 12 月 20 日　　　　201×年 12 月 20 日

(21)生产产品领料,原始凭证见 21-1、21-2。

21-1

领　料　单

领料单位:双人床罩生产车间　　　　编　　号:0025

用　　途:生产双人床罩　　　　发料仓库:材料仓库

201×年 12 月 20 日

材料类别	材料名称	规格型号	单位	数量		单价	金额
				应收	实收		
主要材料	花布	宽 1.2	米	5 000	5 000	6.00	30 000.00
	白布	宽 1.3	米	5 000	5 000	3.20	16 000.00
备注					合计		46 000.00

第二联:记账联

发料人:孙静　　　　领料人:高凡　　　　记账:向阳

21-2

领 料 单

领料单位：单人床罩生产车间　　　　编　　号：0026

用　　途：生产单人床罩　　　　发料仓库：材料仓库

201×年 12 月 20 日

材料类别	材料名称	规格型号	单位	数量		单价	金额
				应收	实收		
主要材料	花布	宽 1.2	米	3000	3000	6.00	18 000.00
	白布	宽 1.3	米	3000	3000	3.20	9 600.00
备注					合计		27 600.00

第二联：记账联

发料人：孙静　　　　领料人：高凡　　　　记账：向阳

（22）支付电话费，原始凭证见 22-1、22-2。

22-1

湖南省电信公司郴州分公司电信业务专用发票

发 票 联

序号：2007985466　　　　日期：201×年 12 月 24 日　　　　NO：0020079745

号码：0735－2322018　0735－2322019　0735－2322020　0735－2322021				业务类别：
用户名称：郴州床罩厂				付款方式：
项　目	金　额	项　目	金　额	备注：
月租费 市话费 长途费	80.00 820.00 1500.00	其他费 IP 费 滞纳金	90.00	1. 本发票仅限于中国电信电话卡零售外的其他业务电信业务。
大写金额	人民币：贰仟肆佰玖拾元整		小写金额	¥2490.00

湖南电信郴州分公司 收款专用章

开票人：3458　　　　收款人：2013

22-2

中国工商银行现金支票存根
支票号码 094888991

科　　目__________
对方科目__________

出票日期 201×年 12 月 24 日

收款人:湖南电信郴州分公司
金额:¥2490.00
用途:支付电话费
备注

单位主管:　　　会计:
复核:　　　记账:

(23)支付电费,原始凭证见 23-1、23-2、23-3。

23-1

湖南增值税专用发票

4307008148　　全国统一发票监制章　发票联　国家税务总局监制　　N00009942356

开票日期:201×年 12 月 24 日

购货单位	名称:郴州床罩厂 纳税人员识别号:3110088099123 地址、电话:苏仙路 48 号 开户及账号:工行北湖支行 9558858985899999111				密码区	(略)		
货物或应税劳务名称	规格型号	单位	数量	单价	金额	税率	税额	
电		度	2100	0.65	1365.00	17%	232.05	
合计					1365.00		232.05	
价税合计(大写)	壹仟伍佰玖拾柒元零伍分						(小写)1597.05	
销货单位	名称:郴电国际有限责任公司 纳税人员识别号:(略) 地址、电话:(略) 开户及账号:(略)				备注	郴电国际有限责任公司 3110088099123 发票专用章		

收款人:　　　复核:　　　开票人:××　　　销货单位(章)

第二联:抵扣联　购货方记账凭证

23-2

委托收款凭证(付款通知)

委收号码:465465

委邮

委托日期:201×年12月24日

4

付款日期201×年12月30日

付款人	全称	郴州床罩厂			收款人	全称			郴电国际有限责任公司				
	账号或地址	9558858985899999111				账号或地址			(略)				
	开户银行	工商行北湖支行				开户银行			(略)				
委收金额	人民币(大写)	壹仟伍佰玖拾柒元零伍分	千	百	十	万	千	百	十	元	角	分	
						¥	1	5	9	7	0	5	
款项内容	电费	委托收款凭据名称			附寄单证张数								
			付款人注意: 1. 应于见票当日通知开户银行划款。 2. 如需拒付,应在规定期限内,将拒付理由书并附责务证明交退开户银行。										

此联是付款人开户银行给付款人按期付款的通知

工商银行北湖支行 201×.12.24 业务章

单位主管　　会计　　复核　　记账　　付款人员开户银行盖章　　年　月　日

23-3

电费分配表

201×年12月30日　　　　单位:元

部门	用电量	分配金额	备注
生产双人床罩	1000	650.00	
生产单人床罩	800	520.00	
生产车间照明	200	130.00	
行政管理部门	100	65.00	
合计	2100	1365.00	

会计主管:刘兵　　会计:王华　　复核:　　记账:　　制单:王华

(24)计算本月应付职工工资,原始凭证见24-1、24-2。

24-1

工资计算单

201×年12月31日　　　　单位:元

编号	月份	姓名	……	应发工资	社会保险	住房公积金	实发工资
001	12	李艳		3 886.00	145.00	360.00	3381.00
……	12	……		……	……		……
合计	12			29 654.00	3 000.00	4 000.00	2 2654.00

24-2

工资费用汇总表

201×年12月31日　　　　单位:元

项目	工资总额
生产双人床罩工人工资	14 252.00
生产单人床罩工人工资	9 416.00
车间管理人员工资	2 817.00
行政管理部门人员工资	3 169.00
合计	29 654.00

会计主管:刘兵　　　　制单:王华

(25)发放职工福利费,原始凭证见25-1。

25-1

职工福利费计算表

201×年12月31日　　　　单位:元

项目	职工福利费
生产双人床罩工人工资	1 995.00
生产单人床罩工人工资	1318.00
车间管理人员工资	394.00
行政管理部门人员工资	443.00
合计	4 150.00

会计主管:刘兵　　　　制单:王华

25-2

中国工商银行现金支票存根

支票号码 094888990

科　　目__________

对方科目__________

出票日期201×年12月01日

收款人:郴州床罩厂
金额:¥4150.00
用途:
备注

单位主管:　　　会计:

复核:　　　记账:

(26)计提折旧,原始凭证见26-1。

26-1

固定资产折旧计算汇总表

201×年12月31日　　　　单位:元

部门	月折旧额
生产车间	5 230.00
行政管理部门	1 890.00
合计	7 120.00

会计主管:刘兵　　　　制单:王华

(27)计提利息,原始凭证见27-1。

27-1

银行借款利息计算单

201×年12月31日　　　　单位:元

贷款项目	贷款期限	本金	年利率	月提取额	累计预提利息
流动资金借款	6个月	400 000	4.6%	1 533.00	4 599.00
合计				1 533.00	4 599.00

会计主管:刘兵　　　　制单:王华

(28)支付利息,原始凭证见28-1。

28-1

中国工商银行计收利息清单(支款通知)

201×年12月31日

<table>
<tr><td>户名</td><td colspan="5">郴州床罩厂</td><td>账号 9558858985899999111</td></tr>
<tr><td>计息起止时间</td><td colspan="5">201×年10月1日至201×年12月31日</td><td rowspan="4">左列贷款利息已从你单位账户扣付
中国工商银行北湖支行 1×.12.31 业务章
(银行盖章)
转账日期201×年12月31日</td></tr>
<tr><td rowspan="3">贷款种类</td><td>贷款账号</td><td>计息日贷款余额</td><td>计息积数</td><td>利率</td><td>计收利息金额</td></tr>
<tr><td>112</td><td>400000.00</td><td></td><td>4.6%</td><td>4599.00</td></tr>
<tr><td></td><td></td><td></td><td></td><td></td><td></td></tr>
</table>

<table>
<tr><td rowspan="2">利息金额人民币(大写)</td><td rowspan="2">肆仟伍佰玖拾玖元整</td><td>千</td><td>万</td><td>千</td><td>百</td><td>十</td><td>元</td><td>角</td><td>分</td><td rowspan="2"></td></tr>
<tr><td></td><td>¥</td><td>4</td><td>5</td><td>9</td><td>9</td><td>0</td><td>0</td></tr>
</table>

(29)分配制造费用,原始凭证见29-1。

29-1

制造费用分配表

201×年12月31日　　　　单位:元

分配对象	分配标准(工时)	制造费用总额	分配率	分配金额
双人床罩	3 000.00			
单人床罩	2 000.00			
合计	5 000.00			

会计主管:刘兵　　　　制单:王华

(30)产品完工,验收入库,原始凭证见30-1、30-2、30-3。

30-1

完工产品成本计算单

产品名称:双人床罩　　　　201×年12月31日　　　　单位:元

成本项目	期初余额	本期发生	本期完工(数量700个)(全部完工)	
			总成本	单位成本
直接材料	12 000			
直接人工	6 000			
制造费用	7 000			
其他直接费用				
合计	25 000			

会计主管:刘兵　　　　制单:王华

30-2

完工产品成本计算单

产品名称:单人床罩　　　　201×年12月31日　　　　单位:元

成本项目	期初余额	本期发生	本期完工(数量675个)(全部完工)	
			总成本	单位成本
直接材料	8 000			
直接人工	3 000			
制造费用	4 000			
其他直接费用				
合计	15 000			

会计主管:刘兵　　　　制单:王华

30-3

产成品入库单

验收仓库:成品仓库　　201×年12月31日　　单位:元

产品名称	规格	单位	数量	单价	金额							
					十	万	千	百	十	元	角	分
双人床罩	2×3	个	700									
单人床罩	2×1.5	个	675									
合计												

会计主管:刘兵　　制单:王华

(31)计算结转本月已销产品成本,原始凭证见31-1。

31-1

产品销售成本计算表

201×年12月31日　　单位:元

产品名称	单位	销售数量	单位生产成本	销售成本总额
双人床罩	个	1 000	175.00	175 000.00
单人床罩	个	1 200	100.00	120 000.00
合计				295 000.00

会计主管:刘兵　　制单:王华

(32)计算本月应交城市维护建设税、教育费附加,原始凭证见32-1。

32-1

应交税费计算表

201×年12月31日　　单位:元

税目	计税依据		适用税率	应交金额	备注
	项目	金额			
城市维护建设税	应交增值税		7%		
教育费附加	应交增值税		3%		
合计					

会计主管:刘兵　　制单:王华

(33)结转损益类账户,原始凭证见33-1。

33-1

损益类账户的本月发生额表

201×年12月31日　　单位:元

费用性质账户		收入性质账户	
账户名称	借方	账户名称	贷方
主营业务成本		主营业务收入	
营业税金及附加		其他业务收入	
其他业务成本		投资收益	
管理费用		营业外收入	
财务费用			
营业费用			
营业外支出			
合计		合计	

会计主管:刘兵　　制单:王华

(34)计算所得税,并转入"本年利润",原始凭证见34-1。

34-1

所得税计算表

201×年12月31日　　单位:元

项目	应纳税所得额(无纳税调整项目)	所得税率	应纳所得税额	备注
所得税				应纳税所得额为"本年利润"期初余额(289 300元)加上本月实现的利润总额。
合计				

会计主管:刘兵　　制单:王华

(35)结转本年净利润,原始凭证见35-1。

35-1

本年净利润计算表

201×年12月31日　　单位:元

项目	12月初余额	本期贷方发生额	本期借方发生额	12月末余额
本年利润	289 300.00			

会计主管:刘兵　　制单:王华

(36)利润分配,原始凭证见36-1。

36-1

利润分配计算表

201×年12月31日　　　　单位:元

项目	本年净利润	提取比例	应提取金额	备注
盈余公积		10%		将提取盈余公积后余额加上年初未分配利润89 290元,按50%向投资者分配
	分配基数	分配比例	应分配金额	
应付利润		50%		
合计				

会计主管:刘兵　　　　制单:王华

(37)结转利润分配所属明细账余额,原始凭证见37-1。

37-1

利润分配明细账户余额表

201×年12月31日　　　　单位:元

总分类账户	明细分类账户	余额
利润分配	盈余公积	
	应付利润	
合计		

会计主管:刘兵　　　　制单:王华

实训教具

1. 装订机一台(公用)、装订线、胶水、铁夹子一个、大头针或回形针一盒。

2. 通用记账凭证一本、记账凭证封面封底一套。

3. 银行存款日记账、现金日记账各2页,原材料明细账(或数量金额式明细账)2页,库存商品明细账(或产成品明细账或数量金额式明细账)2页,生产成本明细账(或多栏式明细账)2页,多栏式明细账2页,三栏式明细账15页,总账50页,科目汇总表一张,总分类账户试算平衡表一张。

4. 财务会计报表一套。

实训要求

1. 开设账户(根据总分类账期初余额和经济业务实际需要开设总分类账,根据明细账期初余额开设明细分类账,其他科目不需要进行明细核算)。

2. 根据1－29笔经济业务编制记账凭证。

3. 根据1－29笔业务的记账凭证登记银行存款日记账、库存现金日记账。

4. 根据1－29笔业务的记账凭证登记“原材料明细账(材料明细账或数量金额式明细账)”、“制造费用明细账(多栏式)”、“生产成本明细账(生产成本明细账或多栏式)”、“管理费用明细账(多栏式)”、“库存商品明细账(库存商品明细账或数量金额式)”、“应收账款明细账(三栏式)”、“其他应收款明细账(三栏式)”、“应付账款明细账(三栏式)”、“应付职工薪酬明细账(三栏式)”、“应交税费明细账(三栏式)”。

5. 根据相关账簿记录填制30－37笔经济业务的原始凭证、编制期末经济业务的记账凭证并据以登记相关明细账。

6. 根据所有的记账凭证编制科目汇总表。

7. 根据科目汇总表登记总账。

8. 结出各账户的本期发生额及期末余额。

9. 编制总分类账户试算平衡表。

10. 编制201×年12月31日资产负债表和利润表。

11. 装订记账凭证。

12. 书写实训总结。

综合测试题一

一、单选题(每题2分)

1. 下列不属于原始凭证基本内容的是(　　)。

A. 填制凭证的日期　　B. 应借应贷科目

C. 经济业务内容　　D. 填制单位及有关人员的签章

2. “应收账款”账户期初余额为5 000元,本期借方发生额为6 000元,贷方发生额为4 000元,则期末余额为(　　)。

A. 借方5 000元　　B. 贷方3 000元　　C. 借方7 000元　　D. 贷方2 000元

3. 下列引起资产和负债同时增加的经济业务是(　　)。

A. 以银行存款偿还银行借款　　B. 收回应收账款存入银行

C. 购进材料一批货款未付　　D. 以银行借款偿还应付账款

4. 在借贷记账法下,账户哪方记增加,哪方记减少是由(　　)决定的。

A. 账户的结构　　B. 账户的性质　　C. 账户的用途　　D. 记账规则

5. 从银行提取现金500元,应编制(　　)。

A. 银行存款的收款凭证　　B. 银行存款的付款凭证

C. 现金的收款凭证　　D. 现金的付款凭证

6. 会计人员在结账前发现,在根据记账凭证登记账簿时,误将600元记成6 000元,而记账凭证无误,应采用(　　)。

A. 划线更正法　　B. 补充登记法　　C. 红字更正法　　D. 蓝字登记法

7. 采用实地盘存制时,财产物资的期末结存数就是(　　)。

A. 账面结存数　　B. 实地盘存数　　C. 收支抵减数　　D. 滚存结余数

8. 企业计算应交所得税时,应借记的科目是(　　)。

A. 利润分配　　B. 所得税

C. 应交税金　　D. 主营业务税金及附加

9. 账户的贷方反映的是(　　)。

A. 费用的增加　　B. 所有者权益的减少　C. 收入的增加　　D. 负债的减少

10. 下列各账户中,期末可能有余额在借方的是(　　)。

A. 制造费用　　B. 管理费用　　C. 营业费用　　D. 生产成本

二、多选题(每题3分)

1. 原始凭证审核的主要内容是(　　)。

A. 真实性　　B. 合法性　　C. 合理性　　D. 完整性

E. 正确性

2. 资产负债表三要素是指(　　)。

A. 资产　　B. 负债　　C. 所有者权益　　D. 收入和费用

E. 利润

3. 会计科目按提供信息的详略程度不同,可分为(　　)。

A. 总分类科目　　B. 明细分类科目　　C. 资产类科目　　D. 负债类科目

E. 损益类科目

4. 总分类账和明细分类账的关系是(　　)。
A. 总分类账提供总括资料,明细分类账提供详细资料
B. 总分类账和明细分类账平行登记
C. 总分类账统驭、控制所属明细账
D. 所有总分类账必须附设明细分类账
E. 明细分类账补充说明与其相关的总分类账
5. 明细账的格式一般有(　　)。
A. 三栏式　B. 借方多栏式　C. 数量金额式　D. 横线登记式
E. 贷方多栏式
6. 对账工作主要包括(　　)。
A. 账证核对　B. 总账和明细账核对
C. 总账和日记账核对　D. 账表核对
E. 账实核对
7. 企业银行存款日记账账面余额大于银行对账单余额的原因有(　　)。
A. 企业账簿记录有差错　B. 银行对账单记录有错误
C. 企业已作收入入账,银行未记　D. 银行已作支出入账,企业未记
E. 企业已作支出入账,银行也已作支出入账。
8. 账户中的各项金额包括(　　)
A. 期初余额　B. 借方发生额　C. 贷方发生额　D. 期末余额
E. 借贷差额
9. 下列经济业务,引起资产和负债同时减少的业务有(　　)。
A. 用银行存款偿还前欠购货款　B. 用现金支付广告费
C. 用银行存款归还银行借款　D. 以现金发放职工工资
E. 用银行存款交纳税金
10. 下列可以作为记账凭证编制依据的有(　　)。
A. 领料单　B. 借款单
C. 转账支票　D. 银行存款余额调节表
E. 购销合同

三、判断题(每题1分)

1. 凡不能证明经济业务发生或完成情况的各种单证都不能作为原始凭证并据以记账,如增值税专用发票、收款收据等。(　　)
2. 本期发生的经济业务全部登记入账后才能结账。(　　)
3. 通过试算平衡可以检查漏记经济业务等记账错误。(　　)
4. 记账凭证应按月编号,如果一笔业务需在两张以上的同类记账凭证上共同反映时,应采用“分数编号法”。(　　)
5. 采用画线更正法更正数字错误时,应将整笔数字用单红线划掉,再在上方写上完整的正确的数字,并盖上印章。(　　)
6. 记账凭证账务处理程序简单明了,但工作量大,主要适应于规模小、业务量少、每月记账凭证不多的单位。(　　)
7. 资产负债表反映的是企业在一定时期财务状况的会计报表。(　　)

8. 一般来说,账户的余额方向在记录增加额的一方。(　　)

9. "库存现金盘点报告表"是调整现金账户的重要的原始凭证。(　　)

10. 会计主体就是法人主体。(　　)

四、计算分录题(40 分)

1. 销售 A 产品 10 件,单价 1 920 元,货款 19 200 元/件,增值税 3 264 元,收到货款和税款存入银行。(3 分)

2. 购买甲材料 1 500 公斤,单价 30 元/公斤,计 45 000 元,增值税 7 650 元;乙材料 2 000 公斤,单价 15 元/公斤,计 30 000 元,增值税 5 100 元,货款和税款用银行存款支付。另外支付两种材料共同运费 700 元(运费按材料重量分配),材料到达验收入库。(6 分)

3. 为满足生产经营临时需要,向银行取得短期借款 500 000 元存入银行。(2 分)

4. 本月生产领用材料情况如下:(3 分)

用途	甲材料	乙材料	合计
A 产品	32 000	45 000	77 000
B 产品	68 000	38 000	106 000
车间一般耗用	2 000	500	2 500
合计	102 000	83 500	185 500

5. 结算本月应付工资 68 000 元,其中生产 A 产品生产工人工资 30 000 元,生产 B 产品生产工人工资 20 000 元,车间管理人员工资 10 000 元,厂部管理人员工资 8 000 元。(3 分)

6. 用银行存款支付下季度的报刊杂志费 660 元。(2 分)

7. 预提本月负担的短期银行借款利息 3 000 元。(2 分)

8. 用银行存款支付本月产品销售费用 2 400 元。(2 分)

9. 按规定计提本月固定资产折旧费 4 800 元,其中生产用固定资产折旧费为 3 800 元,管理部门用固定资产折旧费 1 000 元。(3 分)

10. 本月制造费用总计 15 300 元,按产品生产工时进行分配,其中 A 产品生产工时 3 700 小时,B 产品生产工时 1 400 小时。(4 分)

11. 本月投产的 A 产品和 B 产品全部完工验收入库,其中 A 产品的成本为 118 000 元,B 产品的成本为 130 200 元。(3 分)

12. 结转本月已销产品的成本,其中 A 产品为 12 476 元,B 产品为 69 000 元。(3 分)

13. 计算本月应交消费税 5 000 元。(2 分)

14. 按本月净利润 35 600 元的 10% 提取法定盈余公积金。(2 分)

综合测试题二

一、单选题(每题 1 分)

1. 下列原始凭证中,既可能是外来原始凭证,也可能是自制原始凭证的是(　　)。

A. 增值税专用发票　B. 商品入库单　C. 收料单　D. 工资汇总表

2. 下列凭证中,应在其左上方填写借方科目的是(　　)。

A. 原始凭证　B. 收款凭证　C. 付款凭证　D. 转账凭证

3. 下列经济业务事项中,不需要进行会计核算的是(　　)。

A. 从银行提取现金　B. 签订销售合同　C. 收取销售定金　D. 结算销售货款

4. 会计科目是(　　)的名称。

A. 会计等式　B. 会计账户　C. 会计要素　D. 会计对象

5. 下列交易或事项中,引起资产和负债同时增加的交易或事项是(　　)。

A. 以银行存款购入原材料一批　B. 以银行存款支付前欠货款

C. 收回应收账款存入银行　D. 购入电视机一部,款暂欠

6. 下列错误中,能够通过试算平衡查找的是(　　)。

A. 重记经济业务　B. 漏记经济业务　C. 借贷方向相反　D. 借贷金额不等

7. 下列明细分类账中,应采用数量金额式账簿的是(　　)。

A. 应收账款明细账　B. 管理费用明细账　C. 应付账款明细账　D. 库存商品明细账

8. 某企业通过银行收回应收账款 8 000 元,在编制记账凭证时,误将金额记为 6 000 元,并已登记入账。当年发现记账错误,更正时应采用的更正方法是(　　)。

A. 重编正确的收款凭证　B. 画线更正法

C. 红字更正法　D. 补充登记法

9. 科目汇总表账务处理程序的缺点是(　　)。

A. 登记总分类账的工作量大　B. 程序复杂,不易掌握

C. 不能对发生额进行试算平衡　D. 不便于查账、对账

10. 会计核算使用的主要计量单位是(　　)。

A. 实物计量　B. 货币计量　C. 时间计量　D. 劳动计量

二、多选题(每题 2 分)

1. 关于原始凭证的填制,下列说法中正确的有(　　)。

A. 原始凭证上填制的经济业务内容和数字必须真实可靠

B. 原始凭证应在经济业务发生或完成时立即填制

C. 外来原始凭证,必须盖有填制单位的公章

D. 加盖了“作废”戳记的原始凭证,应连同其存根一起保管,不得撕毁

2. 记账凭证的填制,可以(　　)。

A. 根据每一张原始凭证填制　B. 根据若干张同类原始凭证汇总填制

C. 根据原始凭证汇总表填制　D. 根据账簿记录填制

3. 下列项目中,增加用“贷”表示的会计要素为(　　)。

A. 资产　B. 负债　C. 所有者权益　D. 收入

4. 对于负债类账户,下列说法正确的有(　　)。

A. 借方登记增加数,贷方登记减少数　B. 借方登记减少数,贷方登记增加数

C. 期末余额一般在借方　D. 期末余额一般在贷方

5. 经济业务的发生,一方面引起资产项目增加,另一方面还可能引起(　　)。

A. 负债项目增加　B. 资产项目减少　C. 所有者权益增加　D. 所有者权益减少

6. 下列会计科中,属于资产类科目的有(　　)。

A. 预付账款　B. 应收账款　C. 预收账款　D. 其他应收款

7. 账实核对的主要内容包括(　　)。

A. 现金日记账账面余额与现金实际库存数核对

B. 银行存款日记账账面余额与银行对账单余额核对

C. 财产物资明细账账面结存数与财产物资实存数核对

D. 各种应收款项明细账账面余额与有关债务单位或个人核对

8. 活页账的主要优点有(　　)。

A. 可以根据实际需要随时插入空白账页　B. 可以防止账页散失

C. 可以防止记账错误　D. 便于分工记账

9. 对银行存款进行清查的方法是将企业银行存款日记账与银行对账单相核对,如果两者不符,其可能的原因有(　　)。

A. 企业账务记录有误　B. 银行账务记录有误

C. 企业已记账,银行未记账　D. 银行已记账,企业未记账

10. 中期会计报表包括(　　)。

A. 年度会计报表　B. 季度会计报表　C. 半年度会计报表　D. 月度会计报表

三、判断题(每题1分)

1. 一式几联的原始凭证,应当注明各联的用途,只能以一联作为报销凭证。(　　)

2. 原始凭证仅是填制记账凭证的依据,记账凭证才是登记账簿的依据。(　　)

3. 总分类科目和明细分类科目,是按照反映经济信息的详细程度进行的分类。(　　)

4. 总分类账户及明细分类账户可以不在同一会计期间内登记。(　　)

5. 年终结账时有余额的账户,其余额结转下年的方法是:将余额直接记入下一会计年度新建会计账簿同一账户的第一行余额栏内,并在摘要栏注明"上年结转"字样。(　　)

6. 在材料采购明细账中,如果同一行内借方、贷方均有记录,则说明该项交易已处理完毕,采购的物资已验收入库。(　　)

7. 清查盘点现金时,出纳员必须回避。(　　)

8. 为了避免重复记账,企业将现金存入银行或者从银行提取现金的事项,一般只编制收款凭证,不编制付款凭证。(　　)

9. 根据具体情况,会计人员可以使用铅笔、圆珠笔、钢笔、蓝黑墨水或红色墨水填制会计凭证,登记账簿。(　　)

10. 若某项资产不能为企业带来经济利益,即使是由企业拥有或控制的,也不能作为企业的资产在资产负债表中列示。(　　)

四、计算分录题

1. 某企业全部账户余额如下表:

账户名称	金额	账户名称	金额
银行存款	41 357.46	短期借款	60 000
应收账款	7 543.09	其他应付款	2 000
原材料	84 563.34	实收资本	89 400
固定资产	40 000	盈余公积	5 600
应付账款	5 000	未分配利润	?

要求：计算未分配利润的金额（写出计算过程）。（5分）

2. 某企业某月发生以下经济业务：

（1）收到乙单位作为投资的货币资金5 000 000元，已存入银行账户。

（2）向银行借入期限为8个月的借款50 000元。

（3）办公室王来预借差旅费2 000元，以现金支付。

（4）出售产品一批，售价50 000元，增值税8 500元，货款税款收存银行。

（5）以银行存款发放职工工资100 000元。

（6）购入机器设备一台，价值65 000元，可抵扣增值税10 400元，以银行存款支付。

（7）王来出差回来后报销差旅费1 700元，退回多余现金300元。

（8）用银行存款50 000元归还以前欠款。

（9）计提本月应负担的银行借款利息2 000元

（10）以银行存款支付销售产品广告费2 000元。

（11）计算结转本月已销产品的实际成本25 000元

（12）以银行存款支付违约罚款500元。

要求：（1）编制以上经济业务的会计分录。（24分）

（2）计算本期利润总额。（6分）

五、实操题（编制记账凭证）（25分）

1. 湘诚服装有限责任公司201×年6月5从华安布业有限责任公司购入蓝布5 000米，每米10元，购入青布1000米，每米15元，增值税专用发票注明价款共计65 000元，增值税11050元，货款和税款已通过银行支付，材料于6月7日已验收入库。（原始凭证：增值税专用发票1张、委托收款付款通知单1张、材料验收入库单1张）

2. 湘诚服装有限公司生产休闲裤和西裤两种产品，生产过程中耗用材料情况如下：

材料耗用汇总表

201×年6月

用途	蓝布		青布		合计
	数量	金额	数量	金额	
产品生产耗用					
休闲裤	2 000	20 000	500	7 500	27 500
西　裤	1 000	10 000	300	4 500	14 500
合　　计	3 000	30 000	800	12 000	42 000

会计基础知识大盘点

- ☑ 会计的产生与发展
- ☑ 会计的含义
- ☑ 会计的特点
- ☑ 会计的职能
- ☑ 会计的目标
- ☑ 会计核算的基本前提
- ☑ 会计核算的方法
- ☑ 会计工作组织
- ☑ 会计档案

会计的产生与发展

会计是生产发展到一定阶段的产物。会计的之所以产生，一方面是因为生产过程较为复杂，由于管理的要求才产生了对会计的需要；另一方面是因为生产力有一定的发展，出现了剩余产品，由于交换的要求产生了对会计的需要。

会计又是随着生产的发展而发展的。会计发展的历史表明：生产的发展决定了会计的发展。生产力水平的不断发展、管理水平的提高以及人们对经济效益的追求是会计发展的原动力。

回顾会计产生和发展的历史，大家似乎都不会忘记以下事迹。

(1)原始社会，会计的萌芽阶段。在人类历史发展的初级阶段，当猎物、庄稼等有了剩余时，人们要算计着食用或者进行交换，这样就需要进行简单的记录和计算，于是学会了计数，或通过头脑的记忆，或以一定方式记载来完成。比如"绘图记事"、"结绳记事"、"刻契记数"等，这些原始的简单记录，就是会计的萌芽。

(2)西周，"会计"一词开始出现。在奴隶社会的西周时期，奴隶制经济发展达到鼎盛时期，就设有专门核算官方财赋收支的官职——司会，进行"月计岁会"，并设司会之职主管会计，为计官之长。《周礼·天官》中"司会掌邦之六典、八法、八则……而听其会计"就是我国关于"会计"一词的最早记载。《孟子·正义》一节曾加以解释："零星算之为计，总和算之为会。"其含义是既有日常的零星核算，又有岁终的总合核算，通过日积月累到岁终的核算，达到正确考核王朝财政经济收支的目的。

(3)西汉与东汉，账簿产生。由于造纸的发明，出现了名为"计簿"或"簿记"的账册。如"草流"(也叫底账)和"誊清簿 "，设"钱谷账 "。

(4)唐宋时期，创建了"四柱结算法"。所谓"四柱"是指旧管、新收、开除和实在四个部分，通过建立四柱之间的"旧管＋新收－开除＝实在"平衡关系来检查日常记账的正确性，即"原有的＋新得到的＝拿走的＋还剩下的"。这就相当于现代会计的"期初结存＋本期收入－本期支出＝期末结存"。

(5)明末清初，出现了"龙门账"。这是我国最早的复式簿记法。它把全部账目分为"进"(相当于各项收入)、"缴"(相当于各项支出)、"存"(相当于各项资产)、"该"(相当于资本和各项负债)四大类。通过"进－缴＝存－该"平衡关系式来计算盈亏，分别编制"进缴表"和"存该表"。在两表上计算出的盈亏数应当相等，称为合"龙门"，以此钩稽全部账目的正误。"龙门账"的出现和应用，对中国会计由单式记账法向复式记账法转变起着重要作用。

(6)15世纪中叶，地中海沿岸的一些城市成为世界贸易的中心，如意大利的佛罗伦萨、威尼斯等，这些城市的商业和金融业特别繁荣。复式簿记法得到了快速的成长。世界上第一本复式簿记著作就是意大利的卢卡·帕乔利(Luca Pacioli)所著的《算术·几何·比与比例概要》，该书于1494年11月10日在意大利威尼斯出版。卢卡·帕乔利因此被誉为"近代会计之父"、"近代会计的奠基人"。这本书第一次全面系统地总结了复式簿记法，并从理论上给予了阐述。由于这本书的出版，复式簿记法才在欧洲和全世界得到广泛的传播。我国在清末民初从日本引进了借贷记账法。

(7)新中国建立后，我国会计学术思想的演变经历了这么几个阶段：

①1951～1956年，引进苏联的会计理论体系阶段。

②1956～1966年,建立以“资金运动论”为核心的会计理论体系阶段。1958年,出现了“门框账”、“脑袋账”,甚至有人提出“算大账不算小账,算政治账不算经济账”,结果破坏了会计工作的正常秩序,造成全国会计工作一度出现严重混乱的局面。

③1966～1977年,“文化大革命”中会计理论与实务停滞并出现倒退的阶段。在这场浩劫中,会计理论研究和其他任何学科一样都处于停滞甚至倒退的状态,甚至有人提出“三年不算账,钱也跑不到外国去”的论调。

④1978～1988年,恢复传统研究方法和引进西方研究方法,进而形成以“管理活动论”与“信息系统”为两个主流学派的阶段。杨纪琬、阎达伍教授首先提出“会计的本质是一种管理活动,是一项经济管理工作”的观点。会计管理活动论是针对传统会计本质的“工具论”、“方法论”和在这一理论影响下的事后记账、算账、报账的被动的会计工作状况提出的。

⑤1987年至今,集中力量研究会计准则和建立能与国际会计惯例接轨的、适合我国国情的会计理论方法体系阶段。1985年我国颁布了《中华人民共和国会计法》,使会计工作真正纳入了法制化轨道。1992年财政部颁布了《企业会计准则》和《企业财务通则》,实现了改革会计核算制度的财务管理模式的重要转变。这是我国会计与国际会计接轨的一项重大改革举措。1993年、1999年我国又先后对《会计法》作了重新修订。2000年6月21日,国务院以第287号令的形式发布了《企业财务会计报告条例》,2001年《企业会计制度》颁布实施,进一步加快了会计的国际化进程。2006年2月15日,众人翘首以待的新企业会计准则和审计准则正式颁布,并于2007年1日1日起正式实行。中国企业会计准则体系的发布实施,使中国企业会计准则与国际财务报告准则之间实现了实质性趋同,是促进中国经济发展和提升中国在国际资本市场中的地位非常重要的一步,预示着我国会计进入一个新的发展时期。

(8)会计科学在20世纪30年代逐步形成了为企业内部经营管理提供信息的管理会计体系,管理会计的产生与发展,是会计发展史上的一次伟大变革,从此,现代会计形成了财务会计和管理会计两大分支。财务会计主要侧重于通过记账、算账和报账,核算资金、费用和损益,向企业外部关系人提供有关企业财务状况、经营成果和现金流量情况等信息。管理会计主要侧重于向企业内部管理者作出正确的经营决策和发展决策提供信息。

实践证明,经济越发展,会计越重要。同时会计发展了,它就能更好地服务于经济,推动经济的进一步发展。

会计的含义

会计是以货币为主要计量单位,以会计凭证为依据,采用专门的技术方法,对会计主体的经济活动进行连续、系统、综合的核算与监督的一项经济管理活动。

传统的会计是以货币为主要量度,对单位的经济业务进行全面地、连续地、系统地记录、计算、分析和检查,并定期以财务会计报告反映财务情况、经营成果和现金流量。随着经济的发展,会计除了核算与监督外,还通过预测、决策、计划、控制和分析等来谋求经济效益。

会计的特点

会计作为一种经济管理活动,它有三个基本特点。

1. 会计以货币为主要计量单位

原始的会计计量只是简单地用实物数量和劳动量度对经营活动和财务收支进行计算和记录。随着社会生产的日益发展，会计便从简单的计量记录，逐步地发展成为以货币为计量单位来综合核算与监督经济活动的过程。因为实物量度（如千克、吨、台、件等）和劳动量度（如劳动日、工时等）这两种尺度都不能综合反映会计的内容，不能对劳动时间的消耗与取得的劳动成果进行比较、分析，因此必须采取一个统一的计量单位。以货币作为计量尺度，可以用货币的形式从价值方面对再生产活动进行记录、计算、分析和比较，可以把各种性质相同的或不同的经济业务加以综合，求得各种综合性指标，总括地反映经济业务的发生和结果。因此，会计核算过程应以货币尺度作为主要的计量单位，辅之以实物量度和劳动量度等指标，以满足会计管理多样化的需要。

2. 会计对经济活动的核算具有连续性、系统性、综合性和全面性

会计核算是连续、系统、全面地进行的，这样才能提供完整、综合、真实的会计信息。所谓连续，就是指在核算时应按经济业务发生时间的先后顺序，不间断地进行记录。所谓系统，就是指从开始记录经济业务到最后编制会计报表的整个核算过程中，对会计资料通过分类、汇总、加工、整理等，以取得综合性指标。所谓全面，就是指对会计主体发生的能以货币计量的经济业务都要进行记录与计算，不能有任何的遗漏和中断。只有按照会计事项发生的时间顺序不间断地连续、全面、准确地记录，并按照国家的方针、政策、制度及管理的要求，定期对会计资料进行加工整理，才能取得系统的、有用的会计信息，保证经营管理的正确决策。

3. 会计对经济活动具有促进、控制、考核和指导作用

会计监督是指反映各项经济活动的同时，进行事前监督，并且利用各种价值指标来考核经济活动的效果。随着经济的发展，参与企业预测、决策、控制、考核将成为会计工作的主要方面。

会计的职能

会计的职能是由会计的本质特征所决定的、固有的、直接的功能。《中华人民共和国会计法》对会计的基本职能表达为：会计核算与会计监督。

1. 会计的核算职能

会计的核算职能，亦称会计的反映职能。会计核算是会计最基本的职能，是其他经济管理工作的基础。不论会计处理的手段和方法如何变化，也不论会计的功能如何发展，会计核算的职能仍然是最基本的职能。会计核算贯穿于经济活动的全过程。从核算的时间看，它既包括事后的核算，也包括事前、事中的核算；从核算的内容看，它既包括记账、算账、报账，又包括预测、分析和考核。

从会计工作的现状看，会计核算的职能主要是从价值方面综合反映企业单位已经发生或已经完成的各项经济活动，即事后核算，它是会计的基础工作。记账、算账、报账是会计执行事后核算职能的主要形式，它把个别的、大量的经济业务，通过记录、分类、计算、汇总，转化为一系列经济信息，使其正确地、综合地反映企业单位的经济活动过程和结果，为经营管理提供数据资料。

会计的核算职能不仅仅是对经济活动进行事后反映，为了在经营管理上加强计划性和预见性，会计利用其信息反馈，还需要对经济活动进行事前核算和事中核算。事前核算

的主要形式是进行预测,参与计划,参与决策;而事中核算的主要形式是在计划执行过程中,对经济活动时行控制,使过程按计划或预期的目标进行。

2. 会计的监督职能

对经济活动进行会计核算的过程,也就是实行会计监督的过程。会计监督就是会计人员通过会计工作对经济活动进行监督。监督的核心就是干预经济活动,使之遵守国家法律、法规,保证财经制度的贯彻执行,同时还要从本单位的经济效益出发,对每项经济活动的合理性、有效性进行事前、事中监督,以防止损失和浪费。

会计核算和会计监督两项职能关系十分密切,两者相辅相成的。核算是监督的基础,没有核算就无法进行监督,只有正确地核算,监督才有真实可靠的依据;而监督则是核算的继续,如果只有核算而不进行监督,就不能发挥会计应有的作用,只有严格地进行监督,核算所提供的数据资料才能在经济管理中发挥更大的作用。

随着社会经济的发展和经济管理的现代化,会计的职能也会随之发生变化,一些新的职能不断出现。一般认为,除了会计核算监督两个基本职能之外,还有分析经济情况、预测经济前景、参与经济决策等各种职能。

会计的目标

会计的目标在于为信息使用者提供有用的会计信息,帮助信息使用者(包括投资者、债权人、政府及其有关部门和社会公众等)进行经济、财务决策和控制经济活动,并反映管理层受托责任的履行情况。会计的目标,取决于会计信息使用者的要求,也受会计对象、会计职能以及经济环境的制约。我国《企业会计准则》中明确规定:企业应当编制财务会计报告。财务会计报告的目标是向财务会计报告使用者提供与企业财务状况、经营成果和现金流量等有关的会计信息,反映企业管理层受托责任履行情况,有助于财务会计报告使用者作出经济决策。

会计的目标是会计管理运行的出发点和最终要求。会计的目标决定和制约着会计管理活动的方向,它控制着会计工作的各个环节和整个过程,涉及会计工作的方方面面,在内容上呈现出多层次性,随着经济的发展而不断地发展变化。

会计核算的基本前提

组织会计核算工作,需要具备一定的前提条件,即在组织核算工作之前,首先要解决与确立核算主体有关的一系列重要问题。这是全部会计工作的基础,具有非常重要的作用。会计核算对象的确定、会计方法的选择、会计数据的搜集等,都以会计核算的基本前提为依据。会计核算的基本前提包括会计主体、持续经营、会计分期、货币计量四项。

1. 会计主体

会计主体又称会计实体、会计个体,指的是会计核算服务的对象或者说是会计人员进行核算(确认、计量、记录、报告)采取的立场及空间活动范围界定。组织核算工作首先应明确为谁核算的问题,这是因为会计的各种要素,例如,资产、负债、收入、费用等,都是同特定的经济实体,即会计主体相联系的,一切核算工作都是站在特定会计主体立场上进行的。如果主体不明确,资产和负债就难以界定,收入和费用便无法衡量,以划清经济责任为准绳而建立的各种会计核算方法的应用便无从谈起。因此,在会计核算中必须将该主体所有者的财务活动、其他经济实体的财务活动与该主体自身的财务活动严格区分开,会计核算的对象是该主体自身的财务活动。应当注意的是,会计主体与法律主体(法人)并非是对等的概念,法人可作为会计主体,但会计主体不一定是法人。例如,由自然人所创办的独资与合伙企业不具有法人资格,这类企业的财产和负债在法律上被视为业主或合伙人的财产和债务,但在会计核算上必须将其作为会计主体,以便将企业的经济活动与其所有者个人的经济活动以及其他实体的经济活动区别开来。企业集团由若干具有法人资格的企业组成,各个企业是独立会计主体,但为了反映整个集团的财务状况、经营成果及现金流动情况,还应编制该集团的合并会计报表,而这里的企业集团是会计主体,但通常不是一个独立的法人。

2. 持续经营

持续经营是指会计主体在可预见的未来,将根据正常的经营方针和既定的经营目标持续经营下去。即在可预见的未来,该会计主体不会破产清算,所持有的资产将正常营运,所负有的债务将正常偿还。如果说会计主体作为基本前提是一种空间界定,那么持续经营则是一种时间上的界定。持续经营对于会计十分重要,它为正确地确定财产计价、收益,为计量提供了理论依据。只有具备了这一前提条件,才能够以历史成本作为企业资产的计价基础,才能够认为资产在未来的经营活动中可以给企业带来经济效益,固定资产的价值才能够按照使用年限的长短以折旧的方式分期转为费用。对一个企业来说,如果持续经营这一前提条件不存在了,那么一系列的会计准则和会计方法也相应地会丧失其存在的基础,所以,作为一个会计主体必须以持续经营作为前提条件。当然,任何企业都不可能长生不老,一旦进入破产清算,持续经营基础就将为清算基础所取代,从而使这一前提不复存在。但这不会影响持续经营前提在大多数正常企业的会计核算中发挥作用。

3. 会计分期

会计分期这一前提是从第二条基本前提引申出来的,也可以说是持续经营的客观条件。企业的经营活动从时间上来看是持续不断的,但会计为了确定损益编制财务报表,定期为使用者提供信息,就必须将持续不断的经营过程划分成若干期间。所谓会计分期,就是将企业的经营活动人为地划分成若干个相等的时间间隔,以便确认某个会计期间的收入、费用、利润,确认某个会计期末的资产、负债、所有者权益,编制会计报表。根据《企业会计准则》的规定:“会计期间分为年度和中期。中期是指短于一个完整的会计年度的报告期间。”这里半年、季度、月份等称作中期。年度、季度和月份的起止日期采用公历日期。会计期间的划分是一种人为的划分,实际的经济活动周期可能与这个期间不一致,有的经济活动可以持续在多个会计期间。但是,与企业有利益关系的单位或个人都需要在一个期间结束之后随时掌握企业的财务状况和经营成果,而不可能等待全部经营过程完结之后再考察企业经营成果。所以,将划分会计期间作为会计的基本前提是由于持续经营和及时提供信息的要求决定的。会计期间划分的长短会影响损益的确定,一般地,会计期间划分得愈短,反映经济活动的会计信息质量就愈不可靠。当然,会计期间的划分也不可能太长,太长了会影响会计信息使用者及时使用会计住处的需要的满足程度。因此必须恰当地划分会计期间。

4. 货币计量

企业的经济活动千差万别,财产物资种类繁多,选择合理、实用又简化的计量单位,对于提高会计信息质量具有至关重要的作用。货币计量是指在会计核算中,以货币作为统一计量单位。根据《企业会计准则》的规定:“企业会计应当以货币计量。”货币计量实际上是对经济活动进行货币估价,而货币估价的习惯做法是以历史成本计价。不言而喻,采用历史成本计价,就必须假定货币本身的价值稳定不变,或者变动的幅度不大,可以忽略不计。也就是说货币计量前提实际上还包括另一个重要前提,即币值稳定前提。在以币值稳定为前提的条件下,对财产物资采用历史成本原则进行计价是目前通行的一种选择。我国的会计核算还规定以人民币为记账本位币,在有多种货币存在的条件下,要将有关外币用某种汇率折算为记账本位币,以此登记账簿,编制会计报表。

上述会计核算的四项基本前提,具有相互依存、相互补充的关系。会计主体确立了会计核算的空间范围,持续经营与会计分期确立了会计核算的时间长度,货币计量则为会计核算提供了必要手段。没有会计主体,就不会有持续经营;没有持续经营,就不会有会计分期;没有货币计量,就不会有现代会计。

会计核算的方法

会计核算的方法,是对会计对象进行完整、连续、系统的确认、记录、整理、计量、计算所应用的方法。一般包括设置会计科目和账户、复式记账、填制和审核凭证、登记账簿、成本计算、财产清查、编制财务会计报告等七个方面。

1. 设置会计科目和账户

设置账户是对会计核算的具体内容进行分类核算和监督的一种专门方法。由于会计对象的具体内容是复杂多样的,要对其进行系统地核算和经常性监督,就必须对经济业务进行科学的分类,以便分门别类地、连续地记录,据以取得多种不同性质、符合经营管理所需要的信息和指标。

2. 复式记账

复式记账法就是对任何一笔经济业务,都必须用相等的金额在两个或两个以上的有关账户中相互联系地进行登记。采用这种方法记账,使每项经济业务所涉及的两个或两个以上的账户发生对应关系,登记在对应账户上的金额相等,可以了解每项经济业务的来龙去脉及其相互关系,可以检查有关经济业务的记录是否正确,复式记账可以相互联系地反映经济业务的全貌,它是一种科学的记账方法。根据《企业会计准则》的规定:“企业应当采用借贷记账法记账。”

3. 填制和审核凭证

会计凭证是记录经济业务、明确经济责任的书面证明,是登记账簿的依据。填制和审核会计凭证是会计的一项专门方法。对于已经发生或已经完成的经济业务,都要由经办人员或有关单位填制,并签名盖章。所以凭证都要经过审核并确认无误,并在保证符合有关法律、法规、制度的情况下,才能据以登记会计账簿。通过凭证的填制和审核,可以提供既真实可靠,又合理合法的入账依据。它可以保证会计核算的质量,也是实行会计监督的重要方法。

4. 登记账簿

登记会计账簿简称记账。会计账簿是由具有专门格式的账页所组成,用来开设账户,以连续地、系统地、完整地记录各项经济业务的簿籍,是储存会计信息的重要载体。它可以为经营管理和编制会计报表提供所需要的数据资料。登记账簿就是以审核无误的会计凭证为依据,将会计凭证中记录的经济业务的内容,再登记到有关账户中形成账簿记录,并定期核对账目和结账,使账簿记录与实际情况保持一致,保障账簿记录的真实性和完整性。通过账簿登记,可将分散的经济业务进行系统的归类和汇总,为成本计算和编制会计报表等提供总括和明细的会计数据。

5. 成本计算

成本计算是对生产经营过程中所发生的各种费用,按照一定对象和标准进行归集和分配,以计算确定各对象的总成本和单位成本的一种专门方法。这一专门方法主要在企业会计中采用。例如:按制造企业供应、生产和销售三个过程分别归集生产经营所发生的费用,并分别与其采购、生产和销售材料、产品的品种、数量联系起来,计算他们的总成本和单位成本。准确计算成本可以掌握成本构成情况,考核成本计划的完成情况。对于挖掘潜力,降低成本,确定价格政策,提高经济效益等方面具有重要的作用。

6. 财产清查

财产清查就是通过对会计核算单位的货币资金、存货、固定资产、债权、债务、有价证券等的盘点或核对,查明其实际结存数与账面数是否相符,并查明账实不符的原因的一种会计核算方法。在日常会计核算过程中,为了保证会计信息真实正确,必须定期或不定期对各项财产物资、货币资金和往来款项进行局部或全面的清查、盘点和核对。通过财产清查。可以查明各项财产、物资的保管和使用是否合理,有无呆滞积压情况;债权债务的结算是否及时,有无长期拖欠的情况。因此,财产清查对于保证会计核算资料的正确、完整,加强财务的管理,挖掘物资潜力,加速资金周转,正确核算损益都有重要作用。

7. 编制财务会计报告

财务会计报告是指企业对外提供的反映企业某一特定日期的财务状况和某一特定期间的经营成果、现金流量等会计信息的文件。包括会计报表及其附注和其他应当在财务会计报告中披露的相关信息和资料。会计报表主要包括资产负债表、利润表、现金流量表等报告。编制财务会计报告就是定期对日常分散的核算资料进行综合汇总,经过加工整理而形成系统化的会计信息,反映企业财务状况、经营成果、现金流量以及计划预算的执行情况。促进增产节支,为有关各方提供参考资料。财务会计报考是会计工作的重要成果,也是会计信息最重要的载体。

上述7种会计核算方法是相互联系、紧密配合的。它们构成一个完整的会计核算方法体系。

在会计核算工作中,必须全面、正确地运用这些方法。不论是采用手工处理方式还是使用计算机数据处理系统方式,在经济业务发生或完成时,首先必须取得或填制原始凭证,并根据审核无误的原始凭证按照规定的手续,采用复式记账的方法填制记账凭证;然后,根据审核无误的原始凭证和记账凭证,将全部经济业务记入相互联系的账簿之中,同时,运用成本计算方法计算出各成本计算对象的实际总成本和单位成本;最后,通过财产清查,在账证相符、账账相符、账实相符的基础上,根据账簿记录,定期编制各种财务会计报告,提供符合一定质量标准的会计信息。

会计工作组织

1. 组织会计工作的意义

会计是一项复杂的、细致的综合性经济管理活动,科学的组织会计工作具有十分重要的意义。

(1)科学地组织会计工作,有利于保证会计工作的质量,提高会计工作的效率。

会计反映的是再生产过程中各个阶段以货币表现的经济活动,具体又可表现为循环往复的资金运动。会计工作要把这些财务收支和经济活动从凭证到账簿再到报表,连续地进行收集、记录、分类、汇总和分析等。这不但涉及复杂的计算,且包括一系列的程序和手续,各个程序之间、各种手续之间的密切联系,如果在任何一个环节出现问题都会造成整个核算结果错误。如果没有一套工作制度和程序,就不能科学地组织会计工作,更谈不上什么效率了。

(2)科学地组织会计工作,可以保证会计工作与其他经济管理工作协调一致。

会计工作不但与宏观经济如国家财政、税收、金融等密切相关,而且与各单位内部的计划、统计等工作密切相关。会计工作一方面能够促进其他经济管理工作,另一方面也需要其他管理工作的配合。会计工作必须首先服从国家的宏观经济政策,要与之保持口径一致,同时又要与各单位的计划、统计工作之间保持协调关系。

(3)科学地组织会计工作,可以加强各单位内部的经济责任制。

经济责任制是各经营单位实行内部控制和管理的重要手段,会计是经济管理的重要组成部分,必须要在贯彻经济责任制方面发挥重要作用,实行内部经济控制离不开会计。科学地组织会计工作可以促进会计单位内部有效利用资金,提高管理水平从而提高经济效益,为企业尽可能地创造利润。

2. 组织会计工作应遵循的要求

组织会计工作应遵循的要求是指组织会计工作必须遵循的管理工作的一般规律。它是做好会计工作,提高会计工作质量和效率必须遵守的原则。要组织好会计工作,应符合以下要求。

(1)组织会计工作既要符合国家对会计工作的统一要求,又要适应各单位生产经营的特点。

组织会计工作,必须按照会计法对会计工作的统一要求,贯彻执行国家的有关规定。只有按照统一要求组织会计工作,才能发挥会计工作在维护社会主义市场经济秩序,加强经济管理,提高经济效益中的作用。此外,还必须结合各单位自身的特点,制定具体办法和补充规定等。

(2)组织会计工作既要保证核算工作的质量,又要节约人力物力以提高工作效率。

会计工作十分复杂,如果组织不好,就会重复劳动,造成资源浪费。所以对会计管理程序的规定,所有会计凭证、账簿、报告的设计、会计机构的设置以及会计人员的配置等,都应避免繁琐、力求精简。

(3)组织会计工作既要保证贯彻整个单位的经济责任制,又要建立会计工作的责任制度。

科学的组织会计工作,应在保证贯彻整个企业单位的经济责任制的同时,建立和完善会计工作本身的责任制度,合理分工,建立会计岗位,实现会计处理手续和会计工作程序的规范化。

3. 会计机构的设置

1)国家管理部门所设置的会计机构

由于我国1992年11月颁布的企业会计准则要求取消统一的会计制度,普遍实行企业会计准则,我国各级管理部门的任务也随之发生了变化。如财政部门所属的会计机构负责统一会计准则的制定,其他各主管部门只是根据会计准则及相应的行业示范性会计制度，对本部门会计工作中出现的一些问题作出解释。同时，还负责会计准则的制定、修订与解释等。目前，这一任务主要由财政部下设的会计司完成。会计人员的资格考试，这一工作主要由各级财政部门组织完成，还包括其他有关事项，如会计师事务所的管理等。

2）行政事业单位设置的会计机构

行政事业单位在资金的取得与使用上，和企业单位有着根本的区别。它们的经费来源主要由预算拨款所形成。故这些单位在设置会计机构时，只要能满足对经费的收支及时进行核算和报告的要求即可。而不必像企业单位那样考虑很多因素。当然，行政事业单位的会计机构设置，也必须要考虑内部控制等基本因素，以保证各单位预算资金的安全完整和合理使用。

随着我国市场经济体制改革的不断深入，过去那种全额预算单位越来越少，除国家行政机关外，绝大多数事业单位都进行了企业化管理。

3）企业单位设置的会计机构

企业会计机构的设置要达到如下要求：

（1）有效地进行会计核算；

（2）进行合理的会计监督；

（3）制定本单位的会计制度；

（4）参与本单位的各项计划制定，并考核计划的执行情况等。

要想使所设置的会计机构有效地进行工作，应该在会计机构内部进行适当的分工，按照会计核算的流程设置责任岗位，配置人员。同时，会计机构内部的岗位分工上，应符合内部控制制度的要求。

4. 会计人员的配置

为了加强对会计工作和会计人员的管理，促进各单位配备合格的会计人员，提高会计队伍素质和会计工作水平，充分发挥会计工作在社会主义市场经济建设中的作用，根据《中华人民共和国会计法》规定，会计人员应当具备从事会计工作所需要的专业能力。担任单位会计机构负责人（会计主管人员）的，应当具备会计师以上专业技术职务资格或者从事会计工作三年以上经历。

根据财政部发布的《会计专业技术人员继续教育规定》规定：①有会计专业资格证书和从事会计工作的，两类人都必须参加继续教育。②会计专业技术人员参加继续教育实行学分制管理，每年参加继续教育取得的学分不少于90学分。③继续教育管理部门将考核、评价结果作为参加会计专业技术资格考试或评审、先进会计工作者评选、高端会计人才选拔等的依据之一，并纳入其信用信息档案。

5. 会计法规和制度

会计法规和制度是组织和从事会计工作必须遵循的规范。它是经济法规、制度的重要组成部分。制定和实行会计法规和制度，可以保证会计贯彻执行国家有关的财经政策，保证会计工作沿着社会主义市场经济的方向前进，可以使其提供的会计资料和会计信息真实、及时、可靠等。我国的会计核算法规和制度由三个层次构成。

（1）基本法即《中华人民共和国会计法》，它是会计核算工作最高层次的规范，由全国人民代表大会常务委员会制定，以国家主席的命令发布。

（2）第二层次是会计准则。会计准则又分基本准则和具体准则两个层次。基本准则是用来指导具体会计准则的制定以及指导没有具体会计准则规范的交易的处理，是进行会计核算工作必须共同遵守的基本要求,体现了会计核算的基本规律。基本准则包括总则、会计信息质量要求、资产、负债、所有者权益、收入、费用、利润、会计计量、财务会计报告和附则共11章组成。它具有覆盖面广、概括性强等特点。具体准则是根据基本准则的要求,对经济业务的会计处理作出具体规定的准则。

(3)第三层次是国家制定的各行业会计制度和行政、事业单位会计制度,以及一些大中型企业根据会计准则和行业会计制度自行制定或委托社会会计服务机构制定的会计制度。当然,这样的会计制度仅在行业内和具体使用单位起作用。

6. 会计档案

1)会计档案概念

会计档案是企事业单位和机关团体在经济管理和各项会计核算活动中直接形成的作为历史记录保存下来的会计凭证、会计账簿和会计报表等材料。它是记录和反映经济业务、财务收支状况及其结果的重要史料和证据,是国家全部档案的重要组成部分。

会计档案的特点是以数字为主要内容,客观记录、反映历史。

(1)会计核算是会计特有的专门手段,从凭证、账簿到报表,有一整套科学的、完整的核算方法和核算程序,这种与一般档案不同的特殊内容、专门手段,使会计档案具有较强的专业性。

(2)会计档案面广量多,凡有经济、财务活动的地方,都有数量不等的会计档案。

(3)会计档案的共性突出。会计工作遍布社会的各个角落,但各个门类会计的基本核算方法是相同的,都会形成会计凭证、会计账簿、会计报表。

(4)会计档案是相互制约,密切联系的。会计核算中,首先有会计凭证、然后依据会计凭证登记会计账簿,最后根据账簿编制会计报表,环环相扣,密切联系。

(5)会计档案形式特殊。会计凭证、账簿和报表都有特定的统一格式和项目,与一般文件不同,因此会计档案的装订、保管也有一定的特殊性。

2)会计档案管理的要求

各单位每年形成的会计档案,应当由会计机构按照归档要求,负责整理立卷,装订成册,编制会计档案保管清册。当年形成的会计档案,在会计年度终了后,可暂由会计机构保管一年,期满之后,应当由会计机构编制移交清册,移交本单位档案机构统一保管;未设立档案机构的,应当在会计机构内部指定专人保管。出纳人员不得兼管会计档案。移交本单位档案机构保管的会计档案,原则上应当保持原卷册的封装。个别需要拆封重新整理的,档案机构应当会同会计机构和经办人员共同拆封整理,以分清责任。

各单位保存的会计档案不得借出。如有特殊需要,经本单位负责人批准,可以提供查阅或者复制,并办理登记手续。查阅或者复制会计档案的人员,严禁在会计档案上涂画、拆封和抽换。各单位应当建立健全会计档案查阅、复制登记制度。

会计档案的保管期限分为永久、定期两类。定期保管期限分为3年、5年、10年、15年、25年五类。会计档案的保管期限,从会计年度终了后的第一天算起。

保管期满的会计档案,可以按照以下程序销毁。

(1)由本单位档案机构会同会计机构提出销毁意见,编制会计档案销毁清册,列明销毁会计档案的名称、卷号、册数、起止年度和档案编号、应保管期限、已保管期限、销毁时间等内容。

(2)单位负责人在会计档案销毁清册上签署意见。

(3)销毁会计档案时,应当由档案机构和会计机构共同派员监销。国家机关销毁会计档案时,应当由同级财政部门、审计部门派员参加监销。财政部门销毁会计档案时,应当由同级审计部门派员参加监销。

(4)监销人在销毁会计档案前,应当按照会计档案销毁清册所列内容清点核对所要销毁的会计档案。销毁后,应当在会计档案销毁清册上签名盖章,并将监销情况报告本单位负责人。

但是,如下情形除外:保管期满但未结清的债权债务原始凭证和涉及其他未了事项的原始凭证,不得销毁,应当单独抽出立卷,保管到未了事项完结时为止。单独抽出立卷的会计档案,应当在会计档案销毁清册和会计档案保管清册中列明。正在项目建设期间的建设单位,其保管期满的会计档案不得销毁。

采用电子计算机进行会计核算的单位,应当保存打印出的纸质会计档案。具备采用磁带、磁盘、光盘、微缩胶片等磁性介质保存会计档案条件的,由国务院业务主管部门统一规定,并报财政部、国家档案局备案。

单位因撤销、解散、破产或者其他原因而终止的,在终止和办理注销登记手续之前形成的会计档案,应当由终止单位的业务主管部门或财产所有者代管或移交有关档案馆代管,法律、行政法规另有规定的,从其规定。

单位分立后原单位存续的,其会计档案应当由分立后的存续方统一保管,其他方可查阅、复制与其业务相关的会计档案;单位分立后原单位解散的,共会计档案应当经各方协商后由其中一方代管或移交档案馆代管,各方可查阅、复制与其业务相关的会计档案;单位分立中未结清的会计事项所涉及的原始凭证,应当单独抽出由业务相关方保存,并按规定办理交接手续。

企业和其他组织会计档案保管期限表

序号	档案名称	保管期限	备　注
一	会计凭证类		
1	原始凭证	15 年	
2	记账凭证	15 年	
3	汇总凭证	15 年	
二	会计账簿类		
4	总账	15 年	包括日记账
5	明细账	15 年	
6	日记账	15 年	现金和银行存款日记账保管 25 年
7	固定资产卡片		固定资产报废清理后保管 5 年
8	辅助账簿	15 年	
三	财务报告类		包括各级主管部门汇总财务报告
9	月、季度财务报告	3 年	包括文字分析
10	年度财务报告(决算)	永久	包括文字分析
四	其他类		
11	会计移交清册	15 年	

序号	档案名称	保管期限	备　注
12	会计档案保管清册	永久	
13	会计档案销毁清册	永久	
14	银行余额调节表	5年	
15	银行对账单	5年	

附　　录

☑　附录 1　中华人民共和国会计法
☑　附录 2　企业会计准则——基本准则
☑　附录 3　企业财务会计报告条例

附录1 中华人民共和国会计法

(1985年1月21日第六届全国人民代表大会常务委员会第九次会议通过,根据1993年12月29日第八届全国人民代表大会常务委员会第五次会议《关于修改〈中华人民共和国会计法〉的决定》第一次修正,1999年10月31日第九届全国人民代表大会常务委员会第十二次会议修订,根据2017年11月4日第十二届全国人民代表大会常务委员会第三十次会议《关于修改〈中华人民共和国会计法〉等十一部法律的决定》第二次修正)

第一章 总 则

第一条 为了规范会计行为,保证会计资料真实、完整,加强经济管理和财务管理,提高经济效益,维护社会主义市场经济秩序,制定本法。

第二条 国家机关、社会团体、公司、企业、事业单位和其他组织(以下统称单位)必须依照本法办理会计事务。

第三条 各单位必须依法设置会计账簿,并保证其真实、完整。

第四条 单位负责人对本单位的会计工作和会计资料的真实性、完整性负责。

第五条 会计机构、会计人员依照本法规定进行会计核算,实行会计监督。

任何单位或者个人不得以任何方式授意、指使、强令会计机构、会计人员伪造、变造会计凭证、会计账簿和其他会计资料,提供虚假财务会计报告。

任何单位或者个人不得对依法履行职责、抵制违反本法规定行为的会计人员实行打击报复。

第六条 对认真执行本法,忠于职守,坚持原则,做出显著成绩的会计人员,给予精神的或者物质的奖励。

第七条 国务院财政部门主管全国的会计工作。

县级以上地方各级人民政府财政部门管理本行政区域内的会计工作。

第八条 国家实行统一的会计制度。国家统一的会计制度由国务院财政部门根据本法制定并公布。

国务院有关部门可以依照本法和国家统一的会计制度制定对会计核算和会计监督有特殊要求的行业实施国家统一的会计制度的具体办法或者补充规定,报国务院财政部门审核批准。

中国人民解放军总后勤部可以依照本法和国家统一的会计制度制定军队实施国家统一的会计制度的具体办法,报国务院财政部门备案。

第二章 会计核算

第九条 各单位必须根据实际发生的经济业务事项进行会计核算,填制会计凭证,登记会计账簿,编制财务会计报告。

任何单位不得以虚假的经济业务事项或者资料进行会计核算。

第十条 下列经济业务事项,应当办理会计手续,进行会计核算:

(一)款项和有价证券的收付;

(二)财物的收发、增减和使用;

(三)债权债务的发生和结算;

(四)资本、基金的增减;

（五）收入、支出、费用、成本的计算；

（六）财务成果的计算和处理；

（七）需要办理会计手续、进行会计核算的其他事项。

第十一条 会计年度自公历1月1日起至12月31日止。

第十二条 会计核算以人民币为记账本位币。

业务收支以人民币以外的货币为主的单位，可以选定其中一种货币作为记账本位币，但是编报的财务会计报告应当折算为人民币。

第十三条 会计凭证、会计账簿、财务会计报告和其他会计资料，必须符合国家统一的会计制度的规定。

使用电子计算机进行会计核算的，其软件及其生成的会计凭证、会计账簿、财务会计报告和其他会计资料，也必须符合国家统一的会计制度的规定。

任何单位和个人不得伪造、变造会计凭证、会计账簿及其他会计资料，不得提供虚假的财务会计报告。

第十四条 会计凭证包括原始凭证和记账凭证。

办理本法第十条所列的经济业务事项，必须填制或者取得原始凭证并及时送交会计机构。

会计机构、会计人员必须按照国家统一的会计制度的规定对原始凭证进行审核，对不真实、不合法的原始凭证有权不予接受，并向单位负责人报告；对记载不准确、不完整的原始凭证予以退回，并要求按照国家统一的会计制度的规定更正、补充。

原始凭证记载的各项内容均不得涂改；原始凭证有错误的，应当由出具单位重开或者更正，更正处应当加盖出具单位印章。原始凭证金额有错误的，应当由出具单位重开，不得在原始凭证上更正。

记账凭证应当根据经过审核的原始凭证及有关资料编制。

第十五条 会计账簿登记，必须以经过审核的会计凭证为依据，并符合有关法律、行政法规和国家统一的会计制度的规定。会计账簿包括总账、明细账、日记账和其他辅助性账簿。

会计账簿应当按照连续编号的页码顺序登记。会计账簿记录发生错误或者隔页、缺号、跳行的，应当按照国家统一的会计制度规定的方法更正，并由会计人员和会计机构负责人（会计主管人员）在更正处盖章。

使用电子计算机进行会计核算的，其会计账簿的登记、更正，应当符合国家统一的会计制度的规定。

第十六条 各单位发生的各项经济业务事项应当在依法设置的会计账簿上统一登记、核算，不得违反本法和国家统一的会计制度的规定私设会计账簿登记、核算。

第十七条 各单位应当定期将会计账簿记录与实物、款项及有关资料相互核对，保证会计账簿记录与实物及款项的实有数额相符、会计账簿记录与会计凭证的有关内容相符、会计账簿之间相对应的记录相符、会计账簿记录与会计报表的有关内容相符。

第十八条 各单位采用的会计处理方法，前后各期应当一致，不得随意变更；确有必要变更的，应当按照国家统一的会计制度的规定变更，并将变更的原因、情况及影响在财务会计报告中说明。

第十九条 单位提供的担保、未决诉讼等或有事项，应当按照国家统一的会计制度的规定,在财务会计报告中予以说明。

第二十条 财务会计报告应当根据经过审核的会计账簿记录和有关资料编制,并符合本法和国家统一的会计制度关于财务会计报告的编制要求、提供对象和提供期限的规定;其他法律、行政法规另有规定的,从其规定。

财务会计报告由会计报表、会计报表附注和财务情况说明书组成。向不同的会计资料使用者提供的财务会计报告,其编制依据应当一致。有关法律、行政法规规定会计报表、会计报表附注和财务情况说明书须经注册会计师审计的,注册会计师及其所在的会计师事务所出具的审计报告应当随同财务会计报告一并提供。

第二十一条 财务会计报告应当由单位负责人和主管会计工作的负责人、会计机构负责人(会计主管人员)签名并盖章;设置总会计师的单位,还须由总会计师签名并盖章。

单位负责人应当保证财务会计报告真实、完整。

第二十二条 会计记录的文字应当使用中文。在民族自治地方,会计记录可以同时使用当地通用的一种民族文字。在中华人民共和国境内的外商投资企业、外国企业和其他外国组织的会计记录可以同时使用一种外国文字。

第二十三条 各单位对会计凭证、会计账簿、财务会计报告和其他会计资料应当建立档案,妥善保管。会计档案的保管期限和销毁办法,由国务院财政部会同有关部门制定。

第三章 公司、企业会计核算的特别规定

第二十四条 公司、企业进行会计核算,除应当遵守本法第二章的规定外,还应当遵守本章规定。

第二十五条 公司、企业必须根据实际发生的经济业务事项,按照国家统一的会计制度的规定确认、计量和记录资产、负债、所有者权益、收入、费用、成本和利润。

第二十六条 公司、企业进行会计核算不得有下列行为:

(一)随意改变资产、负债、所有者权益的确认标准或者计量方法,虚列、多列、不列或者少列资产、负债、所有者权益;

(二)虚列或者隐瞒收入,推迟或者提前确认收入;

(三)随意改变费用、成本的确认标准或者计量方法,虚列、多列、不列或者少列费用、成本;

(四)随意调整利润的计算、分配方法,编造虚假利润或者隐瞒利润;

(五)违反国家统一的会计制度规定的其他行为。

第四章 会计监督

第二十七条 各单位应当建立、健全本单位内部会计监督制度。单位内部会计监督制度应当符合下列要求:

(一)记账人员与经济业务事项和会计事项的审批人员、经办人员、财物保管人员的职责权限应当明确,并相互分离、相互制约;

(二)重大对外投资、资产处置、资金调度和其他重要经济业务事项的决策和执行的相互监督、相互制约程序应当明确;

(三)财产清查的范围、期限和组织程序应当明确;

(四)对会计资料定期进行内部审计的办法和程序应当明确。

第二十八条 单位负责人应当保证会计机构、会计人员依法履行职责,不得授意、指使、强令会计机构、会计人员违法办理会计事项。

会计机构、会计人员对违反本法和国家统一的会计制度规定的会计事项，有权拒绝办理或者按照职权予以纠正。

第二十九条 会计机构、会计人员发现会计账簿记录与实物、款项及有关资料不相符的，按照国家统一的会计制度的规定有权自行处理的，应当及时处理；无权处理的，应当立即向单位负责人报告，请求查明原因，作出处理。

第三十条 任何单位和个人对违反本法和国家统一的会计制度规定的行为，有权检举。收到检举的部门有权处理的，应当依法按照职责分工及时处理；无权处理的，应当及时移送有权处理的部门处理。收到检举的部门、负责处理的部门应当为检举人保密，不得将检举人姓名和检举材料转给被检举单位和被检举人个人。

第三十一条 有关法律、行政法规规定，须经注册会计师进行审计的单位，应当向受委托的会计师事务所如实提供会计凭证、会计账簿、财务会计报告和其他会计资料以及有关情况。

任何单位或者个人不得以任何方式要求或者示意注册会计师及其所在的会计师事务所出具不实或者不当的审计报告。

财政部门有权对会计师事务所出具审计报告的程序和内容进行监督。

第三十二条 财政部门对各单位的下列情况实施监督：

（一）是否依法设置会计账簿；

（二）会计凭证、会计账簿、财务会计报告和其他会计资料是否真实、完整；

（三）会计核算是否符合本法和国家统一的会计制度的规定；

（四）从事会计工作的人员是否具备专业能力、遵守职业道德。

在对前款第（二）项所列事项实施监督，发现重大违法嫌疑时，国务院财政部门及其派出机构可以向与被监督单位有经济业务往来的单位和被监督单位开立账户的金融机构查询有关情况，有关单位和金融机构应当给予支持。

第三十三条 财政、审计、税务、人民银行、证券监管、保险监管等部门应当依照有关法律、行政法规规定的职责，对有关单位的会计资料实施监督检查。

前款所列监督检查部门对有关单位的会计资料依法实施监督检查后，应当出具检查结论。有关监督检查部门已经作出的检查结论能够满足其他监督检查部门履行本部门职责需要的，其他监督检查部门应当加以利用，避免重复查账。

第三十四条 依法对有关单位的会计资料实施监督检查的部门及其工作人员对在监督检查中知悉的国家秘密和商业秘密负有保密义务。

第三十五条 各单位必须依照有关法律、行政法规的规定，接受有关监督检查部门依法实施的监督检查，如实提供会计凭证、会计账簿、财务会计报告和他会计资料以及有关情况，不得拒绝、隐匿、谎报。

第五章　会计机构和会计人员

第三十六条 各单位应当根据会计业务的需要，设置会计机构，或者在有关机构中设置会计人员并指定会计主管人员；不具备设置条件的，应当委托经批准设立从事会计代理记账业务的中介机构代理记账。

国有的和国有资产占控股地位或者主导地位的大、中型企业必须设置总会计师。总会计师的任职资格、任免程序、职责权限由国务院规定。

第三十七条 会计机构内部应当建立稽核制度。

出纳人员不得兼任稽核、会计档案保管和收入、支出、费用、债权债务账目的登记工作。

第三十八条 会计人员应当具备从事会计工作所需要的专业能力。

担任单位会计机构负责人(会计主管人员)的,应当具备会计师以上专业技术职务资格或者从事会计工作三年以上经历。

本法所称会计人员的范围由国务院财政部门规定。

第三十九条 会计人员应当遵守职业道德,提高业务素质。对会计人员的教育和培训工作应当加强。

第四十条 因有提供虚假财务会计报告,做假账,隐匿或者故意销毁会计凭证、会计账簿、财务会计报告,贪污,挪用公款,职务侵占等与会计职务的有关违法行为被依法追究刑事责任的人员,不得再从事会计工作。

第四十一条 会计人员调动工作或者离职,必须与接管人员办清交接手续。

一般会计人员办理交接手续,由会计机构负责人(会计主管人员)监交;会计机构负责人(会计主管人员)办理交接手续,由单位负责人监交,必要时主管单位可以派人会同监交。

第六章 法律责任

第四十二条 违反本法规定,有下列行为之一的,由县级以上人民政府财政部门责令限期改正,可以对单位并处三千元以上五万元以下的罚款;对其直接负责的主管人员和其他直接责任人员,可以处二千元以上二万元以下的罚款;属于国家工作人员的,还应当由其所在单位或者有关单位依法给予行政处分:

(一)不依法设置会计账簿的;

(二)私设会计账簿的;

(三)未按照规定填制、取得原始凭证或者填制、取得的原始凭证不符合规定的;

(四)以未经审核的会计凭证为依据登记会计账簿或者登记会计账簿不符合规定的;

(五)随意变更会计处理方法的;

(六)向不同的会计资料使用者提供的财务会计报告编制依据不一致的;

(七)未按照规定使用会计记录文字或者记账本位币的;

(八)未按照规定保管会计资料,致使会计资料毁损、灭失的;

(九)未按照规定建立并实施单位内部会计监督制度或者拒绝依法实施的监督或者不如实提供有关会计资料及有关情况的;

(十)任用会计人员不符合本法规定的。

有前款所列行为之一,构成犯罪的,依法追究刑事责任。

会计人员有第一款所列行为之一,情节严重的,五年内不得从事会计工作。

有关法律对第一款所列行为的处罚另有规定的,依照有关法律的规定办理。

第四十三条 伪造、变造会计凭证、会计账簿,编制虚假财务会计报告,构成犯罪的,依法追究刑事责任。

有前款行为,尚不构成犯罪的,由县级以上人民政府财政部门予以通报,可以对单位并处五千元以上十万元以下的罚款;对其直接负责的主管人员和其他直接责任人员,可以处三千元以上五万元以下的罚款;属于国家工作人员的,还应当由其所在单位或者有关单位依法给予撤职直至开除的行政处分;其中的会计人员,五年内不得从事会计工作。

第四十四条 隐匿或者故意销毁依法应当保存的会计凭证、会计账簿、财务会计报告,构成犯罪的,依法追究刑事责任。

有前款行为,尚不构成犯罪的,由县级以上人民政府财政部门予以通报,可以对单位并处五千元以上十万元以下的罚款;对其直接负责的主管人员和其他直接责任人员,可以处三千元以上五万元以下的罚款;属于国家工作人员的,还应当由其所在单位或者有关单位依法给予撤职直至开除的行政处分;其中的会计人员,五年内不得从事会计工作。

第四十五条 授意、指使、强令会计机构、会计人员及其他人员伪造、变造会计凭证、会计账簿,编制虚假财务会计报告或者隐匿、故意销毁依法应当保的会计凭证、会计账簿、财务会计报告,构成犯罪的,依法追究刑事责任;尚不构成犯罪的,可以处五千元以上五万元以下的罚款;属于国家工作人员的,还应当由其所在单位或者有关单位依法给予降级、撤职、开除的行政处分。

第四十六条 单位负责人对依法履行职责、抵制违反本法规定行为的会计人员以降级、撤职、调离工作岗位、解聘或者开除等方式实行打击报复,构成犯罪的,依法追究刑事责任;尚不构成犯罪的,由其所在单位或者有关单位依法给予行政处分。对受打击报复的会计人员,应当恢复其名誉和原有职务、级别。

第四十七条 财政部门及有关行政部门的工作人员在实施监督管理中滥用职权、玩忽职守、徇私舞弊或者泄露国家秘密、商业秘密,构成犯罪的,依法追究刑事责任;尚不构成犯罪的,依法给予行政处分。

第四十八条 违反本法第三十条规定,将检举人姓名和检举材料转给被检举单位和被检举人个人的,由所在单位或者有关单位依法给予行政处分。

第四十九条 违反本法规定,同时违反其他法律规定的,由有关部门在各自职权范围内依法进行处罚。

第七章 附 则

第五十条 本法下列用语的含义:

单位负责人,是指单位法定代表人或者法律、行政法规规定代表单位行使职权的主要负责人。

国家统一的会计制度,是指国务院财政部门根据本法制定的关于会计核算、会计监督、会计机构和会计人员以及会计工作管理的制度。

第五十一条 个体工商户会计管理的具体办法,由国务院财政部门根据本法的原则另行规定。

第五十二条 本法自2000年7月1日起施行。

附录2 企业会计准则——基本准则

中华人民共和国财政部令第33号

根据《国务院关于＜企业财务通则＞、＜企业会计准则＞的批复》(国函〔1992〕178号)的规定,财政部对《企业会计准则》(财政部令第5号)进行了修订,修订后的《企业会计准则——基本准则》已经部务会议讨论通过,现予公布,自2007年1月1日起施行。

二〇〇六年二月十五日

第一章　总　则

第一条　为了规范企业会计确认、计量和报告行为,保证会计信息质量,根据《中华人民共和国会计法》和其他有关法律、行政法规,制定本准则。

第二条　本准则适用于在中华人民共和国境内设立的企业(包括公司,下同)。

第三条　企业会计准则包括基本准则和具体准则,具体准则的制定应当遵循本准则。

第四条　企业应当编制财务会计报告(又称财务报告,下同)。财务会计报告的目标是向财务会计报告使用者提供与企业财务状况、经营成果和现金流量等有关的会计信息,反映企业管理层受托责任履行情况,有助于财务会计报告使用者作出经济决策。

财务会计报告使用者包括投资者、债权人、政府及其有关部门和社会公众等。

第五条　企业应当对其本身发生的交易或者事项进行会计确认、计量和报告。

第六条　企业会计确认、计量和报告应当以持续经营为前提。

第七条　企业应当划分会计期间,分期结算账目和编制财务会计报告。

会计期间分为年度和中期。中期是指短于一个完整的会计年度的报告期间。

第八条　企业会计应当以货币计量。

第九条　企业应当以权责发生制为基础进行会计确认、计量和报告。

第十条　企业应当按照交易或者事项的经济特征确定会计要素。会计要素包括资产、负债、所有者权益、收入、费用和利润。

第十一条　企业应当采用借贷记账法记账。

第二章　会计信息质量要求

第十二条　企业应当以实际发生的交易或者事项为依据进行会计确认、计量和报告,如实反映符合确认和计量要求的各项会计要素及其他相关信息,保证会计信息真实可靠、内容完整。

第十三条　企业提供的会计信息应当与财务会计报告使用者的经济决策需要相关,有助于财务会计报告使用者对企业过去、现在或者未来的情况作出评价或者预测。

第十四条　企业提供的会计信息应当清晰明了,便于财务会计报告使用者理解和使用。

第十五条　企业提供的会计信息应当具有可比性。

同一企业不同时期发生的相同或者相似的交易或者事项,应当采用一致的会计政策,不得随意变更。确需变更的,应当在附注中说明。

不同企业发生的相同或者相似的交易或者事项,应当采用规定的会计政策,确保会计信息口径一致、相互可比。

第十六条　企业应当按照交易或者事项的经济实质进行会计确认、计量和报告,不应仅以交易或者事项的法律形式为依据。

第十七条　企业提供的会计信息应当反映与企业财务状况、经营成果和现金流量等有关的所有重要交易或者事项。

第十八条　企业对交易或者事项进行会计确认、计量和报告应当保持应有的谨慎,不应高估资产或者收益、低估负债或者费用。

第十九条　企业对于已经发生的交易或者事项,应当及时进行会计确认、计量和报告,不得提前或者延后。

第三章 资 产

第二十条 资产是指企业过去的交易或者事项形成的、由企业拥有或者控制的、预期会给企业带来经济利益的资源。

前款所指的企业过去的交易或者事项包括购买、生产、建造行为或其他交易或者事项。预期在未来发生的交易或者事项不形成资产。

由企业拥有或者控制,是指企业享有某项资源的所有权,或者虽然不享有某项资源的所有权,但该资源能被企业所控制。

预期会给企业带来经济利益,是指直接或者间接导致现金和现金等价物流入企业的潜力。

第二十一条 符合本准则第二十条规定的资产定义的资源,在同时满足以下条件时,确认为资产:

(一)与该资源有关的经济利益很可能流入企业;

(二)该资源的成本或者价值能够可靠地计量。

第二十二条 符合资产定义和资产确认条件的项目,应当列入资产负债表;符合资产定义、但不符合资产确认条件的项目,不应当列入资产负债表。

第四章 负 债

第二十三条 负债是指企业过去的交易或者事项形成的、预期会导致经济利益流出企业的现时义务。

现时义务是指企业在现行条件下已承担的义务。未来发生的交易或者事项形成的义务,不属于现时义务,不应当确认为负债。

第二十四条 符合本准则第二十三条规定的负债定义的义务,在同时满足以下条件时,确认为负债:

(一)与该义务有关的经济利益很可能流出企业;

(二)未来流出的经济利益的金额能够可靠地计量。

第二十五条 符合负债定义和负债确认条件的项目,应当列入资产负债表;符合负债定义、但不符合负债确认条件的项目,不应当列入资产负债表。

第五章 所有者权益

第二十六条 所有者权益是指企业资产扣除负债后由所有者享有的剩余权益。

公司的所有者权益又称为股东权益。

第二十七条 所有者权益的来源包括所有者投入的资本、直接计入所有者权益的利得和损失、留存收益等。

直接计入所有者权益的利得和损失,是指不应计入当期损益、会导致所有者权益发生增减变动的、与所有者投入资本或者向所有者分配利润无关的利得或者损失。

利得是指由企业非日常活动所形成的、会导致所有者权益增加的、与所有者投入资本无关的经济利益的流入。

损失是指由企业非日常活动所发生的、会导致所有者权益减少的、与向所有者分配利润无关的经济利益的流出。

第二十八条 所有者权益金额取决于资产和负债的计量。

第二十九条 所有者权益项目应当列入资产负债表。

第六章 收 入

第三十条 收入是指企业在日常活动中形成的、会导致所有者权益增加的、与所有者投入资本无关的经济利益的总流入。

第三十一条 收入只有在经济利益很可能流入从而导致企业资产增加或者负债减少、且经济利益的流入额能够可靠计量时才能予以确认。

第三十二条 符合收入定义和收入确认条件的项目,应当列入利润表。

第七章 费 用

第三十三条 费用是指企业在日常活动中发生的、会导致所有者权益减少的、与向所有者分配利润无关的经济利益的总流出。

第三十四条 费用只有在经济利益很可能流出从而导致企业资产减少或者负债增加、且经济利益的流出额能够可靠计量时才能予以确认。

第三十五条 企业为生产产品、提供劳务等发生的可归属于产品成本、劳务成本等的费用,应当在确认产品销售收入、劳务收入等时,将已销售产品、已提供劳务的成本等计入当期损益。

企业发生的支出不产生经济利益的,或者即使能够产生经济利益但不符合或者不再符合资产确认条件的,应当在发生时确认为费用,计入当期损益。

企业发生的交易或者事项导致其承担了一项负债而又不确认为一项资产的,应当在发生时确认为费用,计入当期损益。

第三十六条 符合费用定义和费用确认条件的项目,应当列入利润表。

第八章 利 润

第三十七条 利润是指企业在一定会计期间的经营成果。利润包括收入减去费用后的净额、直接计入当期利润的利得和损失等。

第三十八条 直接计入当期利润的利得和损失,是指应当计入当期损益、会导致所有者权益发生增减变动的、与所有者投入资本或者向所有者分配利润无关的利得或者损失。

第三十九条 利润金额取决于收入和费用、直接计入当期利润的利得和损失金额的计量。

第四十条 利润项目应当列入利润表。

第九章 会计计量

第四十一条 企业在将符合确认条件的会计要素登记入账并列报于会计报表及其附注(又称财务报表,下同)时,应当按照规定的会计计量属性进行计量,确定其金额。

第四十二条 会计计量属性主要包括:

(一)历史成本。在历史成本计量下,资产按照购置时支付的现金或者现金等价物的金额,或者按照购置资产时所付出的对价的公允价值计量。负债按照因承担现时义务而实际收到的款项或者资产的金额,或者承担现时义务的合同金额,或者按照日常活动中为偿还负债预期需要支付的现金或者现金等价物的金额计量。

(二)重置成本。在重置成本计量下,资产按照现在购买相同或者相似资产所需支付的现金或者现金等价物的金额计量。负债按照现在偿付该项债务所需支付的现金或者现金等价物的金额计量。

(三)可变现净值。在可变现净值计量下,资产按照其正常对外销售所能收到现金或者现金等价物的金额扣减该资产至完工时估计将要发生的成本、估计的销售费用以及相关税费后的金额计量。

（四）现值。在现值计量下，资产按照预计从其持续使用和最终处置中所产生的未来净现金流入量的折现金额计量。负债按照预计期限内需要偿还的未来净现金流出量的折现金额计量。

（五）公允价值。在公允价值计量下，资产和负债按照在公平交易中，熟悉情况的交易双方自愿进行资产交换或者债务清偿的金额计量。

第四十三条 企业在对会计要素进行计量时，一般应当采用历史成本，采用重置成本、可变现净值、现值、公允价值计量的，应当保证所确定的会计要素金额能够取得并可靠计量。

第十章 财务会计报告

第四十四条 财务会计报告是指企业对外提供的反映企业某一特定日期的财务状况和某一会计期间的经营成果、现金流量等会计信息的文件。

财务会计报告包括会计报表及其附注和其他应当在财务会计报告中披露的相关信息和资料。会计报表至少应当包括资产负债表、利润表、现金流量表等报表。

小企业编制的会计报表可以不包括现金流量表。

第四十五条 资产负债表是指反映企业在某一特定日期的财务状况的会计报表。

第四十六条 利润表是指反映企业在一定会计期间的经营成果的会计报表。

第四十七条 现金流量表是指反映企业在一定会计期间的现金和现金等价物流入和流出的会计报表。

第四十八条 附注是指对在会计报表中列示项目所作的进一步说明，以及对未能在这些报表中列示项目的说明等。

第十一章 附 则

第四十九条 本准则由财政部负责解释。

第五十条 本准则自 2007 年 1 月 1 日起施行。

附录 3 企业财务会计报告条例

第一章 总 则

第一条 为了规范企业会计报告，保证财务会计报告的真实、完整，根据《中华人民共和国会计法》，制定本条例。

第二条 企业（包括公司，下同）编制和对外提供财务会计报告，应当遵守本条例。

本条例所称财务会计报告，是指企业对外提供的反映企业某一特定日期财务状况和某一会计期间经营成果、现金流量的文件。

第三条 企业不得编制和对外提供虚假的或者隐瞒重要事实的财务会计报告。企业负责人对本企业财务报告会计报告的真实性、完整性负责。

第四条 任何组织或者个人不得授意、指使、强令企业编制和对外提供虚假的或者隐瞒重要事实的财务会计报告。

第五条 注册会计师、会计师事务所审计企业财务会计报告，应当依照有关法律、行政法规以及注册会计师执业规则的规定进行，并对所出具的审计报告负责。

第二章 财务会计报告的构成

第六条 财务会计报告分为年度、半年度、季度和月度财务报告。

第七条 年度、半年度财务会计报告应当包括：

(一) 会计报表；

(二) 会计报表附注；

(三) 财务情况说明书。

会计报表应当包括资产负债表、利润表、现金流量表及相关附表。

第八条 季度、月度财务会计报告通常仅指会计报表，会计报表至少应当包括资产负债表和利润表。国家统一的会计制度规定季度、月度财务会计报告需要编制会计报表附注的，从其规定。

第九条 资产负债表是反映企业在某一特定日期财务状况的报表。资产负债表应当按照资产、负债和所有者权益(或者股东权益，下同)分类分项列示。其中，资产、负债和所有者权益的定义及列示应当遵循下列规定：

(一) 资产，是指过去的交易、事项形成并由企业拥有或者控制的资源，该资源预期会给企业带来经济利益。在资产负债表上，资产应当按照其流动性分类分项列示，包括流动资产、长期投资、固定资产、无形资产及其他资产。银行、保险公司和非银行金融机构的各项资产有特殊性的，按照其性质分类分项列示。

(二) 负债，是指过去的交易、事项形成的现实义务，履行该义务会导致经济利益流出企业。在资产负债表上，负债应当按照其流动性分类分项列示，包括流动负债、长期负债等。银行、保险公司和非银行金融机构的各项负债有特殊性的，按照其性质分类分项列示。

(三) 所有者权益，是指所有者在企业资产中享有的经济利益，其金额为资产减去负债后的余额。在资产负债表上，所有者权益应当按照实受资本(或者股本)、资本公积、盈余公积、未分配利润等项目分项列示。

第十条 利润表是反映企业在一定会计期间经营成果的报表。利润表应当按照各项收入、费用以及构成利润的各个项目分类分项列示。其中，收入、费用和利润的定义及列示应当遵循下列规定：

(一) 收入，是指企业在销售商品、提供劳务及让渡资产使用权等日常活动中所形成的经济利益的总流入。收入不包括为第三方或者客户代收的款项。在利润表上，收入应当按照其性质分项列示。

(二) 费用，是指企业为销售商品、提供劳务等日常活动所发生的经济利益的流出。在利润表上，费用应当按照其性质分项列示。

(三) 利润，是指企业在一定会计期间的经营成果。在利润表上，利润应当按照营业利润和净利润等利润的构成分类分项列示。

第十一条 现金流量表是反映企业一定会计期间现金和现金等价物(以下简称现金)流入和流出的报表。现金流量表应当按照经营活动、投资活动和筹资活动的定义以及列示应当遵循下列规定：

(一) 经营活动，是指企业投资活动和筹资活动以外的所有交易和事项。在现金流量表上，经营活动的现金流量应当按照其经营活动的现金流入和流出的性质分项列示；银行、保险公司和非银行金融机构的经营活动按照其经营活动特点分项列示。

（二）投资活动，是指企业长期资产的购建和不包括在现金等价物范围内的投资及其处置活动。在现金流量表上，投资活动的现金流量应当按照其投资活动的现金流入和流出的性质分项列示。

（三）筹资活动，是指导致企业资本及债务规模和构成发生变化的活动。在现金流量表上，筹资活动的现金流量应当按照其筹资活动的现金流入和流出的性质分项列示。

第十二条 相关附表是反映企业财务状况、经营成果和现金流量的补充报表，主要包括利润分配表以及国家统一的会计制度规定的其他附表。

利润分配表是反映企业一定会计期间对实现净利润以及以前年度未分配利润的分配或者亏损弥补的报表。利润分配表应当按照利润分配各个项目分类分项列示。

第十三条 年度、半年度、会计报表、至少应当反映两个年度或者相关两个期间的比较数据。

第十四条 会计报表附注是为便于会计报表的编指基础、编制依据、编制原则和方法及主要项目所作的解释。会计报表附注至少应当包括下列内容：

（一）不符合基本会计架设的说明；

（二）重要会计政策和会计估计及其变更情况、变更原因及其对财务状况和经营成果的影响；

（三）或有关事项和资产负债表日后事项的说明；

（四）关联方关系及其交易说明；

（五）重要资产转让及其出售情况；

（六）企业合并、分立；

（七）重大投资、融资活动；

（八）会计报表中重要项目的明细资料；

（九）有助于理解和分析会计报表需要说明的其他事项。

第十五条 财务情况说明书至少应当对下列情况做出说明：

（一）企业生产经营的基本情况；

（二）利润实现和分配情况；

（三）资金增减和周转情况；

（四）对企业财务状况、经营成果和现金流量有重大影响的其他事项。

第三章 财务会计报告的编制

第十六条 企业应当于年度终了编制年度财务会计报告。国家统一的会计制度规定企业应当编报年度、季度和阅读财务会计报告的，从其规定。

第十七条 企业编制财务会计报告，应当依据真实的交易、事项以及完整、准确的账簿纪录等资料，并按照国家统一的会计制度规定的编制基础、编制依据、编制原则和方法。企业不得违反本条例和国家统一的会计制度规定，随意改变财务会计报告的编制基础、编制依据、编制原则和方法。任何组织或者个人不得授意、指使、强令企业违反本条例和国家统一的会计制度规定，改变财务会计报告的编制基础、编制依据、编制原则和方法。

第十八条 企业应当依照本条例和国家统一的会计制度规定，对会计报表中各项会计要素进行合理地确认计量，不得随意改变会计要素的确认和计量标准。

第十九条 企业应当依照有关法律、行政法规和本条例规定的结账日进行结账，不得提前或者延迟。年度结账日为公历年度每年的 12 月 31 日；半年度、季度、月度结账日分别为公历年度每半年、每季、每月的最后一天。

第二十条 企业在编制年度财务会计报告前,应当按照下列规定,全面清查资产、核实债务:

(一)结算款项,包括应收款项、应付款项、应交税金等是否存在,与债务、债权单位的相应债务、债权金额是否一致;

(二)原材料、在产品、自制半成品、库存商品等各项存货的实存数量与账面是否一致,是否有报废损失和积压物资等;

(三)各项投资是否存在,投资收益是否按照国家统一的会计制度规定进行确认和计量;

(四)房屋建筑物、机器设备、运输工具等各项固定资产的实存数量与账面是否一致;

(五)在建工程的实际发生额与账面记录是否一致;

(六)需要清查、核实的其他内容。

企业通过前款规定的清查、核实,查明财产物资的实存数量是否一致、各项结算款项的拖欠情况及其原因、材料物资的实际储备情况、各项投资是否达到预期目的、固定资产的实用情况及其完好程度等。企业清查、核实后,应当将清查、核实的结果及其处理办法向企业的董事会或者相应机构报告,并根据国家统一的会计制度的规定进行相应的会计处理,

企业应当在年度中间根据具体情况,对各项财产物资和结算款进行重点抽查、轮流清查或者定期清查。

第二十一条 企业在编制会计报告前,除应当全面清查资产、核实债务外,还应当完成下列工作:

(一)核对各会计账簿记录与会计凭证的内容、金额等是否一致,记账方向是否相符;

(二)依照本条例规定的结账日进行结账,结出有关会计账簿的余额和发生额,并核对各会计账簿之间的余额;

(三)检查相关的会计核算是否按照国家统一的会计制度的规定进行;

(四)对于国家统计的会计制度没有规定核算方法的交易、事项,检查其是否按照会计核算的一般原则进行确认和计量以及相关账务处理是否合理;

(五)检查是否存在因会计差错、会计政策变更等原因需要调整前期或者本期相关项目。

在前款规定工作中发现问题的,应当按照国家统一的会计制度的规定进行处理。

第二十二条 企业编制年度和半年度财务会计报告时,对经查实后的资产、负债有变动的,应当按照资产、负债的确认和计量标准进行确认和计量,并按照国家统一的会计制度的规定进行的会计处理。

第二十三条 企业应当按照国家统一的会计制度的会计报表格式和内容,根据登记完整、核对无误的会计账簿记录和其他有关资料编制会计报表,做到内容完整、数字真实、计算准确,不得漏报或者任意取舍。

第二十四条 会计报表之间、会计报表各项目之间,凡有对应关系的数字,应当相互一致;会计报表中本期与上期的有关数字应当相互一致;会计报表中本期与上期的有关数字应当相互衔接。

第二十五条 会计报表附注和财务情况说明书应当按照本条例和国家统一的会计制

度的规定,对会计报表中需要说明的事项作出真实、完整、清楚的说明。

第二十六条 企业发生合并、分立情形的,应当按照国家统一的会计制度的规定编制相应的财务会计报告。

第二十七条 企业终止营业的,应当在终止营业时按照编制年度财务会计报告的要求全面清查资产、核实债务、进行结账,并编制财务会计报告;在清算期间,应当按照国家统一的会计制度的规定编制清算期间的财务会计报告。

第二十八条 按照国家统一的会计制度的规定,需要编制合并会计报表的企业集团,母公司除编制其个别会计报表外,还应当编制企业集团的合并会计报表。

企业集团合并会计报表,是指反映企业集团整体财务状况、经营成果和现金流量的会计报表。

第四章 财务会计报告的对外提供

第二十九条 对外提供的财务会计报告反映的会计信息应当真实、完整。

第三十条 企业应当依照法律、行政法规和国家统一的会计制度有关财务报告提供期限的规定,及时对外提供财务会计报告。

第三十一条 企业对外提供的财务会计报告应当依此编定页数,加具封面,装订成册,加盖公章。封面上应当注明:企业名称、企业统一代码、组织形式、地址、报表所属年度或者月份、报出日期,并由企业负责人和主管会计工作的负责人、会计机构负责人(会计主管人员)签名并盖章;设置总会计师的企业,还应当由总会计师签名并盖章。

第三十二条 企业应当依照企业章程的规定,向投资者提供财务会计报告。

国务院派出监事会的国有大型企业、国有重点金融机构和省、自治区、直辖市人民政府派出监事会的国有企业,应当依法定期向监事会提供财务会计报告。

第三十三条 有关部门或者机构依照法律、行政法规或者国务院的规定,要求企业提供部分或才全部财务会计报告及其有关数据的,应当向企业出示依据,并不得要求企业改变财务会计报告有关数据的会计口径。

第三十四条 非依照法律、行政法规或者国务院的规定,任何企业或者个人不得要求企业提供部分或全部财务会计报表及其有关数据。

违反本条例规定,要求企业提供部分或者全部财务会计报告及其有关数据的企业有权拒绝。

第三十五条 国有企业、国有控股的或者占主导地位的企业,应当至少每年一次向本企业的职工代表大公布财务会计报告,并重点说明下列事项:

(一)反映与职工利益密切相关的信息,包括:管理费用的构成情况以及其他与职工利益相关的信息;

(二)内部审计发现的问题及纠正情况;

(三)注册会计师审计的情况;

(四)国家审计机关发现的问题及纠正情况;

(五)重大的投资、融资和资产处置决策及其原因的说明;

(六)需要说明的其他重要事项。

第三十六条 企业依照本条例规定向有关各方提供的财务会计报告,其编制基础、编制依据、编制原则和方法应当一致,不得提供编制基础、编制依据、编制原则和方法不同的财务会计报告。

第三十七条 财务会计报告必须经注册会计师审计的,企业界应当将注册会计师及其会计师事务所出具的审计报告随同财务会计报告一并对外提供。

第三十八条 接受企业财务会计报告的组织或者个人,在企业财务会计报告未正式对外披露前,应当对其内容保密。

第五章 法律责任

第三十九条 违反本条例规定,有下列行为之一的,由县级以上人民政府责令限期改正,对企业可以处三千元以上五万元以下的罚款;属于国家工作人员的,并依法给予行政处分或者纪律处分:

(一) 随意改变会计要素的确认和计量标准的;

(二) 随意改变财务会计报告的编制基础、编制依据、编制原则和方法的;

(三) 提前或者延迟结账日结账;

(四) 在编制年度财务会计报告前,未按照本条例规定全面清查资产核实债务的;

(五) 拒绝财政部门和其他有关部门对财务会计报告依法进行的监督检查,或者不如实提供有关情况的。

会计人员有前款所列行为之一,情节严重的,由县级以上人民政府部门吊销会计人员从业资格证书。

第四十条 企业编制、对外提供虚假的或者隐瞒重要事实的财务会计报告,构成犯罪的,依法追究刑事责任。

有前款行为,尚不构成犯罪的,由县级以上人民政府财政部门予以通报,对企业可以处五千元以上十万元以下的罚款;对直接负责的主管人员和其他直接责任人员,可以处三千元以上五万元以下的罚款;属于国家工作人员的,并依法给予撤职直至开除的行政处分或者纪律处分;对其中的会计人员,情节严重的,并由县级以上人民政府财政部门吊销会计人员从业资格证书。

第四十一条 授意、指使强令会计机构、会计人员及其他人员编制、对外提供虚假的或者隐瞒重要事实真相的财务会计报告,构成犯罪的,依法追究刑事责任;尚不构成犯罪的,可以处五千元以下的罚款;属于国家工作人员的,并依法给予降级、撤职、开除的行政处分或者纪律处分。

第四十二条 违反本条例的规定,要求企业向其提供部分或者全部财务会计报告及其有关数据的,由县级以上人民政府责令改正。

第四十三条 违反本条例规定,同时违反其他法律、行政法规规定的,由有关部门在各自的职权范围内依法给予处罚。

第六章 附 则

第四十四条 国务院财政部门可以根据本条例的规定,制定财务会计的具体编报办法。

第四十五条 不对外筹集资金、经营规模较小的企业编制和对外提供财务会计报告的办法,由国务院财政部门根据本条例的原则另行规定。

第四十六条 本条例自 2001 年 1 月 1 日起施行。

参考文献

[1] 中华人民共和国财政部. 企业会计准则应用指南(2006)[M]. 上海:立信会计出版社,2006.

[2] 企业会计准则编审委员会. 企业会计准则操作实务[M]. 上海:立信会计出版社,2007.

[3] 中华人民共和国财政部. 企业会计制度[M]. 北京:工商出版社,2001.

[4] 湖南省会计从业资格考试学习丛书编委会. 会计基础[M]. 北京:中国人民大学出版社,2007.

[5] 银祥军,肖淑兰,张流柱. 基础会计[M]. 2 版. 长沙:中南大学出版社,2006.

[6] 何学飞,等. 基础会计[M]. 长沙:湖南大学出版社,2005.

[7] 李海波. 新编会计学原理——基础会计[M]. 上海:立信会计出版社,2001.